일제강점기 민족지도자들의
역사관과 국가건설론 연구 01

조선사편수회 식민사관 비판 Ⅰ
한사군은 요동에 있었다

이덕일 지음

한가람역사문화연구소

조선사편수회 식민사관 비판 I
한사군은 요동에 있었다

초판 1쇄 인쇄 2020년 8월 15일
초판 1쇄 발행 2020년 8월 25일

지은이 이덕일
펴낸곳 한가람역사문화연구소

등록번호 제2019-000147호
주소 서울특별시 마포구 마포대로라길 8 2층
전화 02) 711-1379
팩스 02) 704-1390
이메일 hgr4012@naver.com

ISBN 979-11-90777-10-0

이 도서는 국립중앙도서관 출판도서목록(CIP)은
서지정보유통지원시스템 홈페이지(http://seoji.nl.go.kr)와
국가자료공동목록시스템(http://www.nl.go.kr/kolisnet)에서 이용하실 수 있습니다.
(CIP제어번호: CIP2020033946)

조선사편수회 식민사관 비판 Ⅰ
한사군은 요동에 있었다

출간 서문

한국학중앙연구원은 조선총독부 소속 국가기관인가?

1

보통의 대한민국 국민들은 1945년 8월 15일 이 나라, 이 민족이 광복을 되찾았다고 생각한다. 그러나 그때의 상황을 조금 더 공부해보면 그 때 과연 광복을 되찾았는지 의문을 갖게 된다. 그날 광복이 되고 일본인들이 물러갔으면 일제 식민지배와 목숨 걸고 싸웠던 독립운동가들이 정권을 잡으면서 프랑스가 그랬던 것처럼 친일 매국노들에 대한 처단이 이루어졌어야 하는데, 상황은 거꾸로 갔기 때문이다.

일본인들은 물러갔지만 미 군정과 뒤이은 이승만 정권에서 친일세력들이 다시 정권을 잡으면서 일제강점기와 크게 다를 바 없는 상황이 전개되었다. 사회 전 분야에 걸쳐 친일세력들과 그 후예들이 득세했고 독립운동가들과 그 후예들은 일제강점기 때와 같은 삶을 살아야 했다.

정치계, 법조계를 비롯한 다른 분야들은 우리 사회가 민주화되고, 다양화되면서 친일구조가 해체되어 갔지만 역사학 분야만은 아직도 독야탁탁(獨也濁濁) 조선총독부 역사관이 교리 수준으로 기세등등하다.

2

'한국학중앙연구원(한중연)'이라는 국가기관이 있다. 박정희 유신체제가 종말로 치닫던 1978년 6월 "한국 전통문화와 한국학 연구 및 계승, 창조'라는 명분으로 만든 한국학 연구 국가기관이다. 첫 이름은 한국정신문화연구원이었는데, 초대 원장이 만주국 협화회 위원을 지낸 친일파 이선근이다. 이선근의 이력은 화려하다. 진단학회 발기인, 서울대학교 정치학과 교수, 육군본부 정훈감, 성균관대학교·동국대학교 총장, 문교부장관 등을 역임했다.

2005년 한국정신문화연구원은 한국학중앙연구원으로 이름을 바꾸었다. 한중연 내에 한국학진흥사업단이 있다. 연간 300억원 정도의 국가예산을 쓰는 조직이다. 지난 정권 때 한국학진흥사업단장이자 이른바 뉴라이트였던 역사학자가 공개 학술회의 석상에서 "단재 신채호는 세 자로 말하면 또라이, 네 자로 말하면 정신병자다'라고 망언했다. 다른 석상에서 그랬으면 큰 문제가 되지만 역사학계에서는 문제가 되지 않는다. 아무도 항의하지 않았다. 그나마 이 학회에 참석했던 어느 학자가 사석에서 분노하면서 전해준 풍경이다.

3

한중연 한국학진흥사업단에서 진행했던 사업 중의 하나가 '일제강점기 민족지도자들의 역사관과 국가건설론 연구'라는 것이다. 2013년 5월부터 2016년 5월까지 수행했던 연구과제였다. 한 독립운동가 후손이었던 국회의원이 자신의 지역구 사업 하나를 포기하면서 추진했던 사업이었다. 3년 동안 총 15권의 학술교양도서를 발간하는 사업이었는데, 성과가 좋으면 2년 동안 연장하기로 한 사업이었다. 그런데 이 사업에는 '한가람역사문화연구소' 외에는 신청자가 없었다. 사업 목표 중에 '조선사편수회 식민사관 비판'이 들어갔기 때문이다. 즉 연구내용 중에 '조선사편수회 식민사관'을 비판하는 내용이 들어가야 했다. 그러니 남한 강단사학계에서 이 프로젝트를 수행할 곳이 '한가람역사문화연구소' 밖에 없게 되었다. 물론 사업 목표 중에 '조선사편수회 식민사관 비판'이 들어간 것 역시 독립운동가 후손 국회의원 때문이었다. 한국 강단사학은 '식민사학'이란 이름표를 '실증사학'이란 이름표로 바꿔단 채 조선총독부 조선사편수회에서 만든 식민사관을 추종한다. 그러니 이 사업을 수행하겠다고 나선 대학 사학과나 학회, 연구소는 '한가람역사문화연구소' 외에 존재하지 않았다.

4

국가사업은 매년 심사를 받아야 했는데, 그 심사라는 것이 식민사학자들이 하는 것이었다. 이들은 아직도 '1945년 8월 14일 이전'의 세상에 사는 사람들이었다. 다른 분야는 그나마 무늬라도 친일색채가 옅어졌는데, 이 분야는 노골적인 친일파 세상이었다. 수많은 우여곡절 끝에 15권의 저서 중에 4권에 최종 불합격처리가 결정되었다. 출간금지와 연구비 환수조치가 내려졌다. 아래는 그 4권의 명단이다.

1. 《조선사편수회식민사관 비판-한사군은 요동에 있었다》 (이덕일)
2. 《조선사편수회출신들의 해방 후 동향과 영향》 (김병기)
3. 《한국 실증주의 사학과 식민사관》 (임종권)
4. 《독립운동가가 바라본 한국고대사》 (임찬경)

연구자들은 이런 조치에 반발해 이의신청을 했다. 한중연은 이의신청을 기각해서 교육부로 넘겼다. 연구자들은 여러 방식으로 교육부에 항의했지만 교육부 역시 연구비 환수와 출간불가라는 제재조치를 내렸다. 한중연이 처분하고 교육부가 최종확정한 이른바 〈처분확정통지서〉는 조선총독부 학무국과 조선사편수회에서 내렸다면 명실이 상부할 내용이었다. 한중연과 교육부가 자신들을 아베 내각 소속으로 아는지 대한민국 정부 소속으로 아는지는 일단 별개로 두자. 이 사업의 과제는 '일제강점기 민족지도자들의 역사관과 국가건설론연구'이다. 사업 목표 중의 하나가 '조선사편수회 식민사관 비판'이다. 한중연과 교육부가 제재를 가한 네 권의 저작은 모두 이 과제를 정확하게 수행한 것이었다. 이를 부적격하다고 판단한 근거는 단 하나 조선총독부 식민사관을 비판했다는 것뿐이었다.

5

이른바 한중연과 교육부에서 내린 〈확정통지〉에는 4권의 처분에 대한 연구자들의 이의신청 내용과 한중연 및 교육부의 심의결과가 담겨 있다. 한중연에서 내린 판정에 대해서 저자는 이렇게 이의제기했고, 한중연과 교육부는 이렇게 답했다. 하나씩 살펴보자.

① 조선사편수회식민사관 이론비판(이덕일)

이의신청 내용	• 제출한 두 과제는 본 사업의 전체 공모 주제와 핵심공모 주제와 완전히 부합 • 제출한 과제는 과거 조선총독부 조선사편수회의 식민사관을 비판하면서 현재 중국의 동북공정에 대한 반박 논리까지 갖춘 것으로 국민들에게 꼭 필요한 내용임
이의신청 심의결과 (한중연 및 교육부)	• 한국학총서 사업의 기준(주제 관련 학계 연구성과의 편향되지 않은 충실한 반영, 개인의 견해 반영 시 전문성과 합리적 근거 제시, 일반인도 이해하기 쉬운 문체 등)에 입각해 볼 때, 결과물 심사 결과는 타당하다고 판단되므로 이의신청을 기각함

이 저서는 조선사편수회의 핵심논리 중 하나이자 현재 중국에서 북한 강역은 자신들의 것이라고 주장하는 근거인 '한사군은 북한 지역에 있었다'는 것을 비판하고 '한사군은 요동에 있었다'고 논증한 저서이다. 한중연과 교육부는 "주제 관련 학계 연구성과의 편향되지 않은 충실한 반영"을 요구하고 있다. 이말은 "주제 관련 조선총독부 조선사편수회의 논리를 따르라"는 것이다. 즉 한사군은 조선총독부와 중국 동북공정의 주장대로 북한에 있었고, 낙랑군은 평양에 있었다는 것이다.

이 문제에 대해서 북한 역사학계는 어떤 견해일까?《임꺽정》의 저자 홍명희의 아들인 홍기문은 1949년 〈조선의 고고학에 대한 일제 어용학설의 검토〉라는 논문을 썼다. 그는 "일제가 조선을 완전한 식민지로 만들기에 성공하자 그들의 소위 역사학자들은 조선역사에 대해서 이상한 관심을 보였다…(그들의 논리는) 첫째 서기 전 1세기부터 4세기까지 약 5백년 동안 오늘의 평양을 중심으로 한(漢)나라 식민지인 낙랑군이 설치되었다는 것이요…"라고 말했다. 70여 년 전인 1949년에 북한 학계는 '낙랑군=평양설'이 일제 어용학설의 첫 번째라고 비판했다. 그후 북한의 리지린은 1958년부터 북경대 대학원에 유학하며 고사변학파의 고힐강을 지도교수로 1961년 《고조선연구》란 논문을 써서 박사학위를 취득했다. 낙랑군은 평양이 아니라 요동에 있다는 내용이다. 리지린이 1961년 평양에서 열린 '고조선에 관한 과학토론회'에 참석해 자신의 학술논문의 요지를 발표하면서 북한 학계는 공식적으로 '낙랑군=평양설'을 폐기시키고 '낙랑군=요동설'로 정리했다. 지금으로부터 60여 년 전에 북한 학계에서 폐기시킨 '낙랑군=평양설', 즉 조선총독부 조선사편수회 학설이 남한의 한중연과 교육부에는 신성불가침의 교리이다. 조선총독부가 만든 이 교리에 도전해서 '낙랑군=요동설'을 주장했으니 출판을 금지하는 것은 물론 연구비를 환수해야겠다는 것이 21세기 백주대낮에 한중연과 교육부가 휘두르는 칼춤이다. 일본학중앙연구원, 일본문부성으로 이름을 고치면 명실이 상부하다.

② 조선사편수회 출신들의 해방 후 동향과 영향(김병기)

이의신청 내용	• 재심에서 지적한 실증사학에 대한 관련된 부분은 최소한으로 하여, 본고에서 지나치게 실증사학을 강조했다는 부분은 수용하기 어려우며, 다른 세부적인 지적 사항은 출판 과정에서 수정 보완하여 해결할 수 있는 문제임
이의신청 심의결과 (한중연 및 교육부)	• "향후 연구를 위한 심화방안"은 앞으로 고민할 주제라는 의견은 합리성이 있으며, 1-2장의 비중을 20%로 줄인 것은 고무적이나 "연구자의 관점이나 해석이 거의 없다"는 점은 거의 개선되지 않았음.(참고문헌에 정상우의 조선사편수회 박사학위논문 인용했으나 본문에서 전혀 다루지 않는 등) 여전히 심사자들이 제기한 근본적인 문제는 진행 중이며 출판과정에서 수정하거나 보완할 수 있는 사항은 아니므로 이의신청을 기각함

이 책은 조선총독부 조선사편수회의 연구내용을 비판하고 나아가 조선사편수회 출신으로 해방 후 국사학계의 태두라고 떠받들려진 이병도·신석호의 해방 이후 행적을 비판하는 내용이다. 먼저 이병도·신석호는 《친일인명사전》에 반민족행위자로 등재된 친일파들이다. 이 책을 집필한 김병기 박사는 3대가 독립운동에 나섰던 희산 김승학 선생의 종손이며 현재 광복회 학술원장이다. "독립운동을 하면 3대가 망하고 친일하면 3대가 흥한다"는 속담을 지금은 "독립운동을 하면 영원히 망하고, 친일을 하면 영원히 흥한다"로 바꾸어야 하는 실례다. 희산 김승학 선생은 대한민국 임시정부 학무국장(교육부 장관)과 만주 무장항쟁조직이었던 참의부 참의장을 지냈으며, 해방 후 백범 김구 주석으로부터 국내에 군부 설립을 위임받았던 저명한 독립운동가이다. 그는 임정의 2대 대통령이었던 백암 박은식 선생으로부터 광복 후 《독립운동사》를 쓰라는 권고를 받고 독립운동을 하면서도 각종 사료를 모았으며, 광복 후 생존 독립운동가들과 함께 《한국독립사(1964)》를 편찬했다. 그는 일제 때 5년 동안 투옥되었는데, 그 과정에서 "팔 다리가 몇 차례 부러지는 숱한 고문"을 받았다. 김승학 선생은 《한국독립사》 서문에서 일제의 고문 이유를 "독립운동사 사료를 어디에 감추었느냐?"는 것이었다고 썼다. 이렇게 피눈물로 지켜낸 사료들은 2016년 한중연에 위탁기증해서 정리하고 피눈물로 쓰여진 《한국독립사》를 일반인들도 보기 쉬운 한글판으로 재간행될 예정이었지만 이 사업 역시 한중연에서 2017년 강제로 중단시키고 말았다.

그 연장선상에서 친일반민족행위자 이병도·신석호가 해방 후에도 일제 식민사학을 하나뿐인 정설로 만든 것을 비판하는 《조선사편수회 출신들의 해방 후 동향과 영향》도 한중연과 교육부에 의해 출판금지와 연구비 환수조치를 당했다. 한중연과 교육부는 "지금이 조선총독부 세상이라는 사실을 아직도 모르느냐?"라고 기염을 토하는 듯하다. 3대 독립운동가 후손인 김병기 박사는 여전히 한중연과 교육부에 또아리 튼 토왜, 친일매국세력들에 의해 탄압받는 중이다.

③ 한국 근대역사학: 실증주의와 민족사학(임종권)

이의신청 내용	• 본래 공모 주제에 부합하게 연구한 내용이 한국 실증주의 사학과 식민사관의 연관성을 지적하고 비판했다는 이유로 'FAIL' 판정을 내린 것은 다분히 친일 성향 역사관을 지닌 일부 학자들의 횡포임
이의신청 심의결과 (한중연 및 교육부)	• 한국학 총서 사업의 결과물은 개인의 독창적 학설이나 주장을 담을 경우 합리적 근거를 제시하고 설득력이 있어야 하나, 여러 차례의 심사와 그에 대한 이의 제기 내용을 볼 때 심사위원 지적에 대한 학문적 합리적 반론보다는 주관적 견해에 입각한 반발이 대부분임. 기존 처분을 바꿔야 합당한 이유를 찾기 어려우므로 이의신청을 기각함

이 책은 한마디로 남한 역사학계에서 주장하는 '실증주의'는 남한 강단 사학계에서 일제 식민사학을 여전히 하나뿐인 정설로 유지하기 위한 수사에 불과하다는 내용이다. 임종권 박사는 서양사 전공자로서 영어는 물론 프랑스어·독일어·일본어에도 능한 학자이다. 그래서 실증주의 창시자로 불린 랑케의 저작을 직접 읽고 남한 역사학계의 실증주의는 일본 제국주의 역사학이 일제의 침략을 합리화하기 위해서 왜곡한 실증주의로서 랑케의 실증주의와도 아주 다르다는 사실을 서술했다. 광복 후 조선사편수회 출신인 이병도·신석호를 태두로 삼은 남한 역사학계는 '일제 식민사학'이란 이름을 '실증사학'으로 바꾸어달고 '객관성' 등을 주창하면서 조선총독부 역사관이 마치 객관적인 실증사학인 것처럼 국민들을 호도했다. 임종권 박사의 실증적 연구로 남한 학계의 실증주의가 조선총독부 역사관을 계속 유지하기 위한 도구임

이 밝혀지자 이런 연구결과를 '개인의 독창적 학설이나 주장'으로 매도하고 출판금지 및 연구비 환수조치를 내린 것이다. 심사의견 중에는 심지어 《민족주의는 반역이다》라는 책을 따르지 않았다는 내용까지 있다. 이 사업의 대주제가 '일제강점기 민족지도자들의 역사관과 국가건설론 연구'인데, 민족지도자들의 독립투쟁이 '반역'이라는 것이다. 정확히 조선총독부의 자리에 서서 독립운동을 바라보는 것이다.

④ 일제 하 독립운동가들의 고대사 인식(임찬경)

이의신청 내용	• 한국학중앙연구원 측의 최종 '심사소견'이 심사자의 주관적 판정에 치우쳤다고 판단하며, 이 주관적 판정에 학술적 입장 이외 판단 요소가 개입되었다고 판단함 • 참고문헌을 출판 편집과정에 자연스레 이루어질 작업으로 판단하였기에 참고문헌을 본문 뒤 별도 작성하지 않은 것이 '불합격' 판정 사유가 된다는 점이 이해가 안감
이의신청 심의결과 (한중연 및 교육부)	• 본 과제는 개인적인 학설이나 주장은 가능한 최소화하면서 학계의 보편적인 입장을 반영함은 당연하며, 나아가 기존의 연구성과를 이해하고 이를 집필하는 과정에 '대중의 입장'을 반영하는 자세가 요구됨. 항일의식을 일깨우는 정신적 유산 중 하나인 "독립운동가들의 고대사 인식"을 당시 시대상황과 관련하여 서술하려는 노력은 좋으나 미흡한 부분도 적지 않음. 미시적인 입장과 거시적인 관점이 조화롭지 못한 부분이 있어 제재조치가 타당하다고 판단되어 이의신청 기각함

이 저서는 일제강점기 독립운동가들의 고대사관은 조선총독부 조선사편수회의 식민사관과 다르다고 논증한 책이다. 한중연과 교육부에서 말하는 '학계의 보편적 입장'이란 물론 '조선총독부 역사관 추종'을 뜻하는 것이다. 이의

신청 심의결과는 한마디로 앞뒤도 맞지 않는 횡설수설에 불과하다. 남한 식민사학자들의 횡설수설은 그러나 반드시 "조선총독부 역사관은 영원히 우리를 지배하신다"는 종착점을 정확하게 찾아간다. 얼마나 비판할 거리가 없으면 참고문헌을 첨부하지 않았다는 것으로 삼았는지 측은한 생각까지 든다. 참고문헌을 첨부하지 않은 다른 여러 저서들은 합격판정을 받았다. 한중연과 교육부는 독립운동가들이 어떤 역사관을 가졌는지 국민들에게 절대 알려져서는 안 된다는 것이다. 대한민국 국민들은 오직 조선총독부에서 만든 반도사관만 알아야 한다는 것이다.

6

한국학중앙연구원이 자신들은 조선총독부 소속이라고 굳게 믿고 내린 출판금지 및 연구비 환수조처는 위 4권의 책만이 아니다. 전 한국회계학회장 허성관(전 광주과기원 총장)이 쓴 《개성상인의 탄생》도 출간불가와 연구비 환수조처를 내렸다. 이 책은 〈박영진가 복식부기 장부의 20세기 전후 삼포(蔘圃)회계와 현대적 경영사고〉(《경영학연구》, 2017년 8월) 등의 논문을 기초로 작성된 저서이다. 이 논문은 2017년 통합경영학회 우수논문상을 수상했다. 허 전 총장은 2014년에도 〈개성상인의 20세기 전후 삼포회계와 현대적 경영사고〉라는 논문으로 우수논문상을 수상한 바 있는데, 이런 논문들을 일반대중들이 쉽게 접할 수 있도록 쓴 책이 《개성상인의 탄생》이다. 이 책은 개성상인 박영진 가문에서 전해 내려오는 문서가 복식부기였고, 박영진가 장부에 담긴 현대 자본주의적 사고와 경영기법들을 구체적으로 설명한 책이다. 초서(草書)로 쓰여진 박영진가 문서(문화재청 등록문화재 587호)를 탈초 작업까지 해 가면서 논문을 쓰고, 저서로 풀어낸 책이다.

이 책에 대해서 고려대 경영학과 정석우 교수는 "조선조 말 개성상인 장부가 복식부기이고, 개성상인들이 자본주의적으로 사고하면서 사업했음을 실증적으로 확인해 종합한 책"이라고 평가했는데도 한중연은 왜 출간금지 및 연구비 환수 조치를 내렸을까?

가장 중요한 이유는 허성관 전 총장이 서문에서 "(이책은) 우리나라 경제사학계 일부에서 주장하고 있는 식민지근대화론을 정면에서 반증하는 증거"라고 쓴 것처럼 안병직·이영훈 등이 포진한 낙성대경제연구소 등에서 주장하는 식민지근대화론을 정면에서 부정한 책이기 때문이다. 일제강점기 때 우리 사회가 근대화되었다는 식민지근대화론은 대한민국의 탄생 자체를 거부하는 반민족적 논리인데, 이를 비판했다고 한중연에서 제재를 가한 것이다. 다른 이유는 허 전 총장이 이 논문들을 '한가람역사문화연구소 연구위원'의 명의로 발표했기 때문일 것이다. 한가람역사문화연구소는 설립 이래 우리 사회 구석구석을 장악하고 있는 친일세력들과 총성없는 전쟁을 계속해 왔는데, 이 책에 대한 한중연의 친일매국적 제재 조치 또한 그 일환인 것이다.

7

2013년 필리핀은 헤이그에 있는 국제상설중재재판소(PCA:이하 국제재판소)에 남중국해 분쟁과 관련해 제소했다. 중국이 남중국해에 9개의 U자 형태의 선(구단선)을 그어놓고 그 안쪽 바다와 섬들이 모두 중국의 관할권 아래 있다고 선언한데 대해서 국제상설재판소에 제소한 것이다. 중국이 자국관할이라고 주장하는 9단선은 필리핀뿐만 아니라 베트남, 말레이시아 등의 배타적 경제수역(EEZ)을 침범하고 있다. 이에 대해 국제재판소는 2018년 만장일치로 중국의 패소를 판결했다. 나는 국제재판소의 판결문 중에 "중국은 남중국해 구단선에 대한 역사적 권리(Historical Rights)를 주장할 법적 근거가 없다"고 판시한 부분을 중시한다. '역사적 권리'가 판단의 주요 근거의 하나로 사용된 것이다.

시진핑 중국 국가주석은 트럼프 미국대통령을 만나 "한국은 역사적으로 중국의 일부"였다고 망언했지만 한국의 강단사학자들은 한 마디도 반박하지 못했다. 시진핑의 논리를 자신들이 제공했기 때문이다. 한중연과 교육부에서 출간금지 조치를 내린《조선사편수회식민사관 이론비판-한사군은 요동에 있었다》는 시진핑이 한국이 중국의 일부였다는 주요 논리의 하나인 한사군 한반도설을 사료를 들어 부정하고 한사군은 고대 요동에 있었다고 논증한 저서다. 한중연과 교육부에서 이 책을 우수 학술교양도서로 선정해 전 국민에게 일독을 권한다면 대한민국 정부 소속이 맞지만 지금 한중연과 교육부가 보이는 행태는 정 반대다. 시진핑의 "한국은 중국의 일부였다"는 주장을 뒷받침하는 "한사군 한반도설" 외에는 대한민국에서 출간할 수 없다는 것이니 이들은 내심으로는 중국 국무원 소속 기관이라고 믿고 있는 것이 아닌지 의심된다.

일본의 아베 내각은 2014년 7월 '집단적 자기방위 결의안'을 통과시켰는데, "일본에 대한 무력공격뿐만 아니라 일본이 긴밀한 관계를 유지하고 있는 국가에 대한 공격의 경우와 그러한 공격의 심각한 위협이 있는 경우에도 자위대를 사용할 수 있다"고 결의했다. 여기에서 '일본이 긴밀한 관계를 유지하고 있는 국가'란 물론 대한민국이다. 군대보유 및 분쟁에 대한 교전권을 부인한 일본의 평화헌법 9조를 개정해 자위대를 합헌으로 만들어 여차하면 대한민국에 보내겠다는 뜻이다. 일본 문부성과 A급 전범 출신이 만든 사사카와 재단, 도요타 재단 등은 한국 학자들에게 막대한 자금을 제공하거나 유학생들의 경우 학자금은 물론 생활비까지 대어주면서 일본에서 박사학위를 취득하게 한 다음 국내 대학에 교수로 침투시키는 전략을 꾸준히 사용했다.

그 결과 2019년 12월 국립중앙박물관이 '가야본성'이라는 일본식 이름의 가야전시 연표에 "369년 가야 7국(비사벌, 남가라, 탁국, 안라, 다라, 탁순, 가라) 백제·왜 연합의 공격을 받음(서기)"이라고 써놨다. 일본 극우파들이 369년에 야마토왜가 가야를 점령하고 임나일본부를 설치했다고 주장한 것을 그대로 써 놓은 것이다. 국립중앙박물관은 당초 일본 순회 전시일정까지 잡아 놓고 있었다. 만약 한가람역사문화연구소와 미사협 등의 반박이 없었다면 '가야본성'은 일본 전시를 강행했을 것이고 일본 극우파는 "역사는 다시 장악하는데 성공했다"고 축하하면서 독도를 필두로 땅만 다시 점령하면 된다고 기염을 토했을 것이다.

한중연과 교육부에서 《조선사편수회출신들의 해방 후 동향과 영향(김병기)》을 출간금지시키고 연구비 환수조치를 내린 것은 친일반민족행위자로 등재된 이병도·신석호를 극력 보호함으로써 일제 식민사학에 대한 비판을 원천 봉쇄하려는 의도인 것이다. 대한민국 정부 소속이 아니라 아베내각 소속의 한중연과 교육부가 내린 조치라면 명실이 상부하다. 다른 두 권의 저서 《한국 실증주의 사학과 식민사관(임종권)》이나 《독립운동가가 바라본 한국고대사(임찬경)》도 마찬가지로 한중연과 교육부가 중국 국무원 소속이거나 아베 내각 소속이 아니라면, 아니 대한민국 국민이라면 감히 꿈도 꾸지 못할 반역사적, 반민족적 작태를 버젓이 자행하고 있는 것이다.

광복 후 미군정과 이승만 정권이 다시 친일파 세상을 만듦으로써 친일 매국노들에게 다시 탄압받던 독립운동가들의 심정이 절로 다가온다. 김병기 박사의 증조부인 희산 김승학 선생께서 유고로 남긴 《한국독립사》 서문의 일부가 필자들의 심경을 대신 전해주고 있다.

"유사 이래 국가흥망의 역사가 허다하나 우리처럼 참혹한 이민족의 압박을 받아 거의 민족이 말살될 위경(危境:위태로운 처지)에까지 이르렀던 전례는 일찍이 없었다…(내가) 불행히 왜경(倭警)에게 체포된 후 수각(手脚:팔다리)이 부러지는 수십 차례의 악형이 바로 이 사료 수색 때문이었다…

무릇 한 국가를 창건하거나 중흥시키면 시정 최초 유공자에게 후중한 논공행상을 하고 반역자를 엄격하게 의법조치하는 것은 후세자손으로 하여금 유공자의 그 위국충성을 본받게 하고 반역자의 그 죄과와 말로를 경계케 하여 국가 주권을 길이 만년 반석 위에 놓고자 함이다. 이 중요한 정치철학은 동서고금을 통하여 역사가 증명하는 바이다.

우리나라는 반세기 동안 국파민천(國破民賤: 나라가 망하고 백성이 노예가 됨)의 뼈저린 수난 중 광복되어 건국 이래 이 국가 백년대계의 원칙을 소홀히 한 것은 고사하고 도리어 일제의 주구(走狗: 반역자의 사냥개)로 독립운동자를 박해하던 민족 반역자를 중용하는 우거를 범한 것은 광복운동에 헌신하였던 항일투사의 한 사람으로서 전 초대대통령 이승만 박사의 시정 중 가장 큰 과오이니 후일 지하에 돌아가 수많은 선배와 동지들을 무슨 면목으로 대할까보냐? 이 중대한 실정으로 말미암아 이박사는 집정 10년 동안 많은 항일투사의 울분과 애국지사의 비난의 적(的: 과녁)이 되었었다. (김승학, 《한국독립사》 유고)"

일제강점기 민족지도자들의 역사관 및 국가건설론 연구 연구자 일동

들어가는 글

일제 강점기는 빼앗긴 강토를 되찾기 위한 전쟁기였지만 다른 한편으로는 역사 해석을 둘러싸고 싸운 역사전쟁의 시기이기도 했다. 무원(茂園) 김교헌(金教獻), 백암(白巖) 박은식, 석주 이상룡, 단재 신채호, 성재 이시영, 희산 김승학, 위당 정인보 등의 독립운동가들이 모두 역사학자들이기도 했던 것은 독립전쟁의 이런 성격을 그대로 말해준다.

일본 제국주의 역시 대한제국의 강역을 점령한 데 만족하지 않고, 체계적인 역사왜곡에 나섰다. 한국사의 구조와 정신을 왜곡해 한국인을 정신적 노예로 만들지 않고서는 식민지배를 영구히 유지할 수 없다고 생각했기 때문이다.

조선총독부 직속의 '조선사편수회'는 1925년 설치되었지만 이때 비로소 한국사를 왜곡하기 시작한 것은 아니다. 일제는 1910년 대한제국 강점 직후부터 한국사 왜곡에 나섰다. 조선총독부 초대 총독 데라우치(寺內正毅)는 한국 강점 직후 역사사료의 수집과 조사를 명목으로 총독부 내에 취조국(取調局)을 두고 학자들을 고용해 구관제도조사사업(舊慣制度調査事業)과 고적(古蹟) 조사사업을 전개했다. 1910년 설치된 총독부 최조국이 조선사편수회의 모태로서 이때 많은 사료들을 수집해 불태우거나 일본으로 가져갔고, 고적 조사라는 명목으로 대동강 남쪽을 낙랑군 조선현 지역이라고 주장하기 시작했다.

1916년 1월에는 구관조사사업을 중추원 산하로 이관하고 조선반도사편찬위원회를 발족시켰다. 취조국을 계승한 조선반도사편찬위원회는 『조선반도사(朝鮮半島史)』 편찬사업에 나서 섰다.[1] 『조선반도사』란 이름에는 이미 한국사의 강역에서 대륙과 해양을 삭제해 반도 내로 국한시키기 위한 목적이 담겨 있다. 뿐만 아니라 단군을 부인해 한국사의 시간을 축소시켰다. 『조선반도사』 편찬 사업은 "상고·삼한, 삼국·신라통일" 등을 탈고한 채 1922년 12월에는 조선총독부 산하 조선사편찬위원회로 넘어갔다. 1925년 6월에는 일왕의 칙령 제218호로 조선사편찬위원회를 조선사편수회로 개편하면서 조선총독 직속의 독립관청으로 승격시켰다. 조선사편수회를 독립관청으로 승격시킨 데서 한국사를 전반적이고도 체계적으로 왜곡시키려 했던 일제의 의지를 볼 수 있다.

조선총독부는 대한제국 강점 직후인 1910년 11월부터 전국을 누비며 광범위한 역사 사료를 수집했는데, 이 사업은 구관제도조사사업을 맡은 조선총독부 취조국과 중추원의 조선반도사 편찬위원회, 그리고 다시 조선총독부의 조선사편찬위원회를 거쳐 조선사편수회에 이르기까지 한 순간도 멈춘 적이 없었다. 1910년부터 1937년까지 27년간 전국에 걸쳐 한국에 대한 각종 역사사료를 수집했는데, 이는 도(道)·군(郡)이란 행정기관은 물론 경찰서 등까지 경찰기관까지 광범위하게 동원된 식민통치의 주요 사업이었다.

그 결과 1932~1938년까지 『조선사』 37책을 간행하고, 20종의 『조선사료총간(朝鮮史料叢刊)』과 『조선사료집진(朝鮮史料集眞)』 3책을 간행했다. 『조선사』의 「권수(卷首: 책의 첫째 권)」에서 '데라우치 원수가 대정(大正) 4년(1915) 조선

---

1   중추원의 『조선반도사』 편찬사업의 개요에 대해서는 장신, 「조선총독부의 조선반도사 편찬사업 연구」, 『동북아역사논총』 23, 동북아역사재단, 2009를 참조할 수 있다.

총독부 충추원에 조선반도사 편찬을 명했다[2]고 쓴 것처럼 조선반도사편찬위원회의『조선반도사』를 계승한 것이었다.

이 책들은 주로 사료제시라는 방법을 채택해 객관성을 가장하려고 노력했다. 그러나 사료 '채택' 자체에 이미 조선총독부의 관점이 내재되어 있는 것은 말할 필요도 없다. 특히 조선반도사편찬위원회에서 편찬한『조선반도사』앞부분에 이미 조선총독부의 주요 관점이 노정되어 있다. 한사군의 강역을 한반도 북부로 비정하고, 임나일본부를 사실로 만들기 위해『삼국사기』초기 기록을 가짜로 몰았다.

그러나 간과하기 쉬운 사실은 이런 관점으로 한국사를 바라보는 것은 조선총독부에서 먼저 시작한 것이 아니라 만주철도주식회사에서 먼저 시작했다는 점이다. 그리고 그 주요한 틀을 제시한 인물이 만철의 쓰다 소키치(津田左右吉)였다. 쓰다 소키치는 반도사관의 틀 내에서 한반도 북부에는 고대 중국 한(漢)나라의 식민지인 한사군이 있었고, 한반도 남부에는 고대 일본의 식민지인 임나일본부가 있었다는 한국사상(像)을 만들어 냈는데, 이것이 이후 부분적 차이는 있지만 조선총독부에서 추진했던 모든 역사왜곡의 큰 틀이 되었다.

이는 일제강점기 독립운동가 겸 역사학자들이 그렸던 한국사상(像)과는 근본적으로 다른 것이었다. 이들은 한사군의 위치는 고대 요동에 있었고, 임나일본부 따위는 존재하지 않았다고 서술했다.

서로 큰 차이가 있는 두 역사상(歷史像) 중에서 어느 것이 올바른 것일까? 이는 일제 식민지배가 남긴 정신적 상흔을 치료한다는 역사적 당위성과 함께 고대 1차 사료를 검토함으로써 그 결과를 가지고 결론을 내려야 할 문제일 것이다. 우리는 해방 이후 친일청산에 실패했고, 그 결과가 현재까지도 이어지는 식민사관 청산논쟁이다. 이는 단순히 민족감정에 의해 결론 내릴 문제

---

2 朝鮮總督府編修會 編,『朝鮮史』「卷首 總目錄」, 1938, 朝鮮總督府, 2쪽.

가 아니라 고대 1차 사료가 말해주는 진실이 무엇인가에 따라 결론 내릴 문제
일 것이다.

I

식민사관의
시작과 주요 구조

1. 조선총독부 식민사관의 주요 구조와 『조선반도사』

일제는 대한제국 강점 다음 달인 1910년 9월 20일 칙령(勅令) 제356호로 조선총독부 내에 취조국(取調局)을 설치했다.[3] 칙령이란 일왕의 명령을 뜻한다. 취조국이지만 국장이 책임자가 아니라 칙임관인 장관이 우두머리였으며, 서기관 2명과 사무관 4명을 전임으로 둔 조직이었다. 취조국의 사무 범위는 광범위했다.

「제1조 조선총독부 취조국은 조선총독에게 직예하며 다음의 사무
를 관장한다.

1. 조선의 각반(各班) 제도 및 모든 구관(舊慣)을 조사하는 것
2. 총독이 지정한 법령의 입안 및 심의를 하는 것
3. 법령의 폐지, 개정에 대해 의견을 구신하는 것 」[4]

---

3 朝鮮總督府, 『官報』 제28호, 1910년 9월 30일, '朝鮮總督府取調局官制'
4 朝鮮總督府, 『官報』 제28호, 1910년 9월 30일, '朝鮮總督府取調局官制'

법령의 입안 및 심의권과 법령의 폐지 및 개정에 대한 의견개진권 등 막강한 권한을 갖고 있었다. 그런데 직무 범위의 첫 번째가 "조선의 각반 제도 및 모든 구관을 조사하는 것"이었다. 이를 위해서 취조국 내에 30명 이내의 위원을 두었는데, 1년 600원의 수당을 받는 위원은 "학식, 명망이 있는 조선인 중에서 조선총독이 정한다"라고 규정하고 있다.

그런데 총독부 취조국에서 관장한 업무 중에 '도서 정리사업'이 있었다. 그 핵심은 조선 왕궁에서 소장한 도서들을 관장하는 것이었다. 이렇게 일제가 차지한 조선왕가의 역대 기록 및 기타 도서는 모두 14만804책에 달했는데, 홍문관, 규장각 및 고종이 서재로 사용하던 경복궁 건청궁 내의 집옥재(集玉齋) 및 시강원(侍講院)에서 소장하던 사료들과 북한산 이궁(離宮)과 강화도 정족산(鼎足山), 무주(茂朱)의 적상산(赤裳山), 봉화(奉化)의 태백산(太白山), 평창(平昌) 오대산(五臺山) 등의 조선 왕실 사고(史庫)에서 보유하고 있던 장서들이었다. 대한제국 강점 전에는 궁내부에서 관장했는데, 일제는 강점 직후 총독부 취조국으로 이관하고 정리 사업을 전개했다. 뿐만 아니라 민간이 갖고 있는 도서들도 모두 수집하기 위해서 사원 및 향교를 비롯해서 각 양반가의 소장 도서 등을 광범위하게 수집했다. 이중 적상산 사고 도서 5,519책을 비롯해 극히 일부 도서만 한국 황실을 격하시킨 이왕가(李王家)에 주었고, 나머지는 모두 조선총독부가 차지했다. 1912년 4월 취조국이 참사국으로 바뀌면서 참사관실에서 이를 관장하다가 일부는 중추원 산하에 조선반도사편찬위원회가 설치되자 '특례'로 대출해주었다. 그리고 일부는 1930년 10월 경성제국대학에 인계하기도 했다.[5]

이중에 얼마나 많은 도서나 사료가 일본으로 반출되었는지는 알 수 없다. 한국 통치에 불리한 사료들이 광범위하게 반출되거나 소각되었을 것임을 추측하기는 어렵지 않다.

---

5 중추원조사자료, 제1장 조선총독부 최조국, 제3절 도서의 정리

여기에서 주목해야 할 것이 조선총독부에서 1916년 중추원 소속의 조선인들과 도쿄제국대학 교수들을 중심으로 조직한 '조선반도사편찬위원회'다. 일제는 사료 수집에 그친 것이 아니라 이를 토대로 『조선반도사』 편찬에 나섰는데, 조선총독부에서 발간한 『조선반도사 편성의 요지 및 순서(1916)』는 이 사업이 조선총독부의 직접적인 명령에 의해서 수행되었음을 명시하고 있다.

> "이와 같이 물질적 경영에 힘씀과 더불어 … 민의 지능 덕성을 계발하여 이들이 충량한 제국신민(帝國臣民)이 되기에 부끄러움이 없는 지위로 돕고 인도함을 기약해야 한다. 금회(今回) 중추원에 명령한 『조선반도사』 편찬도 역시 민심훈육의 일단에 다름 아니다" [6]

이는 『조선반도사』 편찬이 조선총독부의 직접적 명령에 의해서 수행되었음을 말해주는 것이다. 『조선반도사 편성의 요지 및 순서(1916)』를 보면 "『조선반도사』의 주안점으로 삼아야 할 것은 대체로 다음과 같다"면서 이렇게 설명하고 있는 데서도 확인할 수 있다.

> 「첫째, 일본인과 조선인이 동족(同族)이라는 사실을 분명히 할 것
> 둘째, 상고(上古)시대부터 조선에 이르는 군웅의 흥망기복과 역대의 역성혁명에 의한 민중의 점진적 피폐와 빈약에 빠진 실황(實況)을 서술하고 지금시대에 이르러 성세(盛世: 성스런 임금의 치세)의 혜택에 의해 비로소 인생의 행복을 완성하게 된 사실을 상세하게 서술할 것.」 [7]

6 朝鮮總督府, 『朝鮮半島史編成ノ 要旨及順序』, 1916年.
7 朝鮮總督府, 『朝鮮半島史編成ノ 要旨及順序』, 1916年.

조선총독부의『조선반도사』편찬 주안점은 한국과 일본이 같은 민족이라는 점을 강조하고, 한국의 역대 역사는 모두 피폐한 상황이었는데 일본이 한국을 점령하면서 성스러운 임금(일왕 메이지〔明治〕)의 혜택을 받아 "비로소 인생의 행복을 완성"하게 되었다고 서술하라는 것이다. 일제의 점령으로 한국이 천국으로 변했다고 서술하는 것이『조선반도사』편찬 목적이었다. 이것이 이후 조선총독부 조선사편수회의『조선사』편찬 방침으로 그대로 이어지게 된 한국사에 대한 서술 방침이었다. 그래서 한국사에 유리한 것은 삭제하거나 왜곡하고, 한국사에 불리한 것은 과장하거나 없는 사실을 창작까지 해 가면서 한국사 전반을 왜곡한 것이다.

조선총독부 직속의 조선사편수회에서 1938년 간행한『조선사(35권)』는 제1편을 '신라 통일 이전'으로 삼아 고조선을 따로 서술하지 않았다.[8] 이미 간행한『조선반도사』에서 이 부분을 서술했기 때문에 다루지 않은 것으로 유추할 수 있다. 이는『조선반도사』편찬을 주도한 오다 쇼고(小田省吾: 1871~1953)의 행적을 통해서도 알 수 있다. 1918년 1월 19일 조선총독부는 훈령 제3호로 중추원에 조사과와 편찬과를 설치하고 오다 쇼고를 편찬과장으로 임명해『조선반도사』편찬을 총괄하게 했다. 도쿄제대 사학과 출신의 오다 쇼고는『조선반도사』편찬을 총괄했을뿐만 아니라 1923년에는 주로 일본인 학자들로 구성된 조선사학회를 창립했으며, 1924년에는 경성제대를 설립하고 교수로 부임했고, 1925년에는 조선사편수회의 위원이 되었다. 오다 쇼고는 중추원의『조선반도사』와 조선사편수회의『조선사편찬』을 모두 주도한 인물이다. 따라서 오다 쇼고가 중추원 편찬과장으로 편찬을 주도한『조선반도사』는 조선사 편수회의『조선사』와 상호보완 관계를 이루는 것으로 보아 무리가 없을 것이다.

---

8 朝鮮總督府編修會 編,『朝鮮史』제1편 제1권, 1932, 朝鮮總督府, 1쪽.

제1편 상고·삼한	제2편 삼국시대	제3편 통일신라	제4편 고려시대	제5편 이조시대	제6편 최근세시대
이마니시 류 (今西龍)	이마니시 류 (今西龍)	이마니시 류 (今西龍)	하기야마 히데오 (荻山秀雄)	세노 마구마 (瀨野馬熊)	스기모토 쇼우스케 (衫本正介)

〈표1〉『조선반도사』 각 편별 편찬 담당자

「반도사 편찬 관련 협의사항(1920년 4월)」이란 문건을 보면 모두 1천쪽에 달하는 『반도사』 중에 "서론: 상고(上古)·삼한(三韓)"을 70쪽에 걸쳐서 서술하도록 할당되어 있다. 따라서 『조선반도사』의 서술 내용은 조선총독부 조선사편수회의 공식 서술 내용과 같은 것이다. 조선총독부의 「조선반도사 편찬개황」에는 "상고~삼한, 삼국~신라통일" 등은 일단 탈고했지만 "고려~조선최근세사 이상의 2편은 탈고 단계에 이르지 못했다"[9]면서 "1922년 12월 조선사편찬위원회가 설치됨으로써 반도사 편찬사업은 일단 중지하는 것으로 되었다"라고 설명하고 있다. 따라서 한국 강점 직후 취조국에서 시행한 구관제도조사사업과 조선반도사편찬위원회에서 만든 『조선반도사』도 조선사편찬위에서 만든 『조선사』의 범주에 들어가는 것으로 보아야 한다. 특히 『조선반도사』 상고(上古)부터 통일신라 부분까지는 이마니시 류(今西龍)가 집필했다.

이중 하기야마 히데오(荻山秀雄)는 조선총독부 도서관장을 역임한 인물이다. 또한 1927년 조선사학회에서 편찬한 『조선사대계(朝鮮史大系: 전 5권)』에 세노 마구마(瀨野馬熊)는 중세사와 근세사를 담당했으며, 스기모토 쇼우스케(衫本正介)는 오다 쇼고와 함께 최근세사를 담당했다.

『조선반도사』 편찬과장이었던 오다 쇼고가 이후 조선사편수회 위원이 되는 것처럼 이마니시 류도 1925년부터 조선사편수회의 위원이자 조선사편수회에서 편찬한 『조선사』의 편집위원이었기 때문에 그가 쓴 『조선반도사』는 조

9 朝鮮總督府 朝鮮史編修會, 『朝鮮史編修會事業槪要』 1938년

선사편수회의 견해와 동일한 것이었다. 조선사편수회의『조선사』제1편 제1권은 신라의 건국부터 시작하고 있다. 삼국 이전의 역사를 삭제한 것은 두 가지 의미가 있다. 하나는 삼국 이전의 역사는 역사가 아닌 것으로 삭제해 한국사의 시간을 축소하려고 한 것이다. 또 하나는 이마니시 류가『조선반도사』상고(上古) 부분에서 삼국 이전의 역사를 서술했기 때문에 이에 갈음한다는 뜻이 있었다. 따라서 이마니시 류가 집필한『조선반도사』상고(上古) 부분이 사실상 조선사편수회에서 편찬한『조선사』의 전편(前篇)에 해당한다고 볼 수 있다.『조선반도사』상고(上古) 부분에서 이마니시 류가 집필한 부분은 조선반도사 편찬위의 공식견해이자 이후 조선사편수회의 공식의견과 같다고 볼 수 있다.『조선반도사』의 상고 부분에서 이마니시 류는 고조선과 한사군에 대해서 이렇게 서술하고 있다.

「조선 민족이 조선 반도에 거주하게 된 내력은 분명하지 않다. 그 선주민의 유무(有無) 및 이들과의 관계 역시 아직 분명하게 밝혀지지 않았다. 기원전 3세기 무렵에는 현재 조선 민족의 본간(本幹)을 이루는 한종족(韓種族)이 조선 반도 남부에서 서북에 걸쳐 정주(定住)하였으며, 이른바 예맥족(濊貊族)은 중국 대륙에서 조선 반도 동쪽, 즉 함경도·강원도 지역에 걸쳐 정주하였던 것으로 보인다. 그러나 예맥족은 조선 반도의 구석진 지역 일부 지방만을 차지하고 있었던 데 불과하며, 조선 반도의 주요 주민은 한종족이었던 것이다.

이들 민족 중에는 마을 단위로 모여 이루어진 집단에서 성장하여 원시적인 소국가를 형성하였고, 기원전 3세기 무렵에는 조선·진번·임둔·진국 등이 크게 성장한 것이다. 임둔 하나만이 예맥족이 세운 국가로 여겨지는 것 외에 다른 국가들은 한종족이 세운 국가들이며, 그 중에서 조선은 서북(西北) 지역에 자리하여 중국 대륙과 교통하기에 가장 편리한 지역이어서 다른 국가들보다 훨씬 앞선 발전을 이루었으며, 또한 오래 전부터 중국인들에게 잘 알려져 있었다.」[10]

이마니시 류. 아직도 남한 강단사학자들은 조선총독부 및 경성제대에 근무했던 이마니시 류를 존경하는 스승으로 모신다.

『조선반도사』는 먼저 한종족(韓種族)과 예맥족(濊貊族)을 분리하면서 예맥족의 역사를 축소하고 있다. 대륙이 본거지였던 예맥족의 실제 내용을 기술하면 '반도사'라는 틀 속에서 한국사를 서술할 수 없기 때문에 "예맥족은 조선 반도의 구석진 지역 일부 지방만을 차지"하고 있었다고 우긴 것이다. 나아가 고조선의 위치를 한반도 '서북 지역'으로 비정한 후 "중국 대륙과 교통하기에 가장 편리한 지역이어서 다른 국가들보다 훨씬 앞선 발전을 이루었"다고 주장하고 있다. 한민족은 자발적·독자적으로는 역사·사회발전 능력이 없기 때문에 타민족의 식민지배를 받거나 타민족의 선진문물을 받아들여야 역사가 발전할 수 있다는 '한국사 정체성론'에 따른 서술이었다.

「이 조선에는 은(殷)나라의 현인(賢人) 기자(箕子)가 왕실의 선조라는 전설이 있어, 이를 바탕으로 그의 나라를 기자조선이라고 부른다. 또한 근세에 이르러 태고단군(太古檀君)이라는 신인(神人)이

---

10 『조선반도사』제1편, 「상고·삼한」 '개설'. 연도미상, 미국 하와이대학 해밀튼도서관 소장, 여기서는 『친일반민족행위관계사료집 V-일제의 조선사 편찬사업』, 136쪽에서 재인용.

태백산(묘향산)에 내려와 나라를 열어 조선이라고 불렀는데, 기자
가 오자 나라를 기자에게 맡기고 홀연히 사라졌다고 하는 전설도
있어, 이 가상의 조선을 기자조선과 구별하여 왕검조선(王儉朝鮮)
또는 단군조선(檀君朝鮮)이라고 부른다. 단군은 존칭이고 왕검은
그 이름이다.」[11]

단군 사화(史話)는 '전설'이라고 부르고 단군조선은 '가상의 조선'이라고
표현하고 있다. 한국사의 시작을 단군이 아니라 중국에서 왔다는 기자로 시
작하려는 의도이다.

「이른바 기씨조선은 본래 한강 이북 대동강 방면에 있어 중국과
접경을 이루고 있었다. 그리고 기씨조선과 전국(戰國)시대 연(燕)
나라 사이에는 다양한 교섭이 있었으며, 연나라가 강개해지자 조
선을 침략해 속국(屬國)으로 삼아 그 남쪽에 있던 진번에까지 영
향력이 미쳤으나, 진(秦)나라가 들어서면서 요동의 변방에 속하게
되었다.」[12]

기자조선의 위치를 대동강 방면으로 비정하고 있다. 그래야 이후 위만조
선에 이어서 한사군을 이 지역으로 설정할 수 있기 때문이다. 그리고 기자조
선이 연나라에게 멸망해 속국이 되었다고 서술하고 있다. 이에 따르면 연나
라가 대동강 유역까지 점령한 셈이 된다. 그러다가 진나라가 들어서면서 기자
조선 지역은 요동의 변방이 되었다고 주장하고 있다. 그의 주장대로면 대동강

---

11 『조선반도사』제1편, 「상고·삼한」 '개설'. 연도미상, 미국 하와이대학 해밀튼도서관 소장, 여기서는 『친일반
　민족행위관계사료집 V-일제의 조선사 편찬사업』, 136쪽에서 재인용.

12 『조선반도사』제1편, 「상고·삼한」 '개설'. 연도미상, 미국 하와이대학 해밀튼도서관 소장, 여기서는 『친일반
　민족행위관계사료집 V-일제의 조선사 편찬사업』, 136~137쪽에서 재인용.

유역이 요동의 변방인 셈이다. 언제부터 대동강 유역이 요동의 변방이 되었는지, 그렇게 주장하는 사료적 근거가 무엇인지는 전혀 설명하지 않고 있다.

> 「한(漢)나라 때 패수(浿水)를 경계로 조선은 한(漢) 제국의 연왕국(燕王國)에 속하게 하였다. 그러나 얼마 지나지 않아서 연나라 사람인 위만(衛滿)이라는 자가 무리를 이끌고 패수를 건너 조선의 북쪽 경계에 살면서 마침내 조선을 정벌하여 멸망시키고 진번 등을 복속시켜 왕검(王儉:평양)에 도읍을 정하였다. 이후의 조선을 위씨조선이라고 하여, 기씨조선·단군조선과 구별하였으며, 또한 이 세 조선을 이씨조선과 구별하여 고조선이라고도 부른다 … 한 무제는 원봉(元封) 3년에 조선을 멸망시켰는데, 이 지역과 새로이 한(漢)나라의 위세에 복속한 지역에 사군(四郡)을 설치하였다. 위씨조선의 땅에 낙랑군을 설치하고, 그 밖에 남쪽의 한민족(韓民族) 땅에는 진번군을 설치했으며, 동북쪽의 예맥족 땅에는 현도군을 설치하고, 동쪽에는 임둔군을 설치했다.」

이마니시 류는 기자조선이 한나라 때 연왕국에 속해 있었는데, 연나라에서 온 위만이 조선을 정벌해서 왕검성에 도읍을 정했다고 상반되게 서술했다. 기자조선을 대동강 유역으로 비정했으니 왕검성도 평양이 될 수밖에 없었다. 그리고 위만조선의 땅에 낙랑군을 설치하고, 그 남쪽에 진번군을 설치했다고 서술하고 있다. 뒤에 서술하겠지만 진번군의 위치에 대해서는 쓰다 소키치의 북방설과 이마니시 류의 남방설이 있다. 윗글은 현도군은 함경도, 임둔군은 강원도로 비정하고 있다.

『조선반도사』는 개설 외에 본론에서는 한사군의 위치를 구체적으로 적시하고 있다. 진번군은 "낙랑군 남쪽에 있었다"면서 "지금의 충청·전라북도 지역을 지배하였다"고 서술하고 있다. 임둔군은 "낙랑의 동쪽에 있었다"면서 "지금의 강원도 북쪽에 설치하여 예종족(濊種族)을 지배"했다고 서술했다. 현도군은 "지금의 함흥지역에 설치되었을 것으로 생각"된다고 설명하고 있다.[13] 그럼 가장 중요한 낙랑군의 위치에 대해서 어떻게 서술하고 있는지 살펴보자.

「낙랑군 조선현[14]은 위씨조선의 본지(本地)에 설치하였으며, 그 군치(郡治)는 위씨의 고향인 왕검성(王儉城), 즉 지금의 평양에 있었다. 북쪽은 패수(浿水)로 요동과의 경계로 삼았으며 지금의 평안(平安:패수 이북을 제외한다)·황해·경기 제도(諸道)의 땅을 지배하였다. 이 지방, 다시 말해 열수(列水:대동강), 대수(帶水:한강)·패수(浿水:청천강) 유역, 특히 하류 유역은 한민족의 이주가 가장 많은 지역이어서 평안·황해 지역은 한민족의 땅이었다고 해도 무리가 없을 정도였다. 」[15]

『조선반도사』는 위만조선의 군치를 지금의 평양이라고 주장하고 있다. '기자조선=위만조선=평양'이라는 등식이다. 그러면서 대수는 한강, 열수는 대동강, 패수는 청천강으로 비정하고 있다. 후술하겠지만 이런 위치비정들은 일체의 사료적 근거가 없는 일방적 주장일뿐이다. 『조선반도사』에서 굳이 "(패수)

---

13 『조선반도사』제1편, 「상고·삼한」 '개설'. 연도미상, 미국 하와이대학 해밀튼도서관 소장, 여기서는 『친일반민족행위관계사료집 V-일제의 조선사 편찬사업』, 149쪽에서 재인용.

14 원문에는 현의 이름이 빠졌으나 앞서 위만조선의 자리에 낙랑군을 설치했다는 구절로 보아 낙랑군의 치소인 조선현을 말하는 것이 분명하다.

15 『조선반도사』제1편, 「상고·삼한」 '개설'. 연도미상, 미국 하와이대학 해밀튼도서관 소장, 여기서는 『친일반민족행위관계사료집 V-일제의 조선사 편찬사업』, 149쪽에서 재인용.

하류 유역은 한민족의 이주가 가장 많은 지역이어서 평안·황해 지역은 한민족의 땅이었다고 해도 무리가 없을 정도"라고 설명하고 있다. 외국의 식민지가 되었는데, 한민족이 많이 이주했다고 한민족의 땅이라고 볼 수는 없다. 또한 '위씨조선, 즉 위만조선 조에서는 이렇게 서술하고 있다.

「조선국의 북쪽 열양(列陽) 땅, 다시 말해 대동강 지방은 예전에 조선국의 땅으로 한종족(韓種族)의 거주지였으며, 전국시대에 연나라 세력이 압박해 오면서 중국인·조선인이 혼재하여 거주하는 땅이 되어 연나라의 지배를 받았으나, 진대(秦代)에 들어와서 이 지방의 주민을 퇴거시켜 공지(空地)로 만들어 두 민족 분쟁의 씨앗을 제거하고자 했던 것으로 보인다. 」[16]

열양은 『산해경(山海經)』에 나오는 지명이다. 『산해경』 「해내경(海內經)」은 "동해 안쪽, 북해 모퉁이에 나라가 있는데 이름이 조선이다"라고 말하고 있고, 「해내북경(海內北經)」편에서는 "조선은 열양(列陽) 동쪽에 있는데, 바다의 북쪽이고 산의 남쪽이다. 열양은 연나라에 속해있다"라고 말하고 있다. 중국의 동해란 지금의 서해이며, 북해란 발해를 뜻한다. 또한 조선이 지금의 북경에 있던 연나라에 속해 있고, 열양 동쪽이고 바다의 북쪽이라면, '조선국의 북쪽 열양 땅을 대동강'으로 볼 수는 없다. 또한 북경 지역에 있던 연나라 사람들이 대동강까지 들어와 살 수도 없는 노릇이다.[17]

---

16 『조선반도사』제1편, 「상고·삼한」 '개설'. 연도미상, 미국 하와이대학 해밀튼도서관 소장, 여기서는 『친일반민족행위관계사료집 V-일제의 조선사 편찬사업』, 145쪽에서 재인용. 고조선의 북쪽을 열양이라고 했지만 이는 사실과 다르다. 『산해경(山海經)』 「해내북경(海內北經)」은 "(고)조선은 열양(列陽) 동쪽에 있는데 바다의 북쪽이고 산의 남쪽에 있다. 열양은 연(燕)에 속해 있다"라고 고조선이 열양의 동쪽에 있다고 말하고 있다. 여기에서 해내(海內)의 해(海)는 중국의 동해, 즉 지금의 서해나 그 북쪽 발해를 뜻한다.

17 『산해경(山海經)』 「해내경(海內經)」, "東海之內, 北海之隅, 有國名曰朝鮮", 「海內北經」, "朝鮮在列陽東, 海北山南列陽屬燕"

『조선반도사』의 위치비정은 '반도'라는 이름에서 알 수 있듯이 한국사의 강역을 반도 내에 가둔다는 전제 조건 아래 썼다. 그 반도마저 고대부터 외국의 식민지배를 받았다는 것도 전제조건이었다. 그래서 일제의 식민지배가 역사상 처음이 아니라 고대사의 반복이라고 주장할 수 있기 때문이었다. 그래서 연나라가 대동강 유역까지 점령했다고 서술한 것이다. 『조선반도사』는 낙랑군과 대방군이 3세기 후반부터 고구려 및 백제의 압박을 받다가 313년에 요동으로 철수한 것으로 서술하고 있다. 이는 쓰다 소키치가 체계화시킨 『삼국사기』 초기기록 불신론에 따른 것이다. 3세기 후반에 이르러 마한 종족이 주변의 소국들을 정벌하면서 백제가 사실상 건국되었다고 보는 것이다.[18] 3세기 후반 무렵부터 백제가 건국되기 시작한다는 것으로 『삼국사기』 「백제본기」에서 말하는 서기 전 1세기 건국설을 부인하는 것이었다.

2. 남만주철도주식회사와 쓰다 소키치

일제 식민사학의 궤적을 찾아가다 보면 조선총독부보다 앞선 남만주철도주식회사(南滿洲鐵道株式會社: The South Manchuria Railway Co, Ltd)를 주목해야 한다. '주식회사'라는 명칭이 붙었다고 해서 일반 회사처럼 생각하면 실수하게 된다. 약칭 '만철(滿鐵)'이라 불렸던 남만주철도주식회사(이하 만철)는 러일전쟁 이후인 1906년 설립되어 1945년 일제가 패망할 때까지 존속했던 조직이니 러일전쟁으로 시작해서 태평양전쟁으로 끝을 맺었다. 만철은 러일전쟁의 강화조약이었던 포츠머스 조약에 따라 러시아로부터 양도 받은 동청(東淸)철도의 남만주 지선(支線)과 장춘(長春)-대련(大連)간 철도와 그 부속

---

18 『조선반도사』제1편, 「상고·삼한」 '개설', 연도미상, 미국 하와이대학 해밀턴도서관 소장, 여기서는 『친일반민족행위관계사료집 V-일제의 조선사 편찬사업』, 138쪽에서 재인용.

대련의 남만주철도주식회사 본사

지를 경영하고 러일전쟁 중에 군수물자를 수송했던 안동(安東: 현 단동)-봉천
(奉天: 현 심양)간 철도와 그 부속지를 경영하기 위해서 설치되었다.

　　만철은 러일전쟁 당시 일본의 만주군(滿洲軍) 야전철도 관리부(野戰鐵道
提理部)를 모체로 설립되었는데 형식은 반관반민(半官半民)의 특수회사였지
만 사실상 일본 정부 직영의 국유회사나 마찬가지였다. 일왕의 칙령에 의해
설립되었다는 점이나 자본금 2억엔 중 1억엔을 일본 정부가 철도, 탄광 등의
현물로 출자했다는 점도 이런 성격을 말해준다. 초기에는 러일전쟁 당시 미국
의 국무장관 태프트와 '카쓰라-태프트 비밀협약'을 맺은 당사자인 카쓰라(桂)
가 깊숙이 개입되어 있었다. 1905년 7월 29일 일본과 미국 사이에 맺은 카쓰
라-태프트 밀약은 미국이 필리핀을 차지하는 대신 일본이 대한제국을 차지한
다는 내용이다. 미국과 일본이 한국과 필리핀을 불법으로 강점하는 것을 서
로 '몰래' 인정하자는 조약이었다. 일본의 카쓰라는 미국의 사업가 에드워드

헨리 해리슨과 손잡고 미국과 일본이 공동경영하기로 합의했었다. 카쓰라-태프트 밀약의 후속조처였던 셈인데, 외무대신 고무라 주타로(小村壽太郎)가 반대하는 바람에 일본에서 단독으로 경영하는 것으로 결정되었다.

초대 총재 고토 신페이(後藤新平: 1857~1929)는 일제가 대만에 설치했던 대만총독부(臺灣總督府: 1895~1945) 민정(民政)장관 출신이었다. 일제는 러일전쟁 이후 요동반도 남단에 관동주(關東州)를 설치하고 이를 다스리기 위해 일왕 직속의 관동도독부(關東都督府)를 두었는데, 고토 신페이는 만철 총재로 취임하면서 관동도독부 고문도 겸임했다. 일제가 남만주에 설치한 식민통치기구에 고토 신페이가 고문으로 취임한 데에는 수상 사이온지 긴모치(西園寺公望)의 의중이 반영되어 있었다. 만철 임원은 현직 관료라도 사임하지 않고 겸임할 수 있는 특혜를 주었는데, 이는 만철이 민간 주식회사가 아니라 일제의 한반도 및 대륙 침략의 첨병이라는 사실을 극명하게 보여주는 것이다. 만철 본사는 대련에 두었다가 1932년 만주국이 수립되자 만주국 수도 신경(新京: 현 장춘)에 본부라는 명칭의 조직을 두었는데, 이것이 사실상 본사 역할을 했다. 도쿄에는 지사가 있었는데, 전성기에는 산하의 계열사가 80여개에 이를 정도로 군산복합체의 핵심 조직이었다.

식민사학과 관련해서 만철을 주목해야 하는 이유는 식민사학 생산의 진원지 중의 하나이기 때문이다. 만철은 일본군 참모본부를 비롯한 군부세력과 함께 일찍이 일제 식민사학을 생산한 주체 중의 하나였다. 만철은 1908년 1월 회사 내에 역사조사실을 설치하고 식민사학자인 시라토리 구라키치(白鳥庫吉: 1865~1942) 주재 아래 역사학자들을 조사부 보조위원으로 초빙해서 만주와 한국의 역사 및 지리를 연구하게 했다. 만주와 한국의 역사와 지리를 연구한다는 명목으로 체계적인 역사왜곡에 나선 것이다. 만철에서 함께 연구한 역사학자들이 이후 한국사 왜곡의 중심 역할을 하게 된다. 만철에서 역사조

사실을 설치했을 때 이미 서술하고자 하는 한국사의 모습이 존재했을 것으로 추측된다.

만철의 자금 지원으로 야우치(箭內) 마쓰이(松井) 이나바 이와기치(稻葉岩吉) 등이 『만주역사지리(滿洲歷史地理: 2권)』를 출간했고, 쓰다 소키치(津田左右吉)는 『조선역사지리(朝鮮歷史地理)(2권)』를 출간했다. 이케우치 히로시(池內宏)는 『문록경장의 역(文禄慶長の(役)』을 출간했다. 문록은 임진왜란이고, 경장은 정유재란을 뜻한다. 이케우치 히로시가 '문록 경장의 역'을 연구한 이유는 3백여 년 전 조선 점령에 실패했던 이유를 분석해 다시는 실패하지 않는 한국 점령 이론을 제공하기 위한 것이었다. 시라토리 구라기치를 필두로 이나바 이와기치, 쓰다 소키치, 이케우치 히로시 등이 일제 식민사관의 핵심인물이 되는 것은 우연이 아니다.

1908년 1월은 한국에 조선통감 이토오 히로부미가 부임한 이후로 일제의 한국 점령이 기정사실화되어 있을 때였다. 이때 이미 만주와 조선을 연결하는 역사지리연구를 시도했다는 점은 만주까지 차지하려는 구체적 계획을 갖고 있었음을 말해준다.

시라토리 구라기치는 일본의 왕족들이 다니는 학습원대학의 교수(1886~1921)를 겸임하면서 도쿄제국대학 사학과 교수(1904~1925)도 역임한 일본 사학계의 중진이었다. 그는 특히 일왕 히로히도(裕仁: 연호 소화[昭和]) 의 왕세자 시절 역사 교육을 시킨 인물로도 유명하다. 시라토리 구라기치는 만철에서 수행하던 만주와 조선역사 왜곡 사업을 도쿄제국대학으로 옮겨서 계속하는데, 1915년부터 모두 15권의 연구서를 발간했다.

만철에 참여한 인물 중에 크게 주목할 인물은 쓰다 소키치이다. 도쿄대가 관학 중에서 일제 식민사학 생산에 나섰다면 와세다대는 사학 중에서 식민사학 생산에 나선 주체인데, 쓰다 소키치가 와세다대 출신이다. 그러면서 특이하게 도쿄제대 교수였던 시라토리 구라키치에게도 사사했던 특이한 이력의 인물이다. 쓰다 소키치는 1913년『조선역사지리(朝鮮歷史地理)』제1권을 만철에서 출간하는데 그 목차를 보면 만철에서 이 책을 출간한 이유를 잘 알 수 있다. 서문은 시라토리 구라키치(白鳥庫吉)가 썼고 쓰다 소키치가 쓴 본문은 "제1 패수고(浿水考), 제2 삼한강역고(三韓疆域考), 제3 백제위례성고(百濟慰禮城考), 제4 호태왕정복지역고(好太王征服地域考), 제5 장수왕정복지역고(長壽王征服地域考), 제6 진흥왕정복지역고(眞興王征服地域考), 제7 임나강역고(任那疆域考), 제8 백제전역지리고(百濟戰役地理考), 제9 신라 백제 경계고(羅濟境界考), 제10 백제전역지리고(百濟戰役地理考), 제11 고구려 전역 신라진군로고(高句麗戰役新羅進軍路考), 제12 당 신라 교전지리고(唐羅交戰地理考), 제13 신라북방 강역고(新羅北境考), 제14 후백제강역고(後百濟疆域考)"였다. 부록으로 지도를 첨부했다.

삼국 대신 삼한이 들어가 있는 것은 '신라·고구려·백제'에 대해 구체적으로 기술하고 있는 『삼국사기』 초기기록을 부인하고 그 자리를 78개의 소국으로 채운 『삼국지』 '위지 동이전'으로 메우기 위한 의도이다. 『삼국사기』는 서기전 1세기 경부터 삼국이 건국되기 시작해서 곧 성장해 나가는 과정을 구체적으로 서술한 역사서인데, 쓰다 소키치는 이를 부인하고 4세기 경에도 한반도 남부에는 신라, 백제가 아니라 『삼국지』 '위지 동이전'에 나오는 78개 소국이 우글대고 있었다고 주장하기 위한 것이었다. 『삼국사기』 초기 내용을 부인하고 이를 『삼국지』 '위지 동이전'의 소국들로 대체하는 『삼국사기』 초기기록 불신론'은 아직까지도 식민사학의 주요한 이론틀로 남아 있다. 쓰다 소키치는 이마니시 류(今西龍: 1875~1932)와 함께 한국고대사를 체계적으로 왜곡시키는 틀을 제공한 역사학자이다. 그는 『조선역사지리』 서언(緖言)에서 한국고대사에 대한 인식을 이렇게 표현했다.

"조선반도의 상태가 다소 세상에 알려진 것은 지나(支那;중국;는 쓰다의 설명이고, -는 필자의 설명이다]) 전국(戰國)시대(서기전 403~221)에 시작되었다. 전국시대 말기에 조선반도의 서북부에 하나의 왕국이 있었다. 지나열국(支那列國)의 하나인 연나라가 요동 지방을 병유(倂有-아울러 차지함)하고 있었는데 그 연나라와 국경을 접했다가 후에 연나라에 복속되었다. 이것이 소위 기씨(箕氏) 조선이다. 한(漢)나라 초(서기전 2세기 초)에 이르러, 연나라의 망명자인 위만이 기씨를 대신하여 새 왕조를 열었는데, 그 손자 우거(右渠) 때, 한나라 병사들이 왕험성(王險城: 지금의 평양)을 공격해서 함락시킴으로써 그 나라가 멸망했다(쓰다 소키치『조선역사지리』서언)" [19]

이 글은 일제 식민사학이 한국 고대사, 특히 고조선사에 대한 인식틀을 세우는데 일종의 이정표가 된 글이다. 이글에서 쓰다 소키치는 고조선에 대해 몇 가지 사항을 정리해서 제시했다.

①한반도의 상태는 전국시대 때 비로소 중국에 알려지기 시작했다. ②전국시대 말기, 즉 서기전 3세기 무렵에 기자조선이 연나라와 국경을 맞대고 있었다. ③한반도 서북부(평안도 지역)에 있었던 기자조선은 서기전 2세기 초 위만이 차지했다. ④위만조선이 기자조선을 대신했다가 그 손자 우거 때 한나라에 멸망했다. ⑤위만조선의 수도 왕험성(王險城)은 지금의 평양이다.

---

19 津田左右吉, 『朝鮮歷史地理』, 1913, 南滿洲鐵道株式會社, 여기서는 1964년 간행된 『津田左右吉全集』, 제 제11권, 1쪽(岩波書店)에서 인용했다. 앞으로도 쓰다 소키치의 글을 인용할 때는 대부분 『津田左右吉全集』에서 인용할 것이다.

앞서 인용한『조선반도사』의 내용과 완전히 같다. 그런데 관점을 떠나서 사실 자체가 틀린 것을 먼저 지적해야겠다. 먼저 기자(箕子)는 서기 전 12세기 경의 인물인데 전국시대 말기인 서기 전 3세기 경에야 기자조선의 상태가 다소 세상에 알려지기 시작했다는 것은 사실왜곡이다. 전국시대 사료에 한반도의 상태가 쓰여 있다는 것도 사실 왜곡이다. 그 어떤 전국시대 사료도 한반도에 대해서 쓰고 있는 것은 없다. 또한 기자조선이 연나라에 복속되었다는 주장 역시 사료적 근거가 없다.『삼국지』「동이열전」한(韓)조에 "연나라는 장수 진개(秦開)를 보내 그 서쪽 지역을 공격해서 그 땅 2천리를 탈취해서 만번한(滿番汗)을 경계로 삼았고, 조선은 마침내 쇠약해졌다[20]"는 기록이 있을 뿐이다. 진개는 연나라 소왕(昭王: 재위 서기전 313~서기전279) 때 인물로 추측된다. 복속된 것과 쇠약해진 것은 큰 차이가 있다.

쓰다 소키치의 위 서언에서 중요한 것은 단군조선을 삭제했다는 점이다. 단군조선은 삭제하고, 기자 위만조선만 서술한 것은 한국사를 외국인이 시작한 것으로 그리려는 의도이다. 은(殷)나라 출신 기자(箕子)는 동이족이지만 일단 여기에서는 논외로 하겠다. 쓰다 소키치는 여기에서 '기자조선=위만조선=왕험성'의 위치를 지금의 평안도 평양으로 바라보고 있다. 이는 후술하겠지만『한서』「지리지」에서 기자조선의 도읍지에 세운 것이 '낙랑군 조선현'이고, 위만조선의 도읍지에 세운 것이 '요동군 험독현'이라는 서술과 배치되는 것이다. 한사군 존속 당시 생존했던 한(漢)나라 학자인 반고(班固: 32~92)가 서술한『한서』「지리지」는 '기자조선의 도읍지=낙랑군 조선현', '위만조선의 도읍지=요동군 험독현'이라고 달리 표기하고 있다. 한사군의 위치에 대한 1차 사료인『한서』「지리지」와 달리 비정하려면 근거를 제시해야 하지만 쓰다 소키치는 근거를 제시하지 않았다. 그러나 1차 사료와 다른 쓰다 소키치의 이런 한국 고대

---

20 "魏略曰：…後子孫稍驕虐, 燕乃遣將秦開攻其西方, 取地二千餘里, 至滿番汗爲界,　朝鮮　遂弱."(『三國志』「東夷列傳」韓)

사 인식이 지금까지도 이른바 '정설, 또는 통설'이라고 주장되고 있다. 쓰다 소키치는 이렇게 주장을 이어갔다.

> "그것(위만조선이 멸망한 것)은 한나라 무제 원봉2년(元封 2年: 서기전 109년)이었다. 한나라는 조선의 고지(故地:지금의 평안, 황해, 경기지방)를 거두어 그곳에 낙랑군을 설치했다. 막상 조선의 북쪽 경계는 한나라 초기부터 패수(浿水)로 정해져 있었지만 낙랑군이 설치된 이후 그 속현의 하나에 패수현(浿水縣)이 있었다(쓰다 소키치『조선역사지리』서언)" [21]

쓰다 소키치는 낙랑군의 위치를 지금의 평안도, 황해도, 경기지방으로 비정하고 있다. 경기 이북은 고대 한나라의 식민지였다는 것이다. 그리고 한반도 남부에는 삼한(三韓)이 있었다고 주장했다. 쓰다 소키치의 말을 계속 들어보자.

> "낙랑군의 남방, 즉 조선반도의 남쪽 절반을 점유하고 있던 민족은 한족(韓族)이었다. 이 한족은 마한(馬韓: 지금의 충청, 전라지방), 진한(辰韓: 지금의 경상북도지방) 및 변한(弁韓: 일명 弁辰, 지금의 경상남도지방)의 3부(三部)로 나뉘어졌는데, 마한에는 54국이, 진한과 변진에는 각각 12국이 있었다고 한다(쓰다 소키치『조선역사지리』서언)" [22]

---

21 津田左右吉,『朝鮮歷史地理(1913)』,『津田左右吉全集(1964)』, 제11권, 1쪽, 岩波書店.
22 津田左右吉,『朝鮮歷史地理(1913)』,『津田左右吉全集(1964)』, 제11권, 1쪽, 岩波書店.

한반도의 북부, 즉 지금의 평안도, 황해도, 경기도가 중국 식민지였던 시기에, 그 남쪽에는 고구려, 백제, 신라, 가야가 아니라 마한, 진한, 변한의 삼한이 있었다는 것이다. 이것이 대략 4세기까지 쓰다 소키치가 그리는 한반도의 모습이다.

> "한(漢)나라가 조선을 멸망시키고 낙랑군을 설치할 때, 그와 함께 동북방에 있던 맥(貊), 동방(東方)에 있던 옥저(沃沮)·예(濊) 등의 땅을 거두어, 그곳에 진번(眞番: 압록강상류 유역부근), 현도(玄菟: 함경남도방면), 임둔(臨屯: 주로 강원도방면)의 3부(三部)를 설치했으나 그 후에 현도·임둔 두 군의 땅은 명의상(名義上) 낙랑군의 속령(屬領)이 되었고, 진번군의 땅은 현도군이 되었다(쓰다 소키치 『조선역사지리』 서언)" [23]

쓰다 소키치는 한사군의 위치를 구체적으로 비정했다. 낙랑군은 평안 황해 경기도 지역에 있었고, 진번은 압록강 상류 유역부근, 현도는 함경남도 부근, 임둔은 강원도 지역에 있었다는 것이다.

그런데 쓰다 소키치가 이런 그림을 그렸을 때가 1913년이었다. 4세기 초반까지 한반도 북부는 중국의 식민지였고, 한반도 남부는 아직 국가조차 없던 미개한 사회였다는 것이다. 그래야 한반도 남부에 고대 일본의 식민지라는 '임나일본부'를 설치할 수 있기 때문이다.

진번군의 위치에 대해서는 두 설이 양립하고 있다. 쓰다 소키치는 진번군이 낙랑군의 북쪽인 압록강 상류에 있었다는 이른바 '진번군 재북방설(在北方說)'을 주장했고, 조선총독부 소속의 이마니시 류(今西龍)는 「진번군고(眞番郡考)(1916)」에서 '진번군 재남방설(在南方說)'을 주장했다. 진번군 재남방설은

---

23 津田左右吉, 『朝鮮歷史地理(1913)』, 『津田左右吉全集(1964)』, 제11권, 1~2쪽, 岩波書店.

진번군이 충청도 및 전라북도 일대에 있었다는 주장이다.[24] 진번군의 위치에 대해서 북방설과 남방설이 대립하고 있다는 사실은 그만큼 사료적 근거가 부족하다는 뜻이기도 하다. 진번군의 위치가 압록강 상류였다고 말하는 사료도 없고, 충청도 및 전라도 일대에 있었다는 사료도 없다. 모두 자신들의 추측만으로 논리를 구성한 것이다.

쓰다 소키치나 이마니시 류는 모두 한사군을 한반도 내로 비정하는 '한사군=한반도설'이라는 점에서 같다. 그런데 '한사군=한반도설'을 지지하는 한국 학자들 중에서는 이마니시 류의 '진번군 재남방설'이 더 많은 지지를 받고 있다. 이병도(李丙燾)가 이를 추종했기 때문이다. 이병도는 한사군(漢四郡)의 위치에 대해서 이렇게 서술했다.

> "낙랑군은 지금의 대동강 남안(南岸:토성리 일대)을 중심으로 하여 원(原:Proper) 조선땅에 둔 것이니 지금 청천강 이남 자비령 이북(즉 평안남도와 황해도 북단)의 지(地)가 여기에 속하고, 진번군은 원(原) 진번국에 둔 것으로서 지금 자비령 이남 한강 이북의 지(地)가 여기에 속하고, 임둔군은 역시 구(舊) 임둔국에 둔 것으로서 동이현(東暆縣:덕원지방)을 치소(治所)로 하여 지금 함남의 대부분(이원 이남)과 강원도 일대(철령 이서)에 걸쳐 있었다. 다음 현도군은 압록강 중류 지역 및 혼강(渾江:동가강) 유역에 있던 예맥의 땅에 둔 것이니 … (이병도, 『신수 한국사대관』)" [25]

이병도와 쓰다 소키치의 한사군 위치비정을 비교해 보면 낙랑군의 위치가 평안도와 황해도라는 것은 같다. 다만 쓰다 소키치는 경기지방까지도 낙

---

24 今西龍, 「眞番郡考」, 『史林, 1-1』, 京都帝國大學校 文學部 史學研究會, 1916, 89쪽.
25 李丙燾, 『新脩韓國史大觀』, 普文閣, 1973, 34쪽.

식민사관의 시작과 주요 구조 49

랑군 지역으로 비정한데 비해서 이병도는 황해도의 자비령 이북으로 비정한 것이 다르다. 또한 진번군도 이마니시 류는 충청도와 전라도로 비정했지만 이병도는 '자비령 이남 한강 이북'으로 비정한 점이 다르다. 자비령은 황해도 황주군에 있는 고개인데 자비령 이남부터 한강 이북까지를 진번군으로 비정한 것은 이마니시 류의 진번군 위치 비정과는 다르지만 쓰다 소키치의 진번군 북방설 대신 이마니시 류의 진번군 남방설을 따른 것이다. 임둔군의 위치에 대해 쓰다 소키치는 주로 강원도 방면이라고 비정했는데, 이병도는 강원도 일대에 함경남도 덕원을 추가하여 조금 더 크게 그렸다. 현도군에 대해서 쓰다 소키치는 함경남도 방면이라고 비정했는데, 이병도는 함경남도를 임둔군으로 비정하면서 현도군의 위치를 압록강 중류 지역이라고 조금 위쪽으로 비정했다. 진번군의 위치는 이마니시 류의 남방설을 따랐고, 나머지는 쓰다 소키치의 설을 대체로 따랐다고 볼 수 있다.

이병도의 이런 견해는 역시 '한사군=한반도설' 지지자인 이기백의 『한국사신론』(1997년) 신수판에 그대로 반영되고 있다. 이기백의 기술을 살펴보자.

> "한(漢)은 위만조선을 멸망시킨 바로 그 해(B.C. 108)에 위만조선의 판도 안에다 낙랑·진번·임둔의 세 군을 두고, 그 다음 해(B.C. 107)에 예(濊)의 땅에 현도군을 두어 소위 한의 사군이 성립되었다. 그 위치는 낙랑군이 대동강 유역의 고조선 지방, 진번군이 자비령 이남 한강 이북의 옛 진번 지방, 임둔군이 함남의 옛 임둔 지방, 현도군이 압록강 중류 동가강 유역의 예濊 지방이었던 것으로 생각된다. 이 설에 의하면 사군은 한강 이북의 지역에 한하였으며, 각기 일정한 독립된 사회들을 단위로 설치되었다는 결론에 도달하는 셈이다(이기백, 『한국사신론』)" [26]

26 이기백, 『한국사신론』, 일조각, 초판 1967, 新修 重版 1993, 여기서는 신수 중판 40쪽

이기백은 낙랑군은 대동강 유역, 진번군은 자비령 이남~한강 이북, 임둔군은 함경남도, 현도군은 압록강 중류 지역으로 비정해서 이병도의 한사군 위치비정을 충실하게 따랐음을 알 수 있다.

쓰다 소키치는 한사군 중에서 "현도·임둔 두 군의 땅은 명의상(名義上) 낙랑군의 속령(屬領)이 되었고, 진번군의 땅은 현도군이 되었다"[27]고 주장했다. 그러니 쓰다 소키치의 논리에 따르면 낙랑(현도·임둔)과 진번 두 군

쓰다 소키치. 21세기 남한 강단사학자들이 스승으로 모시는 식민사학자다.

만 남아 있어야 한다. 현도 임둔 두 군이 명의상 낙랑군의 속령이 되어 사라졌으면 한사군 중에서 낙랑과 진번 두 군만 남아 있어야 하는 것이다. 그런데 쓰다 소키치는 "진번군의 땅은 현도군이 되었다"고 다른 이야기를 하고 있다. '진번군이 이미 낙랑군에 속하게 되어서 없어진 현도군에 나타났다'는 식으로 설명하고 있는 것이다. 일본인 학자들의 이런 모순된 사례는 흔한 일인데, 1차 사료를 토대로 논리를 세우는 것이 아니라 고정관념을 먼저 만들어 놓고 거기에 하위논리를 꿰어 맞추는 방식으로 논리를 구성하다보니 논리적 일관성을 잃고 앞뒤가 맞지 않게 되는 것이다. 다음 문장을 함께 읽어보면서 그 이유를 추적해보자.

"현도·임둔 두 군의 땅은 명의상(名義上) 낙랑군의 속령(屬領)이 되었고, 진번군의 땅은 현도군이 되었다. 어디까지 반독립적인 토

---

27 津田左右吉, 『朝鮮歷史地理(1913)』, 『津田左右吉全集(1964)』, 제11권, 2쪽, 岩波書店.

인(土人)의 집단이었고, 한(漢)나라 정부는 겨우 그것을 기미(羈縻)하며 지낼 뿐이었다(쓰다 소키치『조선역사지리』서언)" [28]

기미(羈縻)란 소나 말의 고삐란 뜻이다.『사기(史記)』「사마상여(司馬相如) 열전」에 기미(羈縻)란 표현이 나오는데, 이에 대해 사기 주석서인『색은(索隱)』은 이렇게 설명하고 있다.

"기(羈)란 말의 머리에 씌우는 고삐이고, 미(縻)는 소의 코뚜레다. 「한관의(漢官儀)」에는 '말은 기(羈)라하고, 소는 미(縻)라 한다'고 했다. 사방의 이민족을 제압하는 것을 소와 말에 씌우는 코뚜레로 설명한 것이다." [29]

기미란 말의 머리에 고삐를 씌우고, 소의 코에 코뚜레를 걸 듯이 한족(漢族)이 주위 민족들을 굴레를 씌워 얽어매는 것처럼 통제한다는 뜻이다. 중국에서 직접 통제할 수 없는 주위 민족들을 중국의 세력 범위 안에 묶어두고 통제하는 것을 뜻한다. 주변 민족을 다스리는 우두머리들에게 '왕', '후(侯)', '장(長)' 등의 명목상의 칭호를 주어서 통치하게 하는 것이다. 이들에게 국제무역 시장인 호시(互市)의 물품거래권을 주는 것은 기미정책의 중요한 부분이다. 기미란 명목상으로는 중국의 통제력 아래 있지만 사실은 독립 세력임을 뜻하는 것이다.

그러나 낙랑군과 진번군이 반독립적인 토인 집단이었다면서 한나라는 겨우 이들을 기미정책으로 유지했다는 말도 상호모순이다. 앞에서 그는 위만

---

28 津田左右吉,『朝鮮歴史地理(1913)』,『津田左右吉全集(1964)』, 제11권, 2쪽, 岩波書店.

29 『史記』「司馬相如傳」, "『索隱』: 案：羈, 馬絡頭也,縻, 牛韁也.漢官儀「馬云羈, 牛云縻」言制四夷如牛馬之受 羈縻也.

조선의 강역에 '낙랑·진번·임둔'의 세 군을 설치하고, 다음해 예(濊) 땅에 현도 군을 설치해 '한의 사군'이 성립되었다고 말했다. 군(郡)이란 중앙에서 지방장 관이 파견되어 직접 다스리는 지방 행정기관을 뜻한다. 한나라가 지방 행정기 관인 사군(四郡)을 설치하고 직접 다스렸는데, 그 사군이 '반독립적인 토인 집 단'이었고, 한나라 정부는 기미정책으로 명목상으로만 다스렸다면 '군(郡)'이 아니기 때문이다.

쓰다 소키치는 그 다음 문장에서, "특히 현도군의 땅을 차지한 고구려는 그 세력이 자못 강했고, 후한(後漢: 서기 25~220)때에 이르러서는 옥저(沃沮) 지방을 그 속령으로 하는 데에 이르렀다.[30]"고 설명하고 있다. 그의 말대로 고 구려가 현도군의 땅을 차지했으면 고구려 등장 이후 한사군은 낙랑군 하나만 남아 있어야 한다. 현도·임둔은 낙랑군에 속하게 되었고, 진번의 땅이 현도 가 되었는데, 현도 땅에는 고구려가 일어섰으니 한사군은 낙랑군 하나만 남 아 있는 셈이기 때문이다. 그런데 쓰다 소키치는 대방군이 새롭게 등장했다고 말하고 있다.

> "또 낙랑군의 남부에는 후한(後漢) 말에 이르러 대방군(帶方郡: 지금의 경기, 황해도지방)이 분치(分置)되었다. 그래서 2군(郡)이 된 고조선의 고지(故地)는 의연(依然)히 한인(漢人)들이 점유한 바 가 되었고, 후한 때부터 조위(曹魏) 대(代: 서기 220~265)를 지나 진(晉)나라 초기에 이르기까지 한무제(漢武帝)의 정복이후 거의 4 백년간 거의 동일한 상태가 지속되었다(쓰다 소키치 『조선역사지 리』서언)" [31]

---

30 津田左右吉, 『朝鮮歷史地理(1913)』, 『津田左右吉全集(1964)』, 제11권, 岩波書店, 2쪽.
31 津田左右吉, 『朝鮮歷史地理(1913)』, 『津田左右吉全集(1964)』, 제11권, 岩波書店, 2쪽.

이 구절도 앞뒤가 안 맞는다. 중국이 가장 강력했던 한나라 때도 '현도·임둔·진번'은 기미정책을 썼는데, 그 후 국력이 훨씬 약했던 후한 말기에 '의연히 한인(漢人)들이 점유한 바가 될 수는 없기 때문이다. 쓰다 소키치는 낙랑군의 위치를 지금의 평안·황해·경기지역이라고 비정해 놓고 후한 말에 황해, 경기도 지방에 대방군이 설치되었다는 것이다. 쓰다 소키치의 설명대로라면 낙랑군은 평안도로 축소되고 과거 낙랑군 지역이던 남부 황해, 경기도에 대방군이 들어선 것이다. 그러나 쓰다 소키치는 "그래서 2군(郡)이 된 고조선의 고지(故地)는 의연(依然)히 한인(漢人)들이 점유한 바가 되었고"라고 한반도 내 한인들의 세력이 더욱 커진 것처럼 묘사했다.

쓰다 소키치는 "후한 때부터 조위(曹魏) 대(代)(서기 220~265)를 지나 진(晋)나라 초기에 이르기까지 한 무제(漢武帝)의 정복이후 거의 4백년간 거의 동일한 상태가 지속되었다."라고 한 무제의 고조선 침략 이후 진(晋)나라 초기까지 거의 400여년 간 옛 고조선 지역에 중국의 식민지인 군(郡)들이 존속했다고 서술했다.

후한 말기 위·촉·오가 들어서면서 삼국시대가 시작되는데, 삼국시대는 위나라를 계승한 진(晋)나라가 계승하는 것으로 끝나게 된다. 진나라는 265년부터 420년까지 즉 3세기 후반부터 5세기 초반까지 존속하는데, 서진(西晋: 265~316)과 동진(東晋: 317~420)으로 나뉜다. 동진은 북방의 중원지대를 진(秦)에게 빼앗기고 남쪽으로 쫓겨 가는 왕조다. 쓰다는 바로 이 시기에 낙랑군과 대방군이 소멸된다고 설명하고 있다.

"그런데 선비(鮮卑)가 요서(遼西)에서 일어나 대륙의 세력이 되고, 동방에 힘이 미치지 못하자 반도의 형세는 이로써 일대변화가 생겨났다. 현도의 땅에서 일어난 고구려가 낙랑군을 병합하고 남쪽

방면에서는 대방에 이르면, 마한(馬韓)의 일국이었던 百濟(백제(伯濟))가 마한을 통일했고, 또한 북쪽 방면에서는 대방(帶方)을 침략해 2군(郡)의 땅은 맥인(貊人)과 한인(韓人)에 의해 분할되어 한인(漢人)의 세력은 완전 일소되었다. 이 시기는 서진(西晉: 265-317)의 말엽으로부터 4세기 초가 된다.(쓰다 소키치『조선역사지리』서언)"[32]

쓰다 소키치가 한반도 내의 한군현 세력이 일소된다고 본 서진 말엽이란 구체적으로는 서진의 마지막 임금인 민제(愍帝) 건흥(建興) 원년(313) 고구려 미천왕이 재위 14년(313) 낙랑군을 침략하여 남녀 2천여 명을 포로로 잡아간 사건[33]을 뜻한다.

일본인 학자들은 이때 낙랑군이 멸망했다고 주장했는데, 이런 주장은 '한사군=한반도설'을 지지하는 한국학자들에게 그대로 이어지고 있다. 이병도는 『한국사대관』에서 "고구려는 … 제15대 미천왕 14년(서기 313)경에는 서으로 현도와 요동의 서안평을 공략하고 남으로 역사가 깊은 낙랑을 쳐 빼앗았다"[34] 면서 낙랑군이 이때 멸망했다고 서술했다. 이듬해(314)에는 대방군이 멸망해서 드디어 중국 세력들이 한반도에서 물러갔다는 것이다. 국사편찬위원회의 『한국사 5』, 「삼국의 정치와 사회 I-고구려」도 "4세기 초의 미천왕 대에는 낙랑과 대방 등 한군현(漢郡縣)을 마침내 축출하고 서안평(西安平)을 확보하였다"[35]고 마찬가지로 서술하고 있다. 그런데 이때의 서안평에 대해서 압록강 대안의 단동(丹東) 지역으로 비정하고 있다. 중국의 『요사(遼史)』가 한나라 요동군 서안평을 지금의 내몽골 파림좌기로 비정하고 있다는 점은 차치하고라도

---

32 津田左右吉, 『朝鮮歷史地理(1913)』, 『津田左右吉全集(1964)』, 제11권, 岩波書店, 2쪽.

33 『三國史記』, 「高句麗 美川王 本紀」 14년 冬 10月 "十四年冬十月侵 樂浪郡 虜獲男女二千餘口"

34 李丙燾, 『新修 韓國史大觀』, 普文閣, 1973, 66쪽.

35 국사편찬위원회, 『한국사 5』, 「삼국의 정치와 사회 I-고구려」, 1996, 48쪽.

평안남도 및 황해도에 있던 낙랑군과 대방군을 축출하고 나서 압록강 신의주 대안의 단동(서안평) 지역을 확보했다는 것 역시 모순이 아닐 수 없다. 훨씬 아래 지역의 낙랑군, 대방군을 축출하고 위 지역을 차지했다는 것이니 앞뒤가 맞지 않는다.

이 책은 또 "고구려는 백제와의 사이에 개재(介在)해 있는 낙랑·대방군 지역에 대한 정치적 지배가 어느 정도 성과를 거두게 되자 백제방면으로 진출을 기도하였다" [36] 라고 서술하고 있다. 낙랑·대방군이 고구려와 백제 사이, 즉 지금이 평안도와 황해도 지역에 있다는 것을 전제하고 서술하고 있는 것이다.

이처럼 쓰다 소키치가 1913년에 『조선역사지리』 서언에서 그려놓고 있는 한국고대사 인식은 '한사군=한반도설'을 지지하는 한국 학자들에 의해 지금까지도 그대로 내려오고 있다.

3. 『삼국사기』 초기기록 불신론과 임나일본부

쓰다 소키치는 "서진(西晉: 265-317)의 말엽으로부터 4세기 초"에 한반도 내에 있던 낙랑·대방군이 축출되었다고 설명했다. 그런데 쓰다 소키치가 4세기 초에야 두 군이 축출되었다고 주장하는 것은 이유가 있다. 이 시기에 들어서야 삼국이 정립(鼎立)할 수 있었다고 주장하기 위한 것이다. 쓰다 소키치는 이렇게 주장했다.

　　"그래서 거의 동시대에 진한(辰韓)지방은 진한의 일국이었던 신라
　　(新羅:사로〔斯盧〕, 지금의 경주〔慶州〕)에 의해 통일되었으니, 이로

---

36 국사편찬위원회, 『한국사 5』, 「삼국의 정치와 사회 1-고구려」, 1996, 66쪽.

써 반도에는 고구려, 백제, 신라의 3국이 현출(現出)하기에 이르렀
다. 당시는 또한 예(濊)는 독립(獨立)해 있었고, 변진(弁辰)의 땅도
소국(小國)들로 분립(分立)되어 있었지만, 반도의 3국이 상호 경쟁
하고 견제하는 것이 유지되는 형세가 이때부터 성립되었다(쓰다
소키치『조선역사지리』서언)" [37]

4세기 초엽에 이르러서야 신라가 진한 지방을 통일함으로써 고구려·백
제·신라가 모두 건국되었다는 것이다.『삼국사기』는 서기 전 1세기 무렵 삼국
이 건국되었다고 서술했지만 쓰다 소키치는『삼국사기』보다 무려 400여년 후
인 4세기 초엽에야 고구려·백제·신라가 모두 건국되었다고 주장했다. 이것이
바로 쓰다 소키치가 체계화한『삼국사기』초기기록 불신론이다.『삼국사기』의
사료적 가치에 대해서 비판적 시각을 갖기 시작한 것은 시라토리 구라기치의
스승인 나카 미치요(那珂通世)가『사학잡지(史學雜誌:5-3)』에「조선고사고(朝鮮
古史考)」라는 논문을 실어서『삼국사기』의 사료적 가치에 대해서 비판한 1894
년이다. 이는 일본군 참모본부의 정한론(征韓論)을 이론적으로 뒷받침하기 위
한 것이었는데, 쓰다 소키치가 이를 체계화한 것이다.

그런데 외국인들, 그것도 일본인들이 이웃나라의 역사서를 가짜라고 주
장하고 나선 데에는 정치적 목적이 있기 마련이다. 나카 미치요가『삼국사기』
기록의 신빙성을 의심하기 시작한 이유는 임나일본부를 살리기 위해서였다.
나카 미치요는『조선고사고(朝鮮古史考)』의 제8장 '가라고(加羅考)'에서 가야
를 임나라고 주장했다. [38] 가야를 임나라고 주장하는 이유는 일제의 한국 점
령을 과거사의 복원이라고 주장할 수 있기 때문이었다. 그러나『삼국사기』에
따르면 고대 왜가 한반도 남부를 점령하고 식민지를 건설했다는 주장은 성립

---

37 津田左右吉,『朝鮮歷史地理(1913)』,『津田左右吉全集(1964)』, 제11권, 岩波書店, 2쪽.
38 『史學雜誌』제7편 제3호, 1896년.

될 수 없기 『삼국사기』 초기기록을 가짜로 몰기 시작한 것이다. 쓰다 소키치도 마찬가지였다. 사실상 다음의 이 문장 때문에 지금까지 여러 전제 설명들을 한 것이라고 해도 과언이 아니다. '임나일본부(任那日本府)설'을 주장한 것이다.

> "반도에 삼국이 현출(現出)된 후, 어느 정도 지나지 않아서 남쪽의 그 일각(一角)에 일정한 위치를 점유하게 된 것은 우리나라(倭)였다. 변진(弁辰)의 한 나라인 가라(加羅: 구야[狗邪])는 우리 보호국 (保護國)이었고, 임나일본부(任那日本府)가 그 땅에 설치되어 있었 는데 고구려의 압박에 약해진 백제는 바다 동쪽의 우리나라가 다 소(多少)의 세력과 위세를 반도에 미치는 것을 보고 또한 그 조력 (助力)을 구하기에 이르렀고, 그와 같이 부근의 여러 소국들도 점 차 임나부(任那府)에 복속하는데 이르렀음이 이와 같다. 이때는 대개 백제 근초고왕(近肖古王: 서기 374년 사망-실제는 375년에 사 망했다) 때의 일이다. 반도는 이에 제 4의 세력이 더해지게 되었다 (쓰다 소키치 『조선역사지리』 서언)" [39]

쓰다 소키치는 바로 한반도 남부에 고대판 조선총독부라고 할 수 있는 임나일본부(任那日本府)가 있었음을 강변하기 위해서 지금까지 여러 설명을 한 것이다. 임나일본부를 한반도 남부에 비정하는 것이 만철에서 회사의 명 칭과는 다소 엉뚱해 보이는 『만선역사지리연구(滿鮮歷史地理研究)』를 발간한 주요 목적이었다. 쓰다 소키치가 1913년 첫 권으로 『조선역사지리(朝鮮史地 理)』를 발간해 '『삼국사기』 초기기록 불신론'을 제창한 목적도 한반도 남부에 임나일본부를 비정하기 위한 것이었다. 임나일본부가 존속하기 위해 『삼국사

---

39 津田左右吉, 『朝鮮歷史地理(1913)』, 『津田左右吉全集(1964)』, 제11권, 岩波書店, 2쪽~3쪽.

기』초기기록은 가짜가 되어야 했던 것이다. 이는 조선사편수회의 『조선사(朝鮮史)』 제1편 제2권의 '신공황후 섭정 49년 기사(己巳)'조에 신공이 아라타와케(荒田別) 등을 보내 신라를 공격해서 7개 나라를 차지했다는 『일본서기』 기사를 사실로 만들기 위해[40] 『삼국사기』 초기기록을 부인한 것이다.

쓰다 소키치의 이런 구상은 조선반도사편찬위원회에서 발간한 『조선반도사』에 그대로 관철되어 있다. 『조선반도사』는 「제4장 한종족(韓種族)의 제국(諸國)」이란 항목에서 '제3절 일본과 삼한과의 관계'라는 부분을 설정하고 이렇게 서술했다.

지도, 津田左右吉, 『朝鮮歷史地理(1913)』, 『津田左右吉全集(1964)』, 제11권, 부록

"최근 일본·조선 양쪽의 고분 유물 조사가 진행됨에 따라 한종족이 거주한 남부 조선의 유물은 북부 조선의 유물과 전혀 다른 종류의 것으로 일본열도에서 발견된 유물과 완전히 동일한 종류에 속한다는 것을 알게되었다 … 조선 반도에서 이러한 조사에 착수한 지 아직 얼마 되지 않아 앞으로 조사가 더 진행되면 일본과 한(韓)과의 토속이 동일하다는 점은 더욱 분명하게 증명될 것이다."[41]

---

40 朝鮮史編修會 編, 『朝鮮史』 제1편 제2권, 朝鮮總督府, 1932년, 43~45쪽.

41 『조선반도사』 제1편 제4장 한종족의 제국. 연도미상, 미국 하와이대학 해밀튼도서관 소장, 여기서는 『친일반민족행위관계사료집 V-일제의 조선사 편찬사업』, 160쪽에서 재인용.

이는 앞서 조선반도사편찬위원회가 『조선반도사』 편찬 목적으로 명기한 "첫째, 일본인과 조선인이 동족(同族)이라는 사실을 분명히 할 것"이라는 점을 다시 확인한 것이었다. 여기에서도 일제 식민사학의 특징이 드러난다. 개별 사실들을 모아서 전체상을 구상하는 것이 아니라 전체상을 먼저 정해 놓고 하위의 개별 사실들을 꿰어 맞추는 방식이다. 정상적인 학술이라면 "조선반도에서 이러한 조사에 착수한 지 아직 얼마 되지 않아 앞으로 조사가 더 진행되면", "일본과 한(韓)과의 토속이 동일한지 동일하지 않은지 보다 자세하게 알 수 있을 것이다"라고 말해야 하는데, 조사에 착수한 지 아직 얼마 되지 않았는데도, "일본과 한(韓)과의 토속이 동일하다는 점은 더욱 분명하게 증명될 것이다."라고 미리 결론을 내리고 있는 것이다.

더 큰 문제는 한(韓)과 일본과의 관계를 일본이 종주국이고, 한이 식민지 혹은 보호국인 것으로 설정한다는 점이다. 두 나라 사이의 고대 유적 유물을 조사해보면 가야계와 백제계가 일본 열도로 건너가서 야마토왜를 비롯한 고대 정치세력을 형성한 것으로 나타난다. 일본이 주장하는 임나일본부설과는 거꾸로의 현상이 나타나는 것이다. 그래서 가야 고고학을 전공한 고고학자 안춘배 교수는 한국과 일본 고고학자들이 수행했던 고고학 발굴 결과를 가지고 이렇게 설명하고 있다.

"이와 같이 일본측에 의해서 정리된 고고자료만으로도 임나일본부설의 성립은 어려운 사실이고, 현재까지 자료로 볼 때 임나일본부설이란 일고의 가치도 없음을 한일양국의 고고학자들은 모두 인식하고 있다." [42]

---

42 안춘배, 「고고학상에서 본 임나일본부설」, 『가라문화 제8집』, 1990년.

60   조선사편수회 식민사관 비판 Ⅰ
      한사군은 요동에 있었다

일본측이 정리한 고고학 자료만으로도 "임나일본부의 성립은 어려운 사실"이고 "임나일본부설이란 일고의 가치도 없"다는 사실이 1990년에 고고학적으로 증명되었다는 것이다. 그럼에도 불구하고 현재 한국 학계에서 '가야= 임나설'을 기초로 여러 가지 변형된 형태의 임나일본부설을 한반도 남부에 적용하는 현상이 발생하고 있다. 그 뿌리는 이마니시 류가 쓴 『조선반도사』에 있다.

> "(진구(神功))황후는 즉각 친히 군대를 이끌고 바다를 건너 신라를 쳐서 신라의 국도(國都)까지 들어가자, 파사이사금(婆娑尼叱今)은 항복을 하며 천지(天地)와 함께 영원히 봉사할 것을 맹세하였다. 이에 황후는 군대를 이끌고 귀환하였다. 이어서 별도로 장수를 파견하여 가라 지방을 평정하여 보호 아래에 두었으므로 한종(韓種)의 잔국(殘國)은 자신의 나라를 유지할 수 있었다." [43]

이렇게 고대 야마토왜의 진구(神功) 왕후가 신라를 무찔러서 가라 지역에 임나일본부를 설치했다는 것이다. 그런데 이는 『일본서기』와 『삼국사기』의 기초적인 연대 비정부터 오류이다. 『삼국사기』에 따르면 신라 파사이자금의 재위기간은 서기 80~112년이고, 『일본서기』에 따르면 신공왕후의 섭정 기간은 서기 201년에서 269년까지의 일이다. 일본인 학자들은 신공왕후 섭정 기간을 통상 2주갑 120년 끌어올려서 321년~389년까지의 일로 해석한다. 이것이 주갑제(周甲制)인데, 이에 따라 『일본서기』의 진구 왕후 재위 49년(249) 신라를 정벌해서 7국을 점령하고 임나를 설치했다는 시기도 120년을 끌어올려서 369년으로 해석한다. 그러나 『일본서기』의 서기 연대를 그대로 적용하더라

---

43 『조선반도사』제1편 제4장 한종족의 제국, 연도미상, 미국 하와이대학 해밀튼도서관 소장, 여기서는 『친일반민족행위관계사료집 V-일제의 조선사 편찬사업』, 182쪽에서 재인용.

도 신공왕후 섭정기간과 신라의 파사 이사금의 재위연대는 겹치지 않는다. 파사이사금 때 야마토왜가 신라를 정벌한 일 따위는 존재하지 않았고, 『일본서기』에는 파사이사금이란 말이 나오지도 않는다. 야마토왜가 서기 1세기부터 한반도 남부를 점령했다고 우기기 위해 조작한 내용들이다. 그러나 이마니시 류는 정작 '『삼국사기』 불신론'에 따라서 『삼국사기』 「신라본기」의 진흥왕(재위: 534~576) 이전의 기사는 조작이라고 주장했다.[44] 6세기 중엽에야 신라가 건국되었다면서도 1세기 파사이사금이 신공왕후에게 항복했다는 상호모순된 기술을 하고 있는 것이다.

이마니시 류의 이런 자체모순은 한 둘이 아니다. 같은 『조선반도사』의 제2편 「삼국 및 가라시대」 부분에서는 진구 왕후 시대에 대해 전혀 다른 연대로 기술하고 있다. 신공왕후가 군사를 보내 가야 지역을 차지하고 백제에게 주자 백제의 초고왕이 야마토왜에서 온 사신에게 충성을 맹세했는데 이때가 근초고왕 24년(369)라는 것이다.[45]

신공왕후 때 가야지역에 임나일본부를 설치했다는 같은 사건을 기록한 것인데, 같은 『조선반도사』인이고 같은 신공왕후(재위 201~269) 때의 사건인데도 어디에서는 파사이사금 때(재위 80~112)의 일로 기록하고, 다른 곳에서는 백제 근초고왕 24년(369) 때로 기록하고 있다. 이는 『일본서기』를 가지고 논리를 구성하면 필연적으로 나타나게 되는 혼동 현상이다. 『일본서기』의 연대 자체가 의도적으로 연대를 끌어내리거나 한 사람의 사적을 두 사람, 또는 세 사람의 사적으로 나누어 기술했기 때문이다. 결론적으로 신공왕후가 신라를 정벌하고 가야지역에 임나일본부를 설치한 사건 따위는 역사상 존재하지 않았다.

---

44 今西龍, 『朝鮮史の栞』, 1935, 93쪽. 최재석, 『삼국사기 불신론 비판』, 만권당, 2016, 82~83쪽.

45 『조선반도사』 제2편 「삼국 및 가라시대」 연도미상, 미국 하와이대학 해밀튼도서관 소장, 여기서는 『친일반민족행위관계사료집 Ⅴ-일제의 조선사 편찬사업』, 189쪽에서 재인용.

『조선반도사』는 같은 책에서 연대조차도 각각 다른 사건으로 달리 기록하면서도 희한하게도 결론은 같다. 한반도 남부에 임나일본부가 존재했다는 것이다. 결론은 늘 같다. 전제를 세워놓고 하위 논리를 구성하기 때문이다.

그런데 한국 고대사학자들 중에는 임나일본부설은 부인한다면서도 『삼국사기』 초기기록 불신론은 신봉하는 경우도 있고, 심지어 '가야=임나'라는 전제 아래 변형된 형태의 '임나일본부설'을 주장하는 경우가 늘고 있다. 임나일본부설과 삼국사기 초기기록 불신론은 동전의 양면인데, 임나일본부설은 불신한다면서도 『삼국사기』 초기기록 불신론을 그대로 유지하는 것은 논리적으로 성립될 수 없다.

쓰다 소키치가 만철의 자금 지원으로 만든 한국고대사상, 즉 "한반도 북부는 한사군의 강역"이었고, "한반도 남부는 임나일본부의 강역이었다"는 그림은 이후 조선총독부에서 만든 『조선반도사』에 그대로 유지되었고, 조선사편수회의 핵심 이론이 되었다. 그리고 해방 이후에도 이 이론은 지금까지 거의 그대로 유지되어 오고 있다.

II

한사군의
위치를 찾아서

1. 낙랑군의 위치에 대한 조선의 두 학설

낙랑군을 현재의 평양으로 본 고려·조선 사람들

쓰다 소키치는 1백여 년 전에 한반도 북부는 한사군이라는 중국 식민지가 있었고, 한반도 남부는 임나일본부라는 일본 식민지가 있었다는 한국 고대사상(古代史像)을 구상했다. 한국 고대사를 반도라는 틀에 가둔 후 그 북부는 중국 식민지였고, 남부는 일본 식민지였다고 축소한 것이다. 그러니 일제의 식민지가 된 것은 한국사의 당연한 귀결이라는 논리였다. '한국=식민지'는 한국사의 귀결이란 논리로 독립사상의 발생 자체를 뿌리 뽑으려 한 것이다. 그러기 위해서는 한국사의 뿌리인 단군을 부인해야 했고, 위만조선을 멸망시키고 세웠다는 한사군(漢四郡)의 위치를 한반도 내로 비정해야 했다.

한사군 중에서 가장 중요한 것은 낙랑군(樂浪郡)이다. 낙랑군은 한사군의 중심군일뿐만 아니라 위만조선 자리에 세웠다는 것이다. 그중에서도 낙랑군의 군치(郡治) 조선현은 위만 조선의 도읍지 왕험성에 세웠다는 것이다. 낙랑군이 한사군의 중심이고 낙랑군 조선현은 낙랑군의 중심이다. 낙랑군이 진번·현도·임둔의 다른 삼군(三郡)에 비해서 중국 고대 사료에 많이 나오고,

조선현이 또한 중국 사료에 많이 등장하는 이유이기도 하다. 그래서 낙랑군의 위치를 정확하게 비정하면 나머지 삼군의 위치도 대략 비정할 수 있다. 낙랑군을 중심으로 삼군이 설치되어 있었기 때문이다. 따라서 낙랑군 조선현을 정확하게 비정할 수 있으면 낙랑군의 위치를 위치를 찾을 수 있고, 한사군의 위치를 추정할 수 있다.

일제의 대한제국 점령 전까지 낙랑군의 위치에 대해서는 크게 두 설이 양립해 있었다. 하나는 낙랑군이 평양 유역에 있었다는 견해다. 이런 인식은 고려 중기 이후 유학자들의 사대주의 사상이 강해지면서 생겨난 견해이다. 일연(一然: 1206~1289)의 『삼국유사(三國遺事)』도 '낙랑군=평양설'의 견지에서 설명하고 있다. 『삼국유사』 낙랑국(樂浪國)조에서 이렇게 말했다.

> "전한(前漢) 때에 처음으로 낙랑군을 설치했다. 응소(應邵)는 '옛 조선국이다'라고 말했다. 『신당서(新唐書)』에 주석하기를, '평양성은 옛 한나라 때 낙랑군(樂浪郡)이다'라고 했다. 『국사(國史:삼국사기)』에 이르기를 "혁거세(赫居世) 30년에 낙랑인(樂浪人)들이 항복해 왔다'라고 하였다. … 위에 쓴 여러 글들에 의하면 낙랑이 곧 평양이란 말은 옳은 듯하다. 혹 말하기를 낙랑은 중두산(中頭山) 아래 말갈의 경계라고도 한다. 살수(薩水)는 지금의 대동강이나 어느 것이 옳은지 알지 못하겠다(『삼국유사』 권 1, 낙랑국)" [46]

일연은 중국 사료에 나오는 평양을 고려의 평양으로 인식하고 "옳은 듯하다"라고 덧붙이고는, 다른 사료에 중두산 아래 말갈의 경계에 낙랑이 있다고 쓴 것을 보고는 어느 것이 옳은 지 알지 못하겠다고 썼다. 또한 일연은 살수

---

46 一然, 『三國遺事』, 「卷第一」, '樂浪國', "前漢時 始置樂浪郡 應邵曰 故朝鮮國也 新唐書注云 平壤城 古漢之 樂浪郡也 … 據上諸文 樂浪卽平壤城 宜矣",

를 지금의 대동강으로 잘못 인식하고 있었다. 일연보다 100여년 전 인물인 서긍(徐兢)은 고려 인종 1년(1123) 송나라의 사신으로 개경에 와서 약 1개월 정도 머무르고 『선화봉사고려도경(宣和奉使高麗圖經)』[47]을 썼는데, 그 성읍(城邑)조에서 이렇게 말했다.

> "고려(고구려)는 당 나라 이전에 대개 평양에 있었는데, 본래 한 무제(漢武帝)가 설치했던 낙랑군이고, 당 고종(唐高宗)이 세운 도호부(都護府)이다. 『당지(唐志:당서 지리지)』를 상고하면 '평양성은 곧 압록강 동남쪽에 있다'고 했는데, 당 나라 말 고려의 군장(君長)들이 여러 대에 걸쳐 전란을 겪은 것을 경계해서 점점 동쪽으로 옮겨갔다. 지금 왕성(王城)은 압록강 동남쪽 천여 리에 있는데, 옛 평양이 아니다.(『선화봉사고려도경』 '성읍')" [48]

서긍도 고구려 수도 평양을 한나라 낙랑군이라고 인식하고 있는 것은 맞지만 그가 보는 평양은 지금의 북한 평양지역은 아니다. 평양이 압록강 동남쪽에 있을 수도 없고, "당 나라 말 고려의 군장(君長)들이 여러 대에 걸쳐 전란을 겪은 것을 경계해서 점점 동쪽으로 옮겨"갈 수도 없기 때문이다. 지금의 한반도 북부를 기준으로 점점 동쪽으로 옮겨갔다면 함경남도나 강원도 정도가 되어야 한다. 서긍이 말하는 압록강은 지금의 압록강이 아닐 것이다. 서긍은 같은 책의 「봉경(封境)」조에서 고려의 강역을 이렇게 말했다.

---

47 서긍(徐兢)은 고려 인종 1년(1123) 송나라의 사신으로 고려를 다녀가서 『선화봉사고려도경(宣和奉使高麗圖經)』을 서술했다. 서긍은 약 1개월 동안 고려 개경에서 체류하면서 고려의 여러 사항에 대해서 글과 그림을 남겼다. 그 후 그림은 1127년 정강의 변 때 망실되었으나 글은 전해져서 고려 조정 및 민간의 상황을 아는데 큰 도움이 되고 있다.

48 徐兢, 『宣和奉使高麗圖經』, '城邑', "高麗自唐以前蓋居平壤 本漢武帝所置樂浪郡 而唐高宗所建都護府也 以唐志考之平壤城 乃在鴨綠水東南 唐末高麗君長 懲累世兵革之難 稍徙而東 今王城在鴨綠水之東南千餘里 非平壤之舊矣"

"고려는, 남쪽으로는 요해(遼海)로 막히고 서쪽은 요수(遼水)와 맞

닿았고 북쪽은 옛 거란 땅과 접해있고 동쪽은 금(金) 나라와 맞닿

아있다." [49]

서긍이 말하는 고려의 강역은 일본인 식민사학자들이 그려놓은 고려 강

역과 아주 다르다. 그간 일제 식민사학은 고려의 강역을 서쪽은 평안남도 안

주에서 동쪽은 함경남도 영흥으로 그리거나, 서쪽은 압록강 의주에서 동쪽

은 함경남도 영흥으로 그려왔다. 그러나 11세기에 고려를 방문한 서긍은 고려

의 서쪽 국경은 요수(遼水), 곧 요하(遼河)라고 말하고 있다. 그리고 동쪽 경계

는 동해가 아니라 금나라와 맞닿아 있다고 말하고 있다. 서긍이 말하는 '고려

의 평양=낙랑군'은 지금의 평양을 말하는 것이 아니다.

여기에서 중요한 것이 '낙랑군=평양성'이란 인식인데, 그 평양을 지금의

평안남도 평양으로 보면서 많은 혼선이 생겼다는 사실을 알 수 있다. 이때의

고(구)려의 평양성이 어디를 말하는가에 대해서 깊게 연구하지 않은 채 막연

하게 '평안도 평양'이라고 생각하면서 많은 혼선이 생긴 것이다.

조선 중종 25년(1530년)에 간행된『신증동국여지승람(新增東國輿地勝覽)』

「평안도(平安道)」 '평양부(平壤府)'조에는 '왕험성=낙랑군=평양성'으로 인식이

변천되고 확립되어 가는 과정이 잘 정리되어 있다.

"(평양부는)본래 삼조선(三朝鮮: 단군·기자·위만)과 고구려의 옛

도읍으로 당요(唐堯) 무진년(戊辰年: 서기 전 2333년)에 신인(神人)

이 태백산(太伯山) 단수목(檀樹木: 박달나무) 아래에 강림했는데,

나라 사람들이 임금으로 세워서 평양에 도읍하고 단군(檀君)이라

---

49 徐兢,『宣和奉使高麗圖經』, '封境', "高麗, 南隔遼海. 西距遼水. 北接契丹舊地. 東距大金"

일컬었으니 이것이 전조선이다. 주 무왕(周武王)이 상(商:은)나라를 꺾고 기자(箕子)를 여기에 봉했으니 이것이 후조선인데, (왕위를) 전하여 41대 후손 준(準)에 이르러 연인(燕人) 위만(衛滿)이 그 땅을 빼앗아 왕험성(王險城)〔험(險)은 검(儉)이라고도 쓰니, 바로 평양이다〕에 도읍했으니 이것이 위만조선이다. 그(위만) 손자 우거(右渠)가 한(漢) 나라의 조명(詔命)을 받들려 하지 않자 한 무제(武帝)가 원봉(元封) 2년(서기전 109)에 장수를 보내 토벌해서 사군(四郡)으로 만들고 왕험성을 낙랑군(樂浪郡)으로 삼았다. 고구려 장수왕(長壽王) 15년(427)에 국내성(國內城)으로부터 옮겨와 (평양을) 도읍으로 삼았다.(『신증동국여지승람』「평안도」‘평양부조)”[50]

이 설명에는 지리상 여러 모순이 혼재하고 있다. 먼저 『신증동국여지승람』 편찬자는 삼조선(단군조선·기자조선·위만조선)의 도읍지를 한 곳으로 단정하고 그곳을 조선의 평양부라고 보고 있다. 단군조선·기자조선·위만조선의 도읍지 왕험성이 평양부라는 것이다. 그런데 마지막 문장에서는 “고구려 장수왕 15년(427)에 국내성에서 옮겨와 평양을 도읍으로 삼았다”라고 말하고 있다. 서로 다른 지역인 단군이 도읍한 평양성과 장수왕이 천도한 평양성을 같은 곳으로 인식하고 논리를 전개한 것이다. ‘단군조선·기자조선·위만조선’의 도읍지는 모두 평양인데 그곳에 낙랑군을 설치했다는 것이다. 낙랑군은 한 무제 원봉 3년(서기전 108)에 설치한 것으로서 장수왕이 평양성으로 천도한 때(427)와는 530년 이상 차이가 난다. 위치도 다르고 시기도 다르지만 따지지 않고 넘어간 것이다.

---

50 『新增東國輿地勝覽』,「平安道」,‘平壤府’, “本三朝鮮高句麗之故都 唐堯戊辰歲 有神人降太白山檀樹木下 國人立爲君 都平壤號檀君 是爲前朝鮮 周武王 克商封箕子于此 是爲後朝鮮 傳至四十一代孫準 燕人衛滿 奪基地 都王險城(險一作儉卽平壤)是爲衛滿朝鮮 其孫右渠 不肯奉漢詔 武帝元封二年 遣長討之定爲四郡 以王險爲樂浪郡 高句麗長壽王十五年 自國內城徙都之”

그래서 낙랑군과 왕험성의 위치를 비정할 때 장수왕 15년(427)이 중요한 기준점이 된다. 이해를 기점으로 중국과 한국의 많은 문헌들이 왕험성의 위치를 혼동하기 때문이다. 당 태종의 넷째 아들 이태(李泰: 620~653)가 편찬한 지리지 『괄지지(括地志)』도 마찬가지다. 『괄지지』는 이후 중국 지리지 편찬에 많은 영향을 끼쳤는데, 평양성에 대해서, "고려는 평양성에서 다스리는데, 본래 한나라 낙랑군 왕험성 자리이니 곧 고조선이다"[51]라고 말했다. 이태는 7세기 중·후반의 인물이니 그가 말하는 평양은 장수왕이 천도한 평양을 말하는 것이다. 이태는 장수왕이 재위 15년(427)에 천도한 평양을 낙랑군 왕험성 자리로 알고 있는 것이다. 장수왕의 평양 천도 2백여 년 후의 사람인 이태는 고구려가 여러 차례 수도를 옮겼다는 사실을 알지 못했을 것이다. 뿐만 아니라 그가 인식한 평양이 장수왕이 천도한 평양만을 가리키는 고유명사가 아니라 고구려 수도를 뜻하는 일반 명사라는 사실도 알지 못했을 것이다. 이 문제를 해결하려면 고구려의 도읍변천사를 알아야 한다. 고구려는 수도를 여러 차례 옮겼다. 그중 주목해야 하는 것이 『삼국사기』 고구려 동천왕 21년(247)조의 천도 기사이다.

> "동천왕 21년(247) 봄 2월에 왕은 환도성에서 전란을 겪었는데, 다시 도읍으로 삼을 수는 없다고 해서 평양성을 쌓고 백성들과 종묘와 사직을 옮겼다. 평양성은 본래 선인(仙人) 왕검(王儉)의 땅이다. 혹은 (동천)왕이 왕험성에 도읍했다고 말했다(『삼국사기』, 「고구려본기」 동천왕 21년)"[52]

---

51 李泰括, 括地志云,「高驪治平壤城, 本漢樂浪郡王險城, 卽古朝鮮也」. 여기에서는 『사기(史記)』 「진시황(秦始皇) 본기(本紀)」, 시황(始皇) 26년조의 『사기 정의(正義)』 주석에서 인용.

52 "春二月 王以丸都城經亂 不可復都 築平壤城 移民及廟社 平壤者本仙人王儉之宅也 或云王之都王險", (『三國史記』, 「高句麗本紀」 東川王 21년)

낙랑군 위치 세 학설

북한 역사학계

남한 민족사학계

조선민주주의인민공화국

조선총독부 중국동북공정 남한 강단사학

대한민국

한사군과 낙랑군 위치 세 학설. 남한 강단사학은 아직도 조선총독부 학설을 추종하는데 이를 중국 동북공정에서 악용하고 있다.

고구려 동천왕이 서기 247년에 환도성에서 평양성으로 천도했다는 내용이다. 고구려 장수왕 15년(427)에 천도한 때보다 180년 전에 동천왕이 평양성으로 천도했다는 것이다. 이 평양성이 장수왕이 천도한 평양도 아니고 지금의 평양도 아님은 말할 것도 없다. 주목해야 할 것은 '평양성은 본래 선인(仙人) 왕검(王儉)의 땅이다'라는 『삼국사기』의 기록이다. 또한 '혹은 동천왕이 왕험성에 도읍했다고 말했다'는 기록이다. 선인 왕검은 단군을 뜻하는 것이고, 왕험성은 고조선의 수도를 뜻하는 것이다. 단군의 수도 왕험성에 동천왕이 천도했는데, 그곳이 평양성이라는 이야기다. 따라서 동천왕 재위 21년(247)에 천도한 평양성이 고조선의 수도 왕험성인 것이다. 이는 후대에 장수왕이 천도한 평양성을 기준 삼아서 '평양성=낙랑군=왕험성'으로 비정한 견해는 평양성에 대한 역사적 변천과정을 무시한 오류임을 말해준다.

또한 『동국여지승람』에서 기자의 수봉지(受封地)를 평양으로 본 것도 1차 사료적 근거를 무시한 일방적 추론이다. 『고려사』「예지(禮志)」숙종 7년(1102) 10월 조에 기자에 대한 이야기가 나온다.

> "예부(禮部)에서, "우리나라의 교화와 예의는 기자(箕子)에서 비롯되었는데도 사전(祀典: 제사지내는 법전)에 실리지 못했습니다. 기자의 무덤을 찾고 사당을 세워서 제사를 지내게 허락하소서"라고 주청하니 따랐다." [53]

고려 중기 이후 유학자들이 득세하기 시작하면서 기자를 높이기 시작했다. 이들은 기자가 온 곳을 평양이라는 이데올로기를 만들었다. 위 기사에서 알 수 있듯이 12세기 초까지 기자의 무덤과 사당은 고려에 있지 않았다. 기자는 서기 전 12세기 사람으로서 평양에 오지도 않았던 사람의 무덤을 고려에서 찾으니 있을 턱이 없었다. 기자의 무덤을 찾겠다는 예부의 주청을 충숙왕은 허락했다. 그러나 고려에 없는 기자의 무덤을 찾으려니 있을 턱이 없다. 그래서 『고려사』「예지」는 충숙왕 12년(1325) 10월에 "평양부에 기자(箕子) 사당을 세우고 제사를 지내게 했다"[54]고 말하고 있다. 숙종 때 기자의 무덤을 찾으니 있을 턱이 없었다. 그래서 223년 지난 충숙왕 12년에 기자의 사당을 세워서 제사를 지내게 했다. 이때 무덤까지 조성했을 것이다. 그러나 불과 31년 후인 『고려사』공민왕 5년(1356) 6월조에는 왕이 "평양부에 명해서 기자의 사당을 수축하고 때 맞춰 제사를 지내도록 했다"는 기록이 나온다.[55] 불과 31년 만에 기자의 사당이 퇴락했다는 뜻이다. 이때만 해도 일부 유학자들 외에 기자

---

53 "十月 壬子朔, 禮部奏, ‘我國敎化禮義, 自箕子始, 而不載祀典. 乞求其墳塋, 立祠以祭’, 從之", (『高麗史』「禮志」)
54 "忠肅王十二年十月, 令平壤府, 立箕子祠以祭"(『高麗史』「禮志」)
55 "恭愍王五年六月, 令平壤府, 修營箕子祠宇, 以時致祭", (『高麗史』「禮志」)

를 존숭하지 않았다. 그래서 사당이 퇴락했던 것이다. 이후 유학자들이 득세하면서 기자가 크게 존숭되는 것이다. 서기 전 12세기 때 인물인 기자의 무덤이 서기 14세기에 고려 평양에 만들어졌다는 것에서 '기자조선=평양'설이 14세기 이후 본격적으로 만들어졌다는 사실을 알 수 있다.

사마천의 『사기』「송 미자 세가」의 주석에, "두예(杜預)는 '양국(梁國) 몽현(蒙縣)에 기자의 무덤(箕子冢)이 있다'고 했다" [56]는 기록이 있다. 기자 무덤은 평양이 아니라 양국 몽현에 있다는 것인데, 『중국 역사지도집』 제3책에 따르면 양국은 현재의 하남성 동부 상구(商丘)시 부근이고 그 동북쪽에 몽현(蒙縣)이 있다. 그리고 실제로 지금도 상구시 조금 북쪽 산동성 조현(曹縣)에 기자의 무덤이 있다. 두예(杜預: 222~285)는 3세기 중후반의 학자이자 정치가였다. 3세기 후반의 두예가 지금의 하남성과 산동성 경계에 기자의 무덤이 있다고 한 기록이 14세기 중반에 고려에 만들어진 기자의 가묘보다 신빙성이 있을 것임은 굳이 설명할 필요도 없다.

기자의 무덤이 평양이라는 것은 유학자들이 만든 이데올로기에 불과하다. 유학이 번성하면서 사대주의에 물든 유학자들이 중국 은나라에서 왔다는 기자를 떠받들면서 '기자조선=평양'이라는 등식의 이른바 '기자동래설(箕子東來說)' 이데올로기를 만든 것이다. 이는 우리를 중국과 연결하고 싶어 했던 유학자들이 만든 낸 허구의 역사이자 '믿고 싶은 역사', '창작해서 믿은 역사'에 불과한 것으로서 일체의 사료적 근거가 없는 내용들이다. 즉 '기자조선=위만조선=낙랑군'은 허구에 불과한 내용들이다.

낙랑군을 만주에 있다고 본 조선 사람들

장수왕이 평양으로 천도하고 난 후 '평양성=왕험성=낙랑군'이라는 인식이 생겨나기 시작했다. 여기에 사대주의 유학자들이 가세해 기자를 민족의 시

---

56 "杜預云, '梁國蒙縣有箕子冢'" (『史記』「宋微子世家」 注釋)

조로 떠받들면서 평안도 평양을 기자가 도읍한 곳으로 만들었다. 그래서 평양을 기자의 성이란 뜻의 기성(箕城)이라 부르고, 기자묘(箕子廟)와 기자전(箕子田), 즉 정전(井田)도 만들어 냈다. 이렇게 장수왕이 천도한 평양성은 왕험성이 되고 낙랑군의 땅이 되었다. '평양성=낙랑군설'이 통설이 된 것이다. 더구나 조선은 유학을 지배이념으로 삼으면서 기자를 존숭하는 분위기가 성행해 '기자조선=평양'이란 등식이 유학자들 사이에서 통용되었다.

그러나 이런 분위기에서 선조 때의 학자였던 김시양(金時讓: 1581~1643)은 「자해필담(紫海筆談)」에서 '낙랑·현도·대방'이 모두 요동에 있었다고 서술했다.

> 『강목(綱目)』을 살펴보니, "송(宋) 나라 원가(元嘉) 9년(432) 가을에, 위나라 임금〔魏主〕탁발도〔燾〕가 연(燕) 나라를 쳐서 깨뜨리고 군사를 이끌고 서쪽으로 돌아오는데, 영구(營丘)·성주(成周)·요동(遼東)·낙랑(樂浪)·현도(玄菟)·대방(帶方)의 여섯 군(郡)의 백성 3만 호를 유주(幽州)에 옮겼다."라고 했다 … 이를 가지고 보면, 낙랑·현도·대방은 다 요동(遼東)에 있었던 땅이지 처음부터 압록강 동쪽의 땅은 아닌 것이다.」[57]

위나라 태무제(탁발도)가 432년 연나라를 정벌하고 돌아오면서 낙랑·현도·대방 등을 지금의 북경 부근인 유주로 옮겼는데, 이때는 고구려가 이미 요동 반도를 차지한 지 오래이기 때문에 이때 유주 부근으로 옮긴 낙랑·현도·대방 등은 한반도 내에 존속할 수 없었다. 그래서 김시양은 낙랑·현도·대방이 한반도가 아니라 요동에 있었다고 본 것이다.

---

[57] "宋元嘉九年秋, 魏主燾伐燕破之, 引兵西還, 徙營丘成周遼東樂浪玄菟帶方六郡民三萬戶於幽州 … 由是觀之, 樂浪玄菟帶方皆在遼東, 初非鴨綠江以東之地"(『大東野乘』, 「紫海筆談」)

숙종 때의 학자인 약천 남구만(南九萬: 1629~1711)도 『약천집(藥泉集)』의 「답 이찰방 세구(答李察訪 世龜)」에서는 "현도, 진번은 지금 요동의 여진땅에 있었다"[58]고 말했다. 그 숫자가 많지는 않았지만 한사군의 전부 또는 일부가 고대 요동에 있었다고 본 학자들은 계속 존재했다.

성호(星湖) 이익(李瀷: 1681~1763)도 마찬가지다. 그는 고구려 동천왕(東川王) 때 위(魏)나라 관구검(毌丘儉: ?~255)의 고구려 공격로와 퇴각로를 검토한 결과 낙랑군이 평양에 있었다는 기존 유학자들의 시각에 문제가 있다는 사실을 간파했다. 『삼국사기』 동천왕 20년(246)조는 이렇게 전하고 있다.

"위나라에서 유주자사 관구검을 보내어 군사 1만명을 거느리고 현도로부터 침입했다 … 동천왕이 군사를 나누어 세 길을 만들어 급하게 공격하자 위나라 군대는 어지러워져서 대오를 이룰 수가 없어서 낙랑으로 퇴각했다. (『삼국사기』, 「고구려본기」 동천왕 20년)"[59]

이 구절을 면밀히 검토한 이익은 『성호사설(星湖僿說)』 '조선사군(朝鮮四郡)'조에서, "환도는 압록강 서쪽에 있는데, (관구검이) 현도로부터 나와서 낙랑으로부터 물러갔으니, 두 군(郡)이 요동(遼東)에 있었음을 알 수 있다."[60]라고 갈파했던 것이다.

고구려를 침략했던 위(魏)나라 유주자사(幽州刺史) 관구검은 위나라의 제왕(齊王) 조방(曹芳)이 임금으로 있던 246년에 현도로부터 나와서 고구려를 공격했다가 낙랑으로 퇴각했다. 현도가 압록강, 낙랑이 평양이라면 평양으로

58 "而玄菟, 眞番皆在今遼東女眞之地", (『藥泉集』, 「答李察訪世龜」)

59 "二十年秋八月 魏遣幽州刺史毌丘儉 將萬人 出玄菟來侵 … 王分軍爲三道 急擊之 魏軍擾亂 不能陳 遂自樂浪而退" (『三國史記』 「高句麗本紀」 東川王 22年)

60 "丸都旣在鴨綠之西 而出自玄菟退自樂浪則二郡之在遼可知"(李瀷, 『星湖僿說』 「天地門」 朝鮮四郡)

퇴각한 관구검은 북방 고구려의 포위망을 뚫고 귀환하지 않는 한 평양에서 생을 마쳐야 한다. 그러나 『삼국지』「위서」에 따르면 관구검은 가평(嘉平) 4년 (252) 진남장군(鎭南將軍)으로서 남쪽 오(吳)나라 정벌에 모습을 드러내고 있다.[61] 관구검이 평양에서 대규모고 선박을 건조해 귀환한 것이 아니라면 관구검은 남쪽 오나라 정벌에 나타날 수가 없는 것이다. 관구검이 퇴각한 낙랑군은 한반도 내의 평양이 아니라 만주 서쪽에 있었던 것이다. 그래서 성호 이익은 낙랑·현도 2군이 요동에 있었다고 갈파했다. 성호 이익은 또한 내 생각에는 "낙랑군을 다스리던 조선현의 읍거(邑居)는 비록 요동에 있었지만 평양 서쪽까지 모두 그 속현(屬縣)이었다"[62]라고 주장했다. 낙랑군을 다스리는 조선현은 요동에 있었고, 낙랑군의 강역은 평양 서쪽까지 걸쳐 있었다는 것이다. 이는 성호 이익의 절충론이라고 볼 수 있다. 이는 위만조선의 강역이 요동까지 걸쳐져 있었다는 인식이기도 하다.

이익은 또한 수 양제가 고구려를 침공할 때 각 군에게 지시한 침공로를 검토한 결과 한사군은 한반도 내에 있지 않았다고 간파했다. 수 양제는 이때 좌 12군, 우 12군 도합 24군에게 지금의 북경 부근인 탁군(涿郡)에서 출발해 평양으로 모이라면서 진격로를 정해주는데, 이 중에 현도도, 조선도, 옥저도, 낙랑도, 임둔도 등이 있는 것이다.[63] 여기에서 조선도는 낙랑군 조선현이 있던 지역을 뜻하고, 임둔도는 임둔군이 있던 지역을 뜻하는데, 조선현이 평양이라면 평양을 거쳐서 평양으로 오라는 명령이며, 임둔군이 강원도라면 북경 부근의 탁현에서 강원도를 거쳐서 평양으로 오라는 명령이니 논리가 맞지 않다고 본 것이다. 그래서 이익은 한사군이 한반도 내에 있지 않다고 간파한 것이다. 이익의 이 논리는 나중 대한민국 임시정부 국무령을 역임했던 석주(石

---

61 "冬十一月, 詔征南大將軍王昶,征東將軍胡遵,鎭南將軍毌丘儉 等征吳."(『三國志』「魏書」嘉平 四年)

62 "意推之樂浪郡治朝鮮縣 則其邑居 雖在遼東而平壤以西 皆共屬縣也"(李瀷,『星湖僿說』「天地門」朝鮮四郡)

63 『隋書』「煬帝本紀」大業 八年

洲) 이상룡(李相龍)을 비롯한 여러 독립운동가들이 한사군의 위치를 만주에서 찾게 되는 근거가 된다. 비록 이익의 학설이 정교하지는 못했고, 위치에 대한 혼동도 없지는 않았지만 한사군의 강역이 한반도 내가 아니라고 본 관점은 탁월한 것이었다. 평생 재야에서 살았던 한 불우한 지식인이 역사에 끼친 영향은 이토록 컸다.

연암 박지원(朴趾源: 1737~1805)은 『열하일기』의 「도강록(渡江錄)」에서 이렇게 말했다.

> "『당서』 「배구 열전[裴矩傳]에, '고려는 본래 고죽국(孤竹國)인데, 주(周)나라가 기자를 봉한 곳인데, 한(漢)나라 때 사군(四郡:한사군)으로 나누었다'라고 했는데, 이른바 고죽국이란 지금 영평부(永平府)에 있다." [64]

박지원은 당시의 영평부 자리가 고죽국 자리이자 기자조선 자리이고, 한사군 자리이자, 고구려 자리라고 말하고 있는 것이다. '지금의 영평부'란 곧 청나라 영평부를 뜻하는데, 지금의 하북성 노룡(盧龍)현이다. '고죽국=기자조선=한사군=고구려'강역이란 뜻이다. '기자조선=한사군=평양'이란 인식과 아주 다르다. 청나라 영평부 지역이 백이(伯夷), 숙제(叔齊)가 왕자로 있던 고죽국 자리이고, 주나라가 기자를 봉한 자리이고, 한나라 때 사군을 설치한 자리이고, 고구려 강역이었던 곳이란 뜻이다. 하북성 노룡현에는 지금도 백이, 숙제의 우물과 비석이 남아 있다. 그리고 이 지역이 낙랑군을 다스리던 조선현 자리이다.

---

64 "唐書裴矩傳, 言高麗本孤竹國, 周以封箕子, 漢分四郡. 所謂孤竹地, 在今永平府" (朴趾源, 『熱河日記』 「渡江錄」)

무엇보다 이 설명은 『한서』「지리지」의 낙랑군 조선현에 대한 기술 및 주석과 일치한다.

> 「낙랑군, 〔무제 원봉 3년 열었다. 왕망은 낙선이라고 말했는데, 유주에 속해 있다. 응소는 "옛 조선국이다"라고 말했다〕호수는 6만2천812호이고 인구는 40만6천748명이다. 25개 현이 있다. 조선현〔응소는 "무왕이 기자를 조선에 봉했다"고 말했다〕 … (『한서』「지리지」'낙랑군')」[65]

낙랑군 조선현에 대해서 후한 때인 2세기 중후반의 학자인 응소(應邵: ?~196)는 '주나라 무왕이 기자를 봉한 곳'이라고 말했다. 유주는 지금의 북경 부근으로서 낙랑군 또한 북경에서 그리 멀지 않은 곳에 있었다는 뜻이다. 『당서』「배구 열전」에 영평부 지역이 고구려 강역이었다고 나온다는 것도 중요한 내용이다. 고구려 강역이 전성기 때에도 지금의 요동반도를 넘지 못했다는 학계 일부의 견해와는 다르기 때문이다. 하북성 노룡현은 지금의 요동반도를 가르는 요하에서 400km 정도 서쪽에 위치해 있다.

수·당(隋唐) 때의 인물인 배구(裵矩: 557~627)는 고구려 때 생존했던 인물이다. 배구는 북제(北齊), 북주(北周), 수, 당의 네 왕조에서 활약했는데, 수나라 때 이부시랑(吏部侍郎)을 역임했고, 수양제(隋煬帝) 때는 지금의 실크로드 서쪽의 주천(酒泉), 무위(武威), 돈황(敦煌) 등지를 뜻하는 하서(河西) 지역으로 출장 가서 수나라가 서역(西域)과 무역하는데 큰 역할을 수행한 인물이다. 그는 특히 고대사에 밝았던 인물이다.

---

65 「樂浪郡, 〔武帝元封三年開. 莽曰樂鮮, 屬幽州. 應劭曰, "故朝鮮國也" 師古曰, "樂音洛, 浪音狼"〕戶六萬二千八百一十二, 口四十萬六千七百四十八〔有雲鄣〕 縣二十五: 朝鮮, 〔應劭曰, "武王封箕子於朝鮮"(『漢書』「地理志」'樂浪郡')」

전국시기 중국지도. 중국 사료는 하북성 고죽국 일대는 고구려 강역이라고 말하는데
남한 강단사학은 요동반도를 넘지 못했다고 가르치고 있다.

　박지원이 인용한 『당서』는 곧 『구당서』를 뜻하는데, 그 「배구(裵矩) 열전」
에 이런 내용이 나온다. 수(隋)나라 양제가 배구를 대동하고 돌궐로 가서 돌
궐 임금 계민가한(啓民可汗)을 만나는데, 때마침 고구려 사신이 돌궐을 방문
했다. 이때 배구가 수 양제에게 고구려에 대해서 설명하면서, "고려의 땅은 본
래 고죽국입니다. 주나라 때 기자를 봉했고, 한나라 때는 삼군(三郡)이었고,
진(晉)나라 때도 역시 요동에서 다스렸습니다. 지금은 신하가 아닙니다." [66]라
고 말하는 것이다. 한사군이 아니라 삼군이라고 한 이유는 『한서』 「오행지(五
行志)」에 "두 장군이 조선을 정벌하고 삼군을 열었다" [67]고 나오기 때문일 것이
다. 고구려가 존속하고 있을 때 고사에 해박했던 배구가 지금의 하북성 노룡
현까지 고구려의 강역이고, 그 지역이 바로 한나라 삼군의 지역이었다고 말하
고 있는 것을 반박하려면 다른 사료적 근거를 제시해야 한다.

---

66 "從帝巡于塞北, 幸啓民可汗帳.時高麗遣使先通于突厥, 啓民不敢隱, 引之見帝, 矩因 奏曰, 高麗之地, 本孤
　　竹國也, 周代以之封箕子, 漢時分爲三郡, 晉氏亦統遼東. 今乃不臣"(『舊唐書』 「裵矩列傳」)
67 "先是, 兩將軍征朝鮮, 開三郡"(『漢書』 「五行志」)

박지원은 또한 요동에 있던 봉황성(鳳凰城)[68]도 평양이라고 불렸다고 말하고 있다.

> 「『당서(唐書·구당서)』를 상고하니, "안시성(安市城)은 평양성과 500
> 리 거리인데, 봉황성은 또한 왕검성(王儉城)이라 일렀다"고 말했다.
> 『지지(地誌)』에도 "봉황성을 평양이라 칭한다"라고 했는데, 어떻게
> 이런 이름이 생겼는지 알 수 없다.」[69]

사행 도중 요녕성 봉황성을 방문한 박지원은 봉황성에 대한 여러 사료들을 찾아보았다. 그러다가 봉황성이 옛 왕검성'이라고 쓴 기록을 보고 평안도 평양이 옛 평양이 아니라는 의문을 제기하고 있는 것이다. 박지원은 나아가 평양을 기자의 옛 도읍지로 비정하는 견해도 강하게 비판하고 있다.

> "그러나 우리 동방의 선비들은 단지 지금의 평양만을 알기 때문
> 에 기자(箕子)의 도읍이 평양이라고 말하면 믿고, 평양에 정전(井
> 田)이 있다고 말하면 믿고, 평양에 기자묘가 있다고 말하면 믿는
> 다. 그러나 만약 봉황성(鳳凰城)이 평양이라고 다시 말하면 크게
> 놀라고, 요동에 평양이 있었다고 말하면 꾸짖으며 해괴하게 생각
> 한다. 이는 요동이 본래 (고)조선의 옛 땅이란 사실만 모르는 것
> 이 아니라 숙신(肅愼)·예맥(穢貊) 등 동이(東彛)의 여러 나라(東彛

---

68 봉황성은 중국 여러 곳에 산재해 있다. 산서성 대동(大同)시의 봉황성을 비롯해서 산서성에 여러 곳이
있고, 하북성 당산(唐山)시 등지에도 있다. 여기에서 김경선이 말하는 봉황성은 현재의 압록강 북쪽 요
녕성 단동(丹東)시 진안구(振安區)와 동항시(東港市)의 접경지역에 있는 것이다. 조선시대에는 이 지역
이 사실상 조선과 명·청의 국경으로서 소현세자가 일시 귀국할 때 자식들을 청나라에 인질로 대신 넘
기던 지역이기도 하다. 그래서 조선시대에는 조선관(朝鮮館)이 있었다.

69 "按唐書, 安市城距平壤五百里, 鳳凰城亦稱王儉城. 地誌, 又以鳳凰城稱平壤, 未知此何以名焉"(朴趾源,
『熱河日記』'渡江錄')

諸國)가 모두 위만조선(衛滿朝鮮)에 복속되었던 것을 알지 못하기 때문이다. 또한 오랄(烏剌), 영고탑(寧古塔), 후춘(後春) 등의 땅이 본래 고구려의 옛 강토인 줄도 알지 못하기 때문이다." [70]

박지원은 이 글에서 '고조선은 요동에 있었고 평양도 요동에 있었다'고 간파하고 있다. 후대인 철종 2년(1851) 진주사(陳奏使)로 청나라에 다녀온 김경선(金景善: 1788~)은 박지원의 『도강록』을 거의 그대로 옮겨서 『연원직지』를 간행했는데, 박지원이 '동이(東彝)의 여러 나라'라고 쓴 부분을 '동이의 여러 종족'〔東夷諸種〕이라고 썼다. 박지원이 쓴 이(彝)자는 '떳떳하다'는 뜻이다.

박지원은 기자의 도읍지가 평안도 평양이 아니란 사실과 평양이 요동에 있었다는 사실을 분명히 알고 있었다. 그래서 박지원은 고조선 강역을 한반도 내로 국한시킨 원인을 찾아서 이렇게 말했다.

"오호라, 후세의 사람들이 이런 땅의 경계에 상세하지 못하여 망령되게 한사군의 땅을 모두 압록강 안쪽으로 몰아넣어서, 억지로 사실을 이끌어다 구구히 분배(分排)하고 다시 패수(浿水)를 그 안에서 찾으니, 혹은 압록강을 '패수'라고 지칭하고, 혹은 청천강(淸川江)을 '패수'라고 지칭하며, 혹은 대동강(大同江)을 '패수'라고 지칭한다. 그래서 (고)조선의 옛 강토는 싸우지도 않고 스스로 줄어들었다. 이는 무슨 까닭인가? 평양을 한 곳에 고정시켜 놓고 패수위치가 앞으로 나가고 뒤로 물러나는 것이 그때그때의 사정에 따르는 까닭이다." [71]

---

70 "然吾東之士, 只知今平壤, 言箕子都平壤則信, 言平壤有井田則信, 言平壤有箕子墓則信. 若復以鳳凰城爲平壤, 則大驚. 若曰遼東有平壤, 則叱爲怪駭. 獨不知遼東, 本朝鮮故地, 盡愼·穢貊, 東彝諸國, 盡服屬衛滿朝鮮. 又不知烏剌, 寧古塔, 後春等地, 本高句麗舊疆"(朴趾源, 『熱河日記』「渡江錄」)

71 박지원, 『열하일기』, 「도강록」, 6월 28일.

박지원은 요동에 있는 패수의 위치를 혹은 압록강, 혹은 청천강, 혹은 대동강이라고 지칭한다면서 비판했는데, 마치 후대 학자들의 역사 축소행태를 예견한 듯하다. 한사군의 위치를 한반도 내로 비정하는 학자들은 지금도 패수를 혹은 압록강, 혹은 청천강, 혹은 대동강으로 비정해서 견해를 펼치고 있는 것이다. 박지원은 나아가, "고조선과 고구려의 옛 강역을 찾으려면 먼저 여진(만주)을 우리 국경 안으로 치고 패수(浿水)를 요동에서 찾아야 한다."고 말했다. 박지원은 같은 글에서 한사군은 영고탑(寧古塔) 등지에 있다고 한 김윤(金崙)의 견해도 소개하고 있다.[72]

김윤은 『세조실록』과 『예종실록』을 편찬했던 조선 초기 인물인데 이때 이미 한사군이 조선 경내에 없었다고 인식했다는 것이다. 김윤은 실록 편찬에 거듭 참여할만큼 역사에 밝은 인물이었다. 박지원은 평양이 한 지역만을 뜻하는 고유명사가 아니라면서 "혹 기씨(箕氏: 기자), 위씨(衛氏: 위만), 고씨(高氏: 주몽)가 도읍한 곳이면 하나의 평양이 된다."[73]라고 말했다.

"내 생각에는 기씨(기자)가 처음엔 영평(永平)과 광녕(廣寧) 사이에 있다가 후에 연(燕) 나라 장수 진개(秦開)에게 쫓겨서 2000리의 땅을 잃고 점차 동으로 옮겨 갔는데 이것은 중국의 진(晉)나라, 송(宋)나라가 남쪽으로 건너갈 때 그랬던 것처럼 머문 곳마다 모두 평양이라고 일컬은 것이다. 지금 우리 대동강 윗쪽의 평양도 바로 그런 하나이다. 패수도 또한 이런 종류이다. 고구려의 강역이 때에 따라 커졌다가 작아졌다 하면 패수의 이름도 이에 따라 옮겨진 것이니 중국 남북조 때 주군(州郡)의 호칭이 서로 잠시 생겼다 없어

---

72 박지원, 『열하일기』, 「도강록」, 6월 28일.
73 박지원, 『열하일기』, 「도강록」, 6월 28일.

진 것과 같은 것이다 … 즉 평양은 본래 요동에 있었는데 혹 이름
을 패수에 기대서 앞으로 가거나 뒤로 온 것뿐이다. 한 낙랑군의
치소(治所)는 요동에 있었으니 지금의 평양이 아니고, 곧 요양(遼
陽)의 평양이다."[74]

　　박지원은 결론적으로 한나라 낙랑군의 치소(治所), 곧 낙랑군의 군치(郡
治)인 낙랑군 조선현은 지금의 평양이 아니라 요양에 있던 평양이라고 결론지
었다. 박지원은 평양이 하나의 고정된 지명이 아니라 기자조선이 정치적 상황
에 따라서 옮겨 다닌 곳을 모두 평양이라고 불렀다고 보았다. 또한 패수를 기
점으로 평양이 앞으로 가기도 하고 뒤로 가기도 했는데, 낙랑군의 치소는 평
양이 아니라 요동의 평양이라고 보았다. 당시 사대주의 유학자들이 조선의 평
양이라고 본 낙랑군의 군치를 요동이라고 본 것이다. 박지원은 기자조선의 위
치를 청나라 영평부, 즉 지금의 하북성 노룡현으로 비정하면서 '기자조선=평
양=낙랑군'설을 무너뜨렸다.

　　반면 다산 정약용(丁若鏞: 1762~1836)은 기자조선의 위치를 평양으로 잘
못 이해하면서 고대사 지리 인식에 큰 문제를 노정했다. 그는 『아방강역고(我
邦疆域考)』의 첫 번째인 「조선고(朝鮮考)」 첫머리에 "조선이라는 이름은 평양
에서 시작되었는데, 이는 본래 기자의 도읍지였다"[75]라고 썼다. 조선의 이름을
기자조선에서 시작된 것으로 잘못 인식하고, 그 위치도 평양으로 잘못 인식
했다. 첫 단추를 잘못 끼웠기 때문에 그 방대한 지식에도 불구하고 고조선과
한사군에 대한 잘못된 지리 지식을 갖게 된 것이다. 정약용 생존 당시 여러

74　"愚以爲箕氏, 初居永廣之間, 後爲燕將秦開所逐, 失地二千里, 漸東益徙, 如中國晉宋之南渡, 所止皆稱平壤,
　　今我大同江上平壤, 卽其一也. 浿水亦類此. 高句麗封域, 時有贏縮, 則浿水之名, 亦隨而遷徙, 如中國南北
　　朝時, 州郡之號, 互相僑置, 然 … 則平壤本在遼東. 或爲寄名與浿水, 時有前却耳, 漢樂浪郡治, 在遼東者,
　　非今平壤, 乃遼陽之平壤"(朴趾源,『熱河日記』渡江錄)

75　"朝鮮之名起於平壤, 寔本箕子之所都也", (丁若鏞,『我邦疆域考』,「朝鮮考」)

지식인들은 고조선이 요동에 있었던 것으로 보았다. 그래서 정약용도 같은 글에서, "지금 많은 사람들은 기자 조선이 혹 요동에 있었던 것으로 의심한다"[76]라고 썼던 것이다. 그는 또한 같은 글에서 위만 조선의 수도였던 왕험성도 평양이라고 보았다. 그래서 그는 '기자조선=위만조선=평양=낙랑군'이란 등식을 그대로 받아들였던 것이다. 그리고 고조선과 진·한의 국경이었던 패수를 압록강으로 보았다. 앞서 박지원이 '후세 사람들이 한사군의 위치를 압록강 안쪽으로 몰아넣고, 패수를 혹 압록강, 혹 청천강, 혹 대동강이라고 한다'고 비판했던 것을 그대로 반복한 것이다. 정약용은 『사기 색은』에서 두예(杜預)가 "양국 몽현에 기자의 무덤이 있다"라고 한 구절을 알고 있었다. 그래서 이렇게 썼다.

> 「내가 생각하기에 『사기 색은』에서 두예가 "양국 몽현에 기자의 무덤이 있다"고 했다. 그러나 기자의 뜻은 결단코 종이 되지 않으려 한 데 있었다. 그 도가 이(夷)에 명백한데〔道在明夷〕, 중국으로 반장(反葬)했을 리가 없다. 지금 『일통지』를 상고해보니 몽현에는 이런 글이 없다. (『강역고』, 「조선고」)」[77]

정약용은 기자가 이족(夷族)이 사는 조선에 와서 도를 밝혔는데, 그곳이 평양이니 사후에 유해를 중국으로 반장했을 리가 없다는 것이다. 명이(明夷)라는 말은 『주역(周易)』의 「지화명이(地火明夷)」에 "기자의 명이〔箕子之明夷〕"라고 나온다. 이를 기자동래설의 한 근거로 삼기도 하지만 『주역』의 명이는 "명이는 어려움을 당하여 바르게 하는 것이다〔明夷, 利艱貞〕"라는 것이다. 즉 기

---

76 "今人多疑箕子朝鮮或在遼東", (丁若鏞, 『我邦疆域考』, 「朝鮮考」)

77 "鏞案 『史記索隱』 杜預云 : '梁國蒙縣有箕子塚' 然箕子志決罔僕, 道在明夷, 無緣反葬於中國今考 『一統志』, 蒙縣無此文", (丁若鏞, 『我邦疆域考』, 「朝鮮考」)

자가 옥에 갇혀서도 바르게 처신했다는 뜻이지 평양으로 왔다는 뜻은 아닌 것이다. 그러나 정약용은 기자를 존숭하는 유학자의 시각으로 기자조선의 도읍지도 평양이고, 위만조선의 도읍지도 평양이라고 생각하면서 지리지식에 큰 혼란을 가져왔다. 정약용은 3세기 경의 사람인 두예(杜預: 222~285)의 말보다 15세기에 편찬한 『동국여지승람』에, "기자의 무덤은 평양부 북쪽의 토산(兔山)에 있다"고 쓴 것을 더 믿었다. 유학 이데올로기 때문에 냉철한 사료 비판을 하지 못한 것이다. 그가 냉철한 문제의식을 갖고 조금만 더 사료를 살펴봤다면 앞서 인용한 것처럼 『고려사』 「예지」에 충숙왕 12년(1325) 10월, "평양부에 기자 사당을 세우고 제사를 지내게 했다"는 구절을 발견하고, 평양의 기자 무덤이 14세기에 축조된 사실을 알았을 것이다.

그러나 그는 기자이데올로기를 극복하지 못한 결과 '기자조선=위만조선=낙랑군=평양'설을 받아들였다. 그는 『아방강역고』, 「사군총고(四郡總考)」에서도, "요즘 사람들은 낙랑의 여러 현이 혹 요동에 있었던 것으로 많이 의심한다"[78]라고 말했다. 당시 여러 지식인들이 낙랑의 위치를 고대 요동으로 비정한다는 사실을 알고 있었다. 그러나 그는 기자 이데올로기를 극복하지 못했기 때문에 고대 요동에 있던 기자조선과 낙랑군의 위치를 평양으로 잘못 비정했다. 역사 지리는 1차 사료에 대한 엄밀한 검토를 바탕으로 비정해야지 특정 이데올로기로 비정하면 안 된다는 좋은 사례이다.

2. 일제 식민사학에서 비정하는 왕험성 위치

일제 식민사학도 헷갈리는 왕험성 위치

---

78 "鑴案 今人多疑, 樂浪諸縣, 或在遼東", (丁若鏞, 『我邦疆域考』, 「四郡總考」)

조선 시대에도 왕험성의 위치에 대해 평안도 평양이라는 설과 만주의 요동이라는 설이 대립하고 있었다. 그럼 일본인 식민사학자들은 낙랑군의 위치를 어디라고 비정했을까? 그 전에 먼저 중국과 일본의 역사침략에 맞서는 논리를 개발하라고 설립한 동북아 역사재단은 무엇이라고 말하고 있는지 알아보자. 낙랑군의 위치 중에서도 가장 중요한 것은 낙랑군의 치소(治所)였다는 조선현(朝鮮縣)의 위치이다. 조선현은 위만 조선의 수도였던 왕험성에 세운 것이기 때문에, '고조선 왕험성=낙랑군 조선현'이 되기 때문이다. 동북아역사재단은 2009년 홈페이지에서 이렇게 게재하고 있었다.

> 「위만조선은 그 왕성인 왕험성(王險城)이 현재의 평양시 대동강 북안에 있었는데, 이는 위만조선과 한의 경계 역할을 한 패수(浿水)가 지금의 압록강이라는 점, 위만조선의 도읍 부근에 설치된 낙랑군 조선현의 치소가 지금의 평양시 대동강 남안의 토성동 토성이라는 점, 왕험성 및 조선현과 깊은 관련이 있는 것으로 알려져 있는 열수(列水)가 지금의 대동강으로 비정되고 있다든지 하는 점을 통해서 입증된다(동북아역사재단, 홈페이지, '고조선조')」

동북아역사재단은 위만조선의 수도인 왕험성을 평양시 대동강 북안이라고 단정했다. 앞에서 살펴봤듯이 조선시대에도 왕험성이 만주에 있었다는 견해를 가진 학자들이 있었지만 이를 모두 무시한 채 한강 이북이 중국의 역사 영토였다는 중국 동북공정의 논리를 따르고 있는 것이다. 고조선의 수도가 평양시 대동강 북안이라는 전제 하에 여러 하위 논리들을 열거했는데, 한결같이 1차 사료적 근거가 없다. 먼저 패수의 위치를 압록강이라고 비정한 것은 쓰다 소키치(津田左右吉)가 『조선역사지리(朝鮮歷史地理)』의 「패수고(浿水考)」에서 주장한 것을 그대로 채택한 것이다. 쓰다 소키치는 이렇게 말했다.

> "패수의 이름은 『사기(史記)』 「조선열전」에 한나라 초기 고조선의 북쪽 경계로 기록되었고, 또 『한서(漢書)』 「지리지(地理志)」에 낙랑군 속현(屬縣)의 이름으로 기재되었다. 전자는 통상 압록강으로 이해되고 있다" [79]

쓰다 소키치는 패수를 '통상 압록강'이라고 보고 있다. 물론 정약용처럼 압록강으로 보는 학자들도 있었지만 박지원처럼 그렇지 않은 학자들도 있었다. 그런데 "위만조선의 도읍 부근에 설치된 낙랑군 조선현의 치소가 지금의 평양시 대동강 남안의 토성동 토성"이라고 쓴 것은 혼동된 인식을 그대로 말해준다.

먼저 "위만조선은 그 왕성인 왕험성이 현재의 평양시 대동강 북안에 있었"다고 썼다. 위만조선의 왕험성에 설치한 것이 낙랑군 조선현이다. 따라서 낙랑군 조선현의 치소 역시 평양시 대동강 북안이라고 써야 한다. 그런데 '조선현의 치소는 대동강 남안의 토성동 토성'이라고 달리 썼다. 이글을 해석하면 '위만조선의 도읍지였던 왕험성은 대동강 북안에 있었고, 그 왕험성에 설치한 낙랑군 조선현은 대동강 남안에 있었다'는 말이 된다. 논리도 맞지 않고 문장도 비문(非文)이다. 그래서 '위만 조선의 도읍에 설치한'이라고 쓰지 못하고 '위만 조선의 도읍 부근에 설치한'이라고 써 놓은 것인지도 모른다.

또한 '열수(列水)가 지금의 대동강'이라는 말도 1차 사료적 근거가 없는 일방적 주장일뿐이다. 열수의 위치는 『후한서(後漢書)』 「군국지(郡國志)」의 낙랑군(樂浪郡)조에 나온다. 전한(前漢) 때는 낙랑군 속현이 25개였지만 후한 때

---

79 津田左右吉, 「浿水考」, 『朝鮮歷史地理(1913)』, 『津田左右吉全集(1964)』, 제11권, 岩波書店, 11쪽.

는 18개로 줄었는데, 그 중 열구(列口)현이 있었다. 그 열구현에 대한 주석에 이런 기록이 있다.

> "곽박(郭璞)은 『산해경』에 주석했다. '열(列)'은 강이름이다. 열수(列水)는 요동(遼東)에 있다'[80]"

낙랑군 열구현은 열수라는 강의 입구에 있었기 때문에 붙은 이름이다. 그런데 그 열수는 요동에 있다는 것이다. 『후한서』「군국지」는 『산해경』을 인용한 것인데, 이것이 열수에 대해 나오는 거의 유일한 1차 사료이다. 동북아역사재단은 이 사료에 대한 설명은 없이 '열수가 지금의 대동강'이라고 써 놓았다. 열수를 대동강으로 비정할 수 있는 1차 사료는 하나도 없다. 열수의 위치를 요동이라고 쓴 곽박(郭璞: 276~324)은 3세기 말~4세기 초엽에 살았던 동진(東晋)의 훈고학자이자 지리학자였다. 지금의 산서성(山西省)에 속했던 하동(河東) 문희(聞喜)현 사람으로서 북방 지리에 밝은 학자였다. 곽박이 3~4세기 무렵의 중국 지식인이, '열수는 요동에 있다'고 말했는데 21세기의 동북아역사재단은 아무런 근거도 없이 '열수가 지금의 대동강'이라고 주장하고 있는 것이다. 언제부터 평안남도가 요동이 되었는지 묻지 않을 수 없다.

그런데 '왕험성은 현재의 대동강 북안에 있었다'면서 '조선현의 치소는 대동강 남안의 토성동 토성'이라고 모순되게 써 놓은 이유가 있다.

왜 이런 혼동된 표현을 써야 했는지를 추적해보자. 먼저 이병도 서울대 교수는 1976년 간행한 신수정판 『한국고대사연구(韓國古代史研究)』의 「낙랑군고(樂浪郡考)」에서 이렇게 말했다.

---

80 『後漢書』「郡國志」, '幽州 樂浪郡' 列口縣 註釋 '郭璞注山海經曰,"列, 水名, 列水在遼東"

"낙랑군은 … 그 수부(首府:首縣)의 이름이 조선현(朝鮮縣)인만큼 지금의 대동강 유역을 중심으로 하고 있음에 대해서는 종래에 별로 이론(異論)이 없었다. 또 낙랑군이 한사군 중의 중추적인 구실(役割)을 하여 왔던 것도 사실이다." [81]

이병도는 '조선현이 지금의 대동강 유역을 중심으로 하고 있음에 대해서는 종래 별로 이론(異論)이 없었다'고 말했다. 그러나 앞서 인용한 것처럼 박지원의 생각은 그렇지 않았다. 또한 이병도는 같은 글에서 "조선현 … 은 낙랑군의 치소(治所: 首府)로 그 중심지를 이루고 있었던 만큼 중요한 현이거니와, 흔히 이 현명(縣名)으로 보아 위씨조선의 수부인 왕험성(王險城), 즉 지금의 평양이라는 설이 유행되었다" [82]라고 썼다.

이병도는 '조선현=대동강설'에 '별로 이론이 없었다'면서 낙랑군 조선현이 현재의 평양이라는 데에 별로 이론이 없었다고 말했다. 그러나 박지원 외에 해방 직후인 1946년 위당(爲堂) 정인보(鄭寅普)는『조선사연구(朝鮮史研究) 상(上)』에서 "왕검성(王儉城)인 조선현은 지금 평양과 원래 무관(無關)" [83]하다고 이미 서술한 바 있다. 조선 양명학의 전통을 이은 이건방(李建芳)을 사사한 정인보는 당대 최고의 학자였다. 병도는 뒤이어 앞과 달리 서술했다.

---

81 李丙燾,『修訂版·韓國古代史研究』, 博英社, 1976 초판, 여기서는 중판(2001년) 133쪽. 앞으로도 특별한 언급이 없는 한 이 중판을 텍스트로 사용할 것이다.

82 李丙燾,「樂浪郡考」『修訂版·韓國古代史研究』, 140쪽.

83 鄭寅普,『朝鮮史研究 上』,『薝園 鄭寅普全集』, 延世大學校 出版部, 1983, 177쪽. 이 책은 2012년 우리역사재단에서 문성재(文盛哉) 역주의『오천년간 조선의 얼, 조선사연구 上』이란 제목으로 보다 읽기 쉽게 재출간되었다.

"그러나 다른 유력한 문헌과 더욱이 일제 초기 이래 발굴·발견된
많은 유물·유적으로 인하여 조선현 평양(故王險城)설은 부인되
고 말았다.(이병도, 「낙랑군고」, 『한국고대사연구』)" [84]

그간 별로 이론이 없었던 '조선현=현재의 평양설'은 부인되었다는 것이다.
그 근거로 이병도는 '다른 유력한 문헌'과 '일제 초기 이래 발굴 발견된 많은
유물·유적'을 들었다. 그럼 이병도는 '조선현=평양설'을 부인하고, 이설과 양립
하고 있던 '조선현=요동설'로 돌아선 것일까? 그럴 리는 없다. 이병도가 부인한
것은 조선현이 대동강 북쪽에 있는 평양이 아니라는 것이지 조선현이 요동에
있다는 것이 아니었다. 이병도(李丙燾)는 뒤이어 이렇게 단정했다.

"과연 일제초기로부터 일인(日人) 조사단에 의해서 대동강 남안인
(대동면) 토성리(土城里) 일대가 낙랑군치(樂浪郡治)인 동시에 조
선현치(朝鮮縣治)임이 그 유적·유물을 통하여 판명되었다 … 낙
랑의 유적과 유물은 다른 곳에서도 발견되지만, 특히 이 대동면
(大同面) 토성리를 중심으로 한 부근 일대에 집중된 감이 있다. 이
로써보다도 이 일대가 낙랑군치(樂浪郡治)인 조선현의 소재지였
던 것은 재언을 요하지 않는다.(이병도, 「낙랑군고」, 『한국고대사
연구』)" [85]

역사학적 방법론은 문헌사료를 위주로 하고 고고학을 보조로 삼는 것이
다. 이는 이병도 자신도 "역사시대의 역사는 원래 문헌을 주로 하는 것이고
고고학 인류학·언어학 등은 보조과학인데 요즘은 역사시대에 있어서도 으레

---

84 李丙燾, 「樂浪郡考」, 『修訂版·韓國古代史研究』, 140쪽.

85 李丙燾, 「樂浪郡考」, 『修訂版·韓國古代史研究』, 140~142쪽.

고고학이 앞장서는 경향이 있는 듯해요. 고고학이 주체인지 문헌이 주체인지 모를 지경이야."라고 문헌이 위주고 고고학이 보조라고 말한 적이 있다.[86] 이는 1960년대 중반 풍납토성에 대한 고고학 발굴 결과 서기 1세기부터는 축조되기 시작한 것으로 나온 것과 관련이 있다. 일본인 학자들과 자신의 『삼국사기』 초기기록 불신론을 뒤집는 결과가 나오자 문헌을 위주로 해야 한다고 일갈한 것인데, 막상 그 자신도 앞에서는 "그 유적·유물을 통하여 판명되었다"라고 고고학에만 기대서 논리를 구성한 것이다. 또한 앞서는 '조선현=대동강 북안 평양성'에 별로 이견이 없었다고 주장하더니 이번에는 '조선현=대동강 남안 토성동'이라는 점이 '재언을 요하지 않는다'라고 썼다. '대동강 남안인 대동면 토성리 토성'이 낙랑군 조선현의 위치라고 일인 조사단에 의해 '판명'되었으니 앞서 별로 이견이 없던 '대동강 북안 평양성'설은 폐기되어야 한다는 것이다.

이병도는 '조선현=대동강 북쪽의 평양설'을 부인하고, '조선현=요동설'로 수정한 것이 아니라 '조선현=평양 남쪽의 대동강 남안 대동면 토성리설'을 주장한 것이다. 그는 '재언을 요하지 않는다'고 말했지만 과연 대동면 토성리가 낙랑군 조선현 자리라는 주장이 '재언'을 요하지 않을 정도로 확실하게 '판명'되었는가 추적해보자.

대동강 남안의 대동면 토성리

이병도가 '조선현=지금이 평양설'을 부정하고, '조선현=대동면 토성리'로 수정한 이유를 찾으려면 두 명의 일본인 식민사학자를 주목해야 한다. 첫째 이나바 이와키치(稻葉岩吉: 1876~1940)이다. 이나바 이와기치는 나이토 코난(內藤湖南)에게 사사(師事)한 후 1900년에 북경에 유학했다가 1908년부터 만

---

86 진단학회, 『역사가의 유향』, 일조각, 1991년, 230~231쪽). 이는 1975년 5월 『서울평론』에서 이기백과 나눈 대화를 실은 것이다.

철(滿鐵) 조사부에서 쓰다 소키치 등과 함께 『만선역사지리(滿鮮歷史地理)』 편찬 사업에 참여했다. 그 역시 일제 식민사학의 수원지(水源池)였던 만철 출신이었다. 또한 1925년부터는 조선사편수회 수사관(修史官)으로 간사를 역임했다. 이때 나중 임나일본부가 경상도 뿐만 아니라 전라도까지 차지했다고 주장하는 『임나흥망사(1949)』를 쓴 스에마쓰 야스카즈(末松保和) 등과 함께 조선총독부에서 발간하는 『조선사(朝鮮史)』 35권 편수작업에 핵심 역할을 수행하고, 1937년부터는 만주(滿洲) 건국대(建國大) 교수를 역임한다. 이나바 이와기치는 조선사편수회에 같이 근무한 이병도에게 여러 가르침을 준 스승의 한 명이었다. 이나바 이와기치는 일본의 『사학잡지(史學雜誌)』 제21편 제2호에 「진장성 동쪽 끝 및 왕험성에 관한 논고(秦長城東端及王險城考)」를 게재하는데[87], 이 논문이 이후 이병도를 비롯한 한국의 식민사학자들에게 한사군, 특히 낙랑군의 위치를 한반도 내로 비정하는데 결정적인 근거를 제시했다. 사실 이병도의 낙랑군고는 이나바 이와기치의 이 논문의 주요 부분을 짜깁기 한 것이라고 해도 과언이 아닐 정도이다. 『사학잡지(史學雜誌)』는 일본 사학자들이 1889년 사학회(史學會)를 결성하고 초기에는 『사학회잡지(史學會雜誌)를 간행했다가 곧 『사학잡지』로 이름을 바꾸었는데, 현재까지 계속 발행하고 있다. 이나바 이와기치의 이 논문은 난해하기 때문에 이 책의 부록으로 해석과 주석을 실었으니 참고하기 바란다.

　이 논문은 난해하지만 그 내용이 어려운 것이 아니라 앞뒤가 맞지 않는 내용을 반복하기 때문이다. 결론을 먼저 내려놓고 그 결론에 하위 논리를 꿰맞추는 식이다. 이나바 이와기치는 '왕험성=현재의 평양설'이 틀렸다는 전제를 내려놓고 이렇게 서술했다.

---

87 史學雜誌』 第21編 1~2호, 1910년

「평양 즉 왕험성」 설은, 근본적인 의혹을 발생하게 하는 것(釀生)인데, 이 설(說)은『괄지지(括地志)』에서 비롯되었다.『괄지지』에는 이르기를, "고구려의 도읍 평양성은 본래 한나라 낙랑군 왕험성이다. 옛날에는 조선땅이었다고 일렀다(高麗都平襄(一作壤)城, 本漢樂浪郡王險城, 古云朝鮮地也)"라고 했는데, 이 설이 나오고부터,『통전(通典)』은, "그 왕이 거주한 평양성은 즉 한나라 낙랑군 왕험성인데 또한 장안성이라고 말했다(其王所居平壤城卽漢樂浪郡王險城亦曰長安城)"라고 했고,『후한서(後漢書)』·「동이전(東夷傳)」 주석(註釋)에는 "평양은 곧 왕험성이다(平壤卽王險城也)"라고 했고 … (이나바 이와기치, 「진 장성 동쪽 끝 및 왕험성에 관한 논고」)」[88]

이나바 이와기치는『괄지지(括地志)』에서 왕험성의 위치를 '고구려 평양성'으로 비정한 것이 위만조선 왕험성의 위치를 고구려 평양성으로 인식하게 만드는 계기가 되었다고 보았다. 여기에서 미리 알아 두어야 할 것이 이나바 이와기치도 왕험성의 위치가 현재의 평양성이 아니라 요동이라고 비정할 생각은 전혀 없다는 점이다. 그럼 도대체 무슨 문제를 제기하는 것일까?

당나라 때 편찬된 역사지리서인『괄지지(括地志)』는 당 태종의 넷째 아들인 위왕(魏王) 이태(李泰: 620~653)가 편찬사업을 총괄했는데,[89] 서략(序略) 5권과 총 550권에 달하는 방대한 분량으로 후대 역사지리서 편찬에 큰 영향을 끼쳤다. 이『괄지지』에서 위만조선 왕험성을 고구려 평양성으로 비정했는데, 이나바 이와기치는『괄지지』 이래『통전(通典)』과『후한서』가 그대로 그 견해를 따르면서 '왕험성=현재의 평양성설'이 널리 퍼졌다는 것이다.『통전』은 당(唐)나라 두우(杜佑)가 당 덕종(德宗) 정원(貞元) 7년(801)에 편찬한 정서(政書)

---

88 稻葉岩吉,「秦長城東端及王險城考」,『사학잡지(史學雜誌)』第21篇 第2號, 1910, 42쪽.
89『舊唐書』,「經籍志 上」, '乙部史錄, 地理類'

인데[90] 위 구절은 186권 「변방(邊防) 2, 동이(東夷) 하(下), 고구려」에 나오는 구절의 일부를 이나바 이와기치 마음대로 인용한 것이다. 『통전』의 원문을 조금 더 인용해보자.

> "동진(東晋) 이후 그(고구려) 왕이 거주하는 곳은 평양성인데, 즉 한나라 낙랑군 왕험성이다. 모용황(慕容皝)이 와서 정벌하자 후에 국내성으로 옮겼다가 이 성으로 도읍을 옮겼는데, 또한 장안성이라고도 한다. 산을 따라서 굴곡졌는데 남쪽으로 패수가 있다. (『통전』, 「변방 2, 동이 하, 고구려」)" [91]

『통전』은 고구려 국왕이 평양성에 거주한 것은 동진(東晋) 이후라고 말하고 있다. 동진은 서기 317년 원제(元帝) 사마예(司馬睿)가 세웠다가 420년 공제(恭帝) 사마덕문(司馬德文) 때 멸망한 왕조이다. 따라서 『통전』에서 말하는 것은 서기 4세기 이후의 상황이다.

『통전』의 설명을 『삼국사기』와 비교해보자. 연(燕)나라 임금 모용황(慕容皝)과 격전을 치른 고구려 임금은 고국원왕(故國原王: 재위 331~371)이다. 고국원왕은 서북쪽으로는 연나라와 격전을 치르고 남쪽으로는 백제의 근초고왕과 격전을 치르다가 세상을 떠난 비운의 임금이다. 연나라 모용황은 고국원왕 재위 9년(339) 신성(新城)을 침략했다가 고구려와 강화를 맺고 돌아갔다. 『삼국사기』는 "고국원왕이 재위 12년(342) 봄 2월에 환도성을 수리하고 또 국내성을 쌓았다. 가을 8월에 환도성으로 옮아 거처했다"고 전해주고 있다. 모

---

90 『통전(通典)』은 200권에 달하는 일종의 정서(政書)로서 이후 송나라의 『통지(通志)』, 원나라의 『문헌통고(文獻通考)』 같은 저술들의 효시로 평가된다. 중국에는 『통전』을 필두로 청나라 때까지 이른바 십통(十通)이 편찬되었다.

91 "自東晋以後, 其王所居平壤城, 卽漢樂浪郡王險城.自爲慕容皝來伐, 後徙國內城, 移都此城.亦曰長安城, 隨山屈曲, 南臨浿水" (『通典』「변방(邊防) 2, 東夷 下, 高句麗)

용황은 그해 다시 고구려를 침략해서 고국원왕의 부친인 미천왕의 무덤을 파서 시신을 싣고 가고, 그 어머니는 인질로 잡아갔다. 그래서 고국원왕은 다시 도성을 옮겼는데, 『삼국사기』는, "(고국원왕)재위 13년(343) 가을 7월에 평양 동황성(東黃城)으로 옮아 거처했다. 성은 지금 서경(西京) 동쪽 목멱산 속에 있다" [92]라고 말하고 있다. 문제는 이때의 평양 동황성(平壤東黃城)을 장수왕이 재위 15년(427) 천도한 평양성과 동일한 곳으로 보는 것이다. 앞서 박지원이 평양이 여러 곳에 있었다고 말한 것처럼 평양은 여러 곳에 있었는데, 이를 장수왕이 천도한 평양으로 등치시켜 놓는 바람에 여러 혼란이 생기는 것이다. 『통전』은 평양성 남쪽에 패수가 있다고 쓰고 있는데, 박지원이 말했듯이 패수는 평양과 함께 시대와 사람에 따라서 여러 곳으로 비정되고 있다.

위만조선에 대해서 기록한 『사기(史記)』 「조선열전」에는 위만이 패수를 건너 왕험성에 도읍했다고 나오는데, 그 주석에 "신찬(臣瓚)은 '왕험성(王險城)은 낙랑군 패수 동쪽에 있다고 했다" [93]는 말이 나온다. 위만조선의 수도 왕험성은 패수라는 강의 동쪽에 있다는 것이다.

실증사학이라고 자부하던 이나바 이와기치는 여기에 위만이 패수를 건너 왕험성에 도읍했다는 부분에 주목했다. 이나바 이와기치는 패수를 대동강으로 비정했다. 그러니 대동강 북쪽에 있는 평양성은 왕험성이 될 수 없다고 보았다. 패수를 건넌 어느 곳에 왕험성이 있어야 한다고 생각한 것이다. 패수를 대동강으로 비정하고 보니 평양성이 대동강 북쪽에 있는 것이 문제가 되었다. 그래서 '왕험성=낙랑군 조선현'의 위치를 대동강을 건넌 자리에서 찾으려고 한 것이다.

---

92 "秋七月, 移居平壤東黃城. 城在今西京東木覓山中", 『三國史記』 「高句麗本紀」 故國原王 13년'

93 "滿亡命, 聚黨千餘人, 魋結蠻夷服而東走出塞, 渡浿水, 居秦故空地上下鄣, 稍役屬眞番,朝鮮蠻夷及故燕,齊亡命者王之, 都王險【集解】徐廣曰 「昌黎有險瀆縣也」【索隱】韋昭云 「古邑名」徐廣曰 「昌黎有險瀆縣」 應劭注 「地理志遼東險瀆縣, 朝鮮王舊都」 臣瓚云 「 王險 城在樂浪郡浿水之東」西)", (『史記』 「朝鮮列傳」)

그런데 이나바 이와기치는 위 기술 뒤에 『당서(唐書)』 「동이전」의 긴 구절을 인용했다. "그 임금은 평양성에 거주하는데, 역시 장안성이라고 이르며 한나라 때 낙랑군이다. 거리는 경사(京師: 서안)에서 5천리 밖에 있다. 산의 굴곡을 따라서 외성을 쌓았는데, 남쪽은 패수와 접해있다(其君居平壤城, 亦謂長安城, 漢樂浪郡也, 去京師五千里而贏, 隨山屈繚爲郛, 南涯浿水)"[94]라는 내용이다. 『당서』 「동이전」도 '평양성 남쪽과 패수가 접하고 있다'고 쓰고 있는 것이다. 이나바 이와기치는 "(『당서』도) 지금의 평양성이 곧 한나라 때의 낙랑군이라고 확언했다. 왕험성의 위치는 이렇게 오해되어왔다" [95]고 평안도 평양성이 왕험성이라는, 곧 낙랑군 조선현이라는 견해가 '오해'라고 주장했다. 도대체 그는 무슨 이야기를 하고 있는 것일까? 이나바 이와기치는 패수를 대동강으로 보고 그 북쪽에 왕험성이 있어서는 안 되기 때문에 『괄지지』의 기록들이 틀렸다고 본 것이다.

패수의 위치

이나바 이와기치의 설이 갖고 있는 가장 큰 문제는 패수를 대동강으로 고정시켜 놓고 나머지 하위 논리들을 전개한다는 점이다. 이나바 이와기치는 패수의 위치에 대해서 네 가지 설이 있다고 서술했다. 그는 "첫 번째는 『사기』의 패수는, 즉 압록강을 가리키는 것으로, 사마천의 차오(差謬)에 다름 아니라는 생각이다." [96]라고 서술했다. 사마천은 『사기』에서 패수를 압록강이라고 한 적이 없음에도 불구하고 이나바 이와기치는 자의적으로 그렇게 해석해놓고 패수를 압록강이라고 본 여러 견해들을 장황하게 비판했다. 그는 "세 번째 네 번째는, 요동(遼東) 개주(蓋州)의 니하(泥河)와 조선 평산(平山)의 저탄수(猪灘

---

94 이는 『신당서(新唐書)』 「고구려 열전」의 내용이다. 『구당서』는 이와 조금 다르다. 보통 『당서』라고 하면 『구당서』를 뜻한다.

95 稻葉岩吉, 「秦長城東端及王險城考」, 『사학잡지(史學雜誌)』第21篇 第2號, 42쪽.

96 稻葉岩吉, 「秦長城東端及王險城考」, 『사학잡지(史學雜誌)』第21篇 第2號, 44쪽.

水)에 패(浿)라는 이름이 있다는 설이 있지만 지금 수록하기에는 부족하다."라고 해서 패수가 요동에 있었다는 설과 황해도 평산에 있었다는 설에 대해서는 더 이상 언급하지 않겠다는 말로 부인했다. 패수는 대동강이라는 것이다. 박지원이, "평양을 한 곳에 고정시켜 놓고 패수 위치가 앞으로 나가고 뒤로 물러나는 것이 그때그때의 사정에 따르는 까닭이다."라고 비판한 것처럼 패수를 대동강으로 비정해 놓고 나머지 논리를 펼치는 것이다. 이나바 이와기치는 이렇게 주장했다.

> "두 번째는 지금의 대동강은 패수(浿水)라는 것으로서 『한서(漢書)』「지리지(漢志)」에 이르러 바로잡았다.(이나바 이와기치, 「진 장성 동쪽 끝 및 왕험성에 관한 논고」)[97]

이나바 이와기치는 『한서』「지리지」가 "패수는 대동강이다"라고 쓰고 있는 것처럼 묘사했다. 그럼 『한서』「지리지」가 "패수는 대동강이다"라고 쓰고 있는지 확인해보자. 『한서』「지리지」 낙랑군 조에 패수현(浿水縣)이 있다. 『한서』「지리지」의 원문은 이렇게 되어 있다.

---

97 稻葉岩吉, 「秦長城東端及王險城考」, 『사학잡지(史學雜誌)』第21篇 第2號, 45쪽. 이나바는 『한서』「지리지」에 의해 패수(浿水)를 대동강으로 바로 잡았다고 했지만 『한서』「지리지」 '낙랑군' 패수현(浿水縣)에 대한 설명에서 "강이 서쪽 증지에 이르러 바다로 들어간다. 왕망은 낙선정이라고 불렀다(水西至增地入海, 莽曰樂鮮亭)"라고 말했을 뿐이다. 班《志》, 浿水出遼東塞外, 西南至樂浪縣西入海(사기 정의, 자치통감 권21) 이것이 어떻게 패수가 대동강이라고 단정 짓는 근거가 되는 지 알 수 없다. 식민사학자들은 근거가 없을수록 단정 지어 말하는 공통 특징을 갖고 있다. 『한서』「지리지」 '요동군' 험독현(險瀆縣)의 주석에서 '응소(應劭)'가, '조선왕 위만의 도읍이다. 물이 험한 데 의지했으므로 험독이라고 불렀다(應劭曰, 「朝鮮王滿都也, 依水險, 故曰險瀆)'라는 말이 나오고, 신찬(臣瓚)이 '왕험성은 낙랑군의 패수 동쪽에 있다, 이로부터 험독이라고 했다(臣瓚曰, 「王險城在樂浪郡浿水之東, 此自是險瀆也」)'는 말과 안사고(顔師古)가 '신찬의 설이 옳다(師古曰, 「瓚說是也」)'라는 말이 있을 뿐이다. 험독현이 요동군에 속해 있었다는 사실 자체가 한반도와는 상관이 없다는 뜻이라는 점은 의도적으로 외면한 것이다.

"강(패수)이 서쪽 증지(增地)에 이르러 바다로 들어간다. 왕망은
낙선정(樂鮮亭)이라고 불렀다"[98]

대동강의 대(大)자도, 동(同)자도 없다. 이 구절을 가지고 이나바 이와기
치는 『한서』 「지리지」가 '패수는 대동강이다'라고 말한 것처럼 호도했다. 『한서』
「지리지」에는 패수가 대동강이란 말이 없다. 『한서』 「지리지」에는 대동강은커
녕 한반도에 대한 기술 자체가 없다.

『한서』 「지리지」 '요동군(遼東郡)'조를 보자. 요동군은 낙랑군처럼 역시 "유
주에 속해있다[屬幽州]"는 군이니 낙랑군과 가깝다는 사실을 알 수 있다. 요
동군은 18개의 속현을 갖고 있는데, 그중에 험독(險瀆)현이 있다. 이 험독현에
대한 『한서』 「지리지」의 주석에 낙랑군 조선현의 위치를 짐작할 수 있는 내용
이 나온다. 요동군 험독현의 주석을 보자.

"요동군 험독현; 응소(應劭)가, '조선왕 위만의 도읍이다. 물이 험
한 데 의지했으므로 험독(險瀆)이라고 불렀다'고 했다. 신찬(臣瓚)
은 '왕험성(王險城)은 낙랑군 패수 동쪽에 있다, 이로부터 험독이
라고 했다'고 했다. 안사고(顔師古)는 '신찬의 설이 옳다'고 했다.(『한
서』 「지리지」 요동군 험독현)"[99]

윗 글은 요동군 험독현이 위만조선의 도읍이라고 말하고 있다. 위만조선
도읍지라는 왕험성에 세운 험독현은 한나라 때 요동군에 속해 있었다. 여기
에서 '기자조선=위만조선=낙랑군=평양'이라는 기존 등식이 『한서』 「지리지」에

---

98 "水西至增地入海, 莽曰樂鮮亭"(『漢書』 「地理志」 樂浪郡)
99 "遼東郡, 險瀆縣: 應劭曰, '朝鮮王滿都也, 依水險, 故曰險瀆,' 臣瓚曰, '王險城在樂浪郡浿水之東, 此自是險
瀆也,' 師古曰, '瓚說是也'(『漢書』 「地理志」 遼東郡 險瀆縣 주석)

의해서 무너진다는 사실을 알 수 있다. 앞서 인용한 것처럼 『한서』「지리지」는 '낙랑군' 조선현(朝鮮縣)조에 대해서, "응소는 '무왕이 기자를 조선에 봉했다'고 말했다"[100]고 설명하고 있다.

『한서』「지리지」는 기자조선 도읍 자리에 세운 것은 '낙랑군 조선현'이고, 위만조선 도읍 자리에 세운 것은 '요동군 험독현'이라고 달리 말하고 있다. 소속 군(郡) 자체가 다르다. 이 문제는 뒤에 자세히 서술할 것이므로 여기에서는 '기자조선=위만조선=낙랑군=평양'이라는 등식은 『한서』「지리지」의 역사 지식과는 맞지 않다는 정도만 언급하겠다.

그러나 위만조선의 도읍 자리에 세운 험독현이 요동군에 속해 있다는 사실만으로도 위만 조선의 도읍지 왕험성은 한반도 서북부에 있을 수 없다는 사실은 명백하다. 요동군은 압록강을 넘을 수 없기 때문이다.

왕험성의 위치에 대해서 신찬은 '낙랑군 패수의 동쪽에 있다'고 말했는데, 이 설에 대해서 신찬(臣瓚)[101]과 안사고(顔師古)[102]라는 두 주석자는 모두 맞다고 인정했다. 유송(劉宋: 420~470)이라고도 불리는 남북조시대의 남조 송(宋)나라의 신찬과 당나라의 안사고는 모두 왕험성이 요동에 있었고, 낙랑군 패수의 동쪽에 있었다고 인정했다는 뜻이다. 낙랑군에 있는 패수의 동쪽에 왕험

---

100 "朝鮮, 〔應劭曰:「武王封箕子於朝鮮」〕(『漢書』「地理志」樂浪郡 朝鮮縣)

101 신찬(臣瓚)은 서진(西晉:265~316) 사람인데, 『한서집해음의(漢書集解音義)』 24권을 편찬한 『한서』 주석가이다. 그러나 유송(劉宋), 즉 남조의 송(宋:420~479)나라 때 『사기집해(史記集解)』를 서술한 배인(裴駰)은 『사기집해 서(史記集解序)』에서 "신찬은 그 씨성을 알 수 없다(臣瓚者, 莫知氏姓)"라고 말했을 정도로 유송 때 이미 그 이름이 산실되었다. 당 현종 때 『사기색은(史記索隱)』을 저술한 사마정(司馬貞)은 "유효표가 우찬(于瓚)이라고 본 것은 틀렸다면서 신찬은 부찬(傅瓚)이다(案,即傳瓚, 而劉孝標以爲于瓚, 非也)"라고 말했다. 요찰(姚察)도 『한서훈찬(漢書訓纂)』에서 신찬을 부찬(傅瓚)이라고 했고, 역도원(酈道元)은 『수경주(水經注)』에서 설찬(薛瓚)이라고 했고, 주회조(朱希祖)는 배찬(裵瓚)이라고 했다. 孟森의 「신찬고(臣瓚考)」, 齊魯大學國硏究所, 『責善半月刊』, 1卷21期, 1941年1月 참조.

102 안사고(顔師古: 581~645)는 경조(京兆) 만년현(萬年縣:현 서안) 출신의 당나라 때 역사학자이자 경학가이다. 당 태종에게 비서성(秘書省)에 발탁되어 각종 경전과 『한서(漢書)』 등의 역사서에 주석을 달았는데, 그의 숙부 안유진(顔游秦)도 『한서결의(漢書抉疑)』를 주석했기에 숙부와 비교해서 소안(少顔)이라고도 불린다. 당 태종 정관(貞觀) 19년(645) 고구려 정벌에 따라 나섰다가 병사했다.

성이 있고, 왕험성 자리에 세운 험독현이 요동군에 속해 있다는 사실은 무엇을 뜻할까? 낙랑군은 요동군보다 서쪽에 있었다는 뜻이다. 『한서』 「지리지」에서 말하는 요동군 험독현의 서쪽에 패수가 있고 낙랑군이 있었다는 뜻이다. 즉, 낙랑군은 한나라 때 요동군보다 더 서쪽에 있었다는 뜻이다.

이나바 이와기치는 『한서』 「지리지」가 패수를 대동강이라고 말한 것처럼 호도했지만 정작 『한서』 「지리지」는 패수가 요동보다 서쪽에 있다고 말하고 있다. 이나바 이와기치가 패수를 대동강이라고 주장하고 있는 근거를 조금 더 살펴보자.

> "반고(班固)는 『한서』 「조선전(朝鮮傳)」을 편찬했을 때 순전히 『사기』의 문장에 의거했지만 「지리지」를 찬할 때는 『사기』의 오류를 바로잡았으니 정약용의 설(說) 또한 궁색(窮)하다고 이를 만하다. 반고가 태사공(사마천)의 오류를 알았다면 어찌 유독 지리지를 찬함에 그치고, 「조선전(朝鮮傳)」에 미치지 않았을 이치가 있겠는가(이나바 이와기치, 「진 장성 동쪽 끝 및 왕험성에 관한 논고」)"[103]

반고(班固: 서기 32~92년)는 『한서(漢書)』의 편찬자이다. 반고(班固)가 『한서』 「조선열전」을 쓸 때는 『사기』 「조선열전」을 거의 그대로 따랐지만 『한서』 「지리지」를 편찬할 때는 『사기』의 오류를 바로 잡았다는 것이다. "정약용의 설(說) 또한 궁색(窮)하다"는 말은 정약용이 패수를 압록강으로 비정한 것을 비판하는 것이다.

그러나 『한서』 「지리지」가 『사기』 「조선열전」의 오류를 바로잡았다는 이나바 이와기치의 주장은 사실과 전혀 다른 내용이다. 『한서』 「지리지」는 기자조선의 도읍지에 세운 것은 '낙랑군 조선현'이고, 위만조선의 도읍지에 세운 것

---

103 稻葉岩吉, 「秦長城東端及王險城考」, 『사학잡지(史學雜誌)』第21篇 第2號, 45쪽.

은 '요동군 험독현'이라는 것이다. 그런데 이나바 이와기치는 위만조선의 도읍지에 세운 것이 '낙랑군 조선현'이라는 전제를 갖고 위치비정을 시도하는 것이다. 전제부터 잘못된 것이다.

이나바 이와기치는 왕험성이 대동강 남쪽에 있어야 한다고 단정했다. 이나바 이와기치는 고조선과 한의 국경 역할을 한 패수를 대동강으로 비정했다. 그래서 왕험성이 대동강 북쪽에 있는 옛 평양성 자리여서는 안 된다는 결론에 도달했다. '왕험성=낙랑군 조선현'은 패수를 건넌 남쪽에 있어야 한다고 생각했던 것이다. 『사기』 및 『한서』의 「조선열전」에 한나라 사신 섭하가 전송 나온 고조선의 비왕 장을 찔러 죽이고 도주한 강이 패수인데, 패수가 대동강이라면 왕험성은 대동강을 건넌 곳에 있어야 한다고 생각했던 것이다. 즉 패수는 왕험성보다 북쪽에 있어야 했다. 그래서 이나바 이와기치는 패수가 대동강이라는 전제 아래 대동강 북쪽에 있는 평양성은 왕험성일 수 없으며 대동강 남쪽에 있어야 한다고 생각한 것이다. 이나바 이와기치의 논리를 보자.

"'한(漢)과 조선'은 『위략(魏略)』의 설과 마찬가지로, 패수(浿水)를 경계로 여기고, 원봉(元封) 2년(서기전 109), 한나라 사신 섭하(涉何)가 조선을 떠날 때, 전송해서 경계상(境界上)의 패수에 임(臨)했다고 되어 있다. 섭하가 이미 조선의 비왕(裨王)을 찔러 죽였다. 즉 '도(渡:건너다)했다'고 되어 있는 것은 패수를 가리킨다. 도(渡)한 뒤에 요새(塞)에 들어갔다. 그렇다면 한(漢)의 요새(鄣塞)는, 지금의 대동강의 북안(北岸), 평양 방면에 좇아서(沿) 축조되기 시작(起築)했다는 것으로서, '왕험 즉 평양성'이라는 이치의 근거(理據)는 하나도 발견할 수 없을 것이다(이나바 이와기치, 「진 장성 동쪽 끝 및 왕험성에 관한 논고」)" [104]

---

104 稲葉岩吉, 「秦長城東端及王險城考」, 『사학잡지(史學雜誌)』 第21篇 第2號, 43쪽.

『한서』「조선열전」에는 조선의 비왕 장 살해 사건을 한나라에서 사신 섭하를 위만조선의 우거왕에게 보내 타일렀으나 말을 듣지 않자 벌어진 사건으로 묘사하고 있다.

> "한나라에서 사신 섭하를 보내서 우거를 꾸짖고 타일렀으나 끝내 조서를 즐거이 받아들이지 않았다. 섭하가 돌아가면서 국경인 패수에 이르러 마부를 시켜 전송 나온 조선의 비왕 장을 찔러 죽이고 패수를 건너 요새로 달려 들어갔다. (『한서』「조선열전」)" [105]

이 기사처럼 고조선과 한나라는 패수를 경계로 삼고 있었는데, 한나라 사신 섭하가 배웅 나온 고조선의 비왕 장을 찔러 죽이고 패수를 건너서 한나라 요새로 들어갔으니 왕험성은 패수를 건넌 쪽에 있어야 한다고 생각한 것이다. 『사기』·『한서』 등은 모두 왕험성이 패수의 동쪽에 있다고 했지 남쪽에 있다고 하지 않았다. 이나바 이와기치는 동쪽과 남쪽의 차이는 무시한 채 패수를 건너서 왕험성이 있다는 대목에만 주목해서 대동강 남쪽에서 왕험성의 위치를 찾은 것이다. 그래서 패수가 대동강이라는 전제 아래 섭하가 왕험성을 떠나 고조선의 비왕을 찔러 죽이고 패수를 건너 한나라 요새로 들어갔다면 한나라 요새는 지금의 대동강 북안을 따라서 축조되었다고 본 것이다. 즉 대동강 북쪽은 한나라의 영토이고 대동강 남쪽을 고조선의 강역이라고 본 것이다. 한나라는 그 광대한 만주벌판을 지나서 압록강을 건너서 대동강 북안에 요새를 쌓고 위만조선과 맞서고 있다는 것이다. 북경에서 만주 벌판을 거쳐

---

105 "漢使涉何譙諭右渠, 終不肯奉詔.何去至界, 臨浿水, 使馭刺殺送何者, 朝鮮裨王長, 卽渡水, 馳入塞(『漢書』「朝鮮列傳」),

대동강 북안까지 요새를 쌓고 지키려면 몇 명의 군사가 필요할까? 한나라 모든 군사가 투입되어도 부족할 것이다.

이나바 이와기치는 "한(漢)은 진(秦)나라 변경 요새(秦塞)가 멀어서 지키기 어렵기 때문에, 또한 물러나 대동강 북안(北岸)에 이르렀다."[106]라고 말했다. 진나라 변경 요새가 멀어서 지키기 어려워서 물러났으면 만주 서쪽이 되어야지 대동강이 될 리가 있겠는가? 대동강이 되었으면 물러난 것이 아니라 앞으로 진출한 것이 되어야 하지 않겠는가? 이나바 이와기치의 주장을 계속 보자.

> 「진(秦)나라의 옛 빈 땅인 상하장(上下鄣)은 그래서 일단 조선이
> 회복하게 되었지만 위만(衛滿)이 망명했을 때 조선은 다시 이것
> 을 공탈(攻奪)당했다. 『사기』 「조선열전」에 이르기를, "위만이 망명
> 할 때 그 무리 1천여 명을 모아서 북상투를 틀고 만이(蠻夷) 복장
> 을 입고, 동쪽으로 달아나서 요새를 나와서 패수를 건너 진나라
> 의 옛 빈 땅인 상하장에 살았다. 점차 진번, 조선의 만이(蠻夷) 및
> 옛 연(燕)·제(齊)나라의 망명자들을 복속시켜 왕이 되었는데, 왕
> 험에 도읍했다(滿亡命聚黨千餘人, 魋結蠻夷服, 而東走出塞, 渡浿
> 水居秦故空地上下鄣, 稍役屬眞番朝鮮蠻夷, 及故燕齊亡命者, 王
> 之, 都王險)"고 했으니, 왕험성이 대동강 남쪽 지역에 있었다는 사
> 실은 조금도 착오(差謬)가 없다」 (이나바 이와기치, 「진 장성 동쪽
> 끝 및 왕험성에 관한 논고」)[107]

---

106 稻葉岩吉, 「秦長城東端及王險城考」, 『사학잡지(史學雜誌)』第21篇 第2號, 43쪽.

107 稻葉岩吉, 「秦長城東端及王險城考」, 『사학잡지(史學雜誌)』第21篇 第2號, 43쪽.

이나바 이와기치의 논리는 이런 것이다. 위만이 패수(대동강)를 건너서 '진나라의 옛 빈 땅인 상하장'에 살았다는 것이다. 진나라의 빈 땅인 상하장은 패수 남쪽에 있었다. 대동강 남쪽까지 시황(始皇)의 진나라가 차지했다는 희한한 주장이다. 그후 이곳을 위만이 차지하고는 도읍으로 삼았는데, 이곳이 왕험성이라는 것이다. 패수를 건넌 곳에 왕험성이 있었으니 '왕험성이 대동강 남쪽 지역에 있었다는 사실은 조금도 착오(差謬)가 없다'고 이나바 이와기치는 단정 지었다.

이나바 이와기치의 왕험성 위치 비정은 모두 패수가 대동강이란 전제로 수립된 것이다. 다시 말해서 패수가 대동강이 아니라면 이나바 이와기치의 모든 논리는 무너진다. 그러나 이제 패수를 대동강이라고 보는 학자는 거의 없다. 앞서 동북아역사재단의 홈페이지도 패수는 압록강, 열수는 대동강이라고 말했다. 그러면 패수가 대동강이란 전제 아래 '왕험성=낙랑군 조선현'을 대동강 남쪽의 대동면 토성리라고 비정한 이나바 이와기치의 논리는 무너져야 한다. 그러나 패수는 압록강이라면서도 왕험성은 여전히 대동강 남쪽으로 비정하고 있다. 신찬은 왕험성이 '패수의 동쪽'에 있다고 했지 남쪽이라고 하지 않았다. 그런데도 패수를 압록강, 청천강, 대동강이라고 달리 비정하면서도 낙랑군 조선현은 대동강 남쪽의 대동면 토성리라고 주장하는 것이다.

'패수=대동강설', 또는 '패수=청천강설'을 주창하는 한일 학자들이 공통적으로 높이는 인물이 청말 민국 초기 인물인 성오(惺吾) 양수경(楊守敬: 1839~1915)[108]이다. 양수경은 1880년부터 5년 동안 일본에 거주했는데 일제 식민사학의 정립에 일정한 역할을 한 친일학자이다. 쓰다 소키치는 진번군을

---

108 양수경(楊守敬:1839~1915). 자 성오(惺吾), 호 인소노인(隣蘇老人)으로 호북성(湖北省) 이두현(宜都縣) 출생이다. 상인(商人) 집안에서 태어나 관직진출에 실패한 후 제자와 함께『역대지리지도(歷代地理地圖)』,『수경주소(水經注疏)』,『수경주도(水經注圖)』등 역사지리관계 서적을 편찬했다. 1880년 주일 청나라 공사 하여장(何如璋)의 초청으로 일본에 가서 여서창(黎庶昌) 공사 때까지 약 5년간 체재하면서 일본 학자들과 교류했다.

낙랑군 북쪽에 있다고 주장했지만 양수경은 진번군이 낙랑군 남쪽에 있다고 달리 비정했다. 이병도는 "양씨(楊氏: 양수경)가 진번의 소재를 조선 남쪽에서 구하고 또 그곳이 삼한(三韓)과 상접(相接)하였다고 보는 논법(論法)은 탁견으로서 나의 견해와도 거의 일치하고 있다" [109]고 극찬했다.

이나바 이와기치는 양수경이 『수경주소요산(水經注疏要刪)』에서 "내(양수경)가 『한서』 「조선전」을 읽어보니, 왕험성은 패수의 남쪽에 있었음을 알 수 있었으니, 평양성은 왕험성이 아닌 것이다." [110]라고 말했다고 인용했다. 이나바 이와기치는 양수경이 이렇게 말했다고 쓰고 있다.

"그 증거는 넷이 있다. 패수는 지금의 대동강으로서 평양성은 대
동강의 북쪽에 있다. 그런데 『사기』·『한서』는 위만이 패수를 건너
서 왕험성을 도읍으로 삼았다고 했으니 그 증거가 하나이다." [111]

이나바 이와기치와 논법이 똑같다. 패수를 대동강으로 고정시켜 놓고 하위논리를 전개하는 것이다. 패수가 대동강이 아니라면 양수경의 논리도 이나바 이와기치처럼 모두 무너진다(나머지 논리들은 부록의 해역〔解譯〕을 참조하기 바란다). 이나바 이와기치는 패수를 대동강으로 고정시켜 놓고 나머지 논리를 전개한 양수경의 주장에 대해, "양성오(楊星吾: 양수경)의 해석은 『괄지지(括地志)』 이래 천여 년에 이르는 차오(差謬)를 바로잡아 왕험성이 평양성이 아

109 李丙燾, 『新脩 韓國史大觀』, 普文閣, 1973, 113쪽
110 稻葉岩吉, 「秦長城東端及王險城考」, 『사학잡지(史學雜誌)』第21篇 第2號, 46쪽. 이나바 이와기치가 인용한 원문은 "余讀史漢朝鮮傳, 而知王險在浿水之南, 平壤城非王險城也"이다.
111 稻葉岩吉, 「秦長城東端及王險城考」, 『사학잡지(史學雜誌)』第21篇 第2號, 46쪽. 이나바 이와기치가 인용한 원문은 "其證有四, 浿水今大同江也, 平壤城在大同江之北, 而史漢並言滿渡浿水都王險, 證一也"이다.

님을 깨뜨려 말한(道破) 것, 그 공은 탁월하고 위대(卓偉)하다 할 만하다. 패수(浿水)는 그래서 지금의 대동강"[112]이라고 극찬했다.

그러나 이나바 이와기치도 이것이 일정 정도는 억지라는 사실을 알고 있었을 것이다. 대동강 남쪽이 왕험성이라는 일체의 사료가 없기 때문이다. 이럴 경우 이들이 끌어들이는 것은 말없는 고고학이다. 지금은 상황이 많이 달라졌지만 고고학은 원래 제국주의의 학문이다. 제국주의 고고학자들은 다윈의 진화론에 근거해서 제국주의 유럽인들과 식민지 원주민들 사이에 생물적 차이가 존재한다고까지 가정했다. 진화론을 신봉했던 고고학자 존 러복(John Lubbock: 1834~1913)이 그런 인물이었다. 그래서 캐나다의 고고학자 브루스 트리거(Bruce G. Trigger)는 『고고학사-사상과 이론』에서 "원주민에 대한 러복의 관점은 인류의 전체적인 진보를 불러온다는 근거에서 영국의 식민지화와 외국에 대한 정치적이고 경제적인 통제의 수립을 정당화시켰다"[113]라고 비판했다. 트리거의 이런 비판은 일본 제국주의 고고학에서 그 전형을 찾을 수 있다. 이나바 이와기치는 패수를 대동강으로 단정 짓고 고조선 왕험성을 대동강 남쪽이라고 주장했으나 1차 사료적 근거가 미약했다. 그래서 이나바 이와기치는 조선총독부 산하의 고고학자들을 끌어들였다. 이나바 이와기치는 "왕험(王險)은 이미 평양이 아니다. 그것을 대동강 남쪽에서 구하려 하는 것이야말로 지당(至當)"하다면서도 "조선현 즉 낙랑군의 치성(治城: 다스리는 성) 왕험(王險)은 명백히 그것이라 비정하기 어렵다."[114]라고 한 발 물러섰다. 낙랑군 조선현 자리가 어디인지 특정하기는 어렵다는 뜻이다. 그러나 이나바 이와기치같은 식민사학자가 한 발 뺄 때는 다 계산이 있는 것이다. 바로 고고학을 끌어들여 자신의 전제를 합리화하려는 것이다.

---

112 稻葉岩吉, 「秦長城東端及王險城考」, 『사학잡지(史學雜誌)』第21篇 第2號, 47쪽.

113 브루스 트리거 지음, 성춘택 옮김, 『고고학사-사상과 이론』, 학연문화사, 1997년, 159쪽.

114 稻葉岩吉, 「秦長城東端及王險城考」, 『사학잡지(史學雜誌)』第21篇 第2號, 47쪽.

낙랑군 조선현을 대동강 남안으로 비정하다

이나바 이와기치가 한 발 뺀 이유는 세키노 타다시(關野貞)의 발굴 결과로 자신의 견해를 뒷받침할 수 있다고 믿었기 때문이다.

> "다만 지난 섣달(昨臘) 중 세키노 공학박사 등이 발견한 대동강면(大同江面:대동강 남쪽[大同江南])의 유분(遺墳)에서는 수개(數個)의 한나라 거울(漢鏡), 칼(刀), 창(矛), 한나라 동전(漢錢) 등이 출토되었는데, 유분(遺墳)의 고전(古磚:옛 벽돌)의 문양 등이 전혀 한나라와 위나라 사이[漢魏之際]를 벗어나지 않는다면 어쩐지 오인(吾人)으로 하여금 낙랑 치소(治所)의 유허(遺墟)에 닿을 때가 멀지 않았다고 생각하게 하는 것이 없지 않다(이나바 이와기치, 「진장성 동쪽 끝 및 왕험성에 관한 논고」)" [115]

도쿄대 건축학과 출신의 세키노 타다시(關野貞: 1868~1935)는 좋게 말하면 건축사가(建築史家)이고, 실제로 말하면 고고학을 빙자해 한사군의 위치를 한반도 북부로 끌어들인 제국주의 학자인데, 1910년 조선총독부의 위촉으로 한반도 내의 유적 유물들을 조사한 장본인이다. 그는 대동강 남안 대동면 일대의 구릉지에 다수의 중국계 유물들을 발견했다면서 이것을 한사군 유물이라고 주장했다. 이를 토대로 조선총독부는 1915년 『조선고적도보(朝鮮古蹟圖譜)』를 발간했다. 『조선고적도보』는 사진과 해설까지 붙어 있는, 당시로서는 초호화판 도보인데, 여기에서 주장한 내용들이 일제강점기는 물론 해방 후에도 한국사의 정설로 굳어지게 된다. 제1책이 『낙랑·대방군과 고구려』인데, '낙랑군 및 대방군 시대'에 대해 이렇게 설명하고 있다.

---

115 稻葉岩吉, 「秦長城東端及王險城考」, 『사학잡지(史學雜誌)』第21篇 第2號, 47~48쪽.

"한 무제 원봉(元封) 2년(개화 49년, 예수 기원 109) 조선을 격퇴하
고 이듬해인 원봉 3년에 낙랑·임둔·현도·진번의 사군을 설치했
는데, 동진(東晉) 초기(인덕조(仁德朝)) 대방군이 백제 및 고구려
에 의해 그 영토를 모두 탈취당하기까지 약 450년간의 시대를 뜻
한다. (조선총독부, 『조선고적도보』)" [116]

낙랑군과 대방군이 서기전 108년(원봉 3년)부터 약 450년간 존속했다는
것이다. 인덕조(仁德朝)란 중국의 동진(東晉: 317~420) 때가 일왕 인덕(仁德) 때
에 해당된다는 것인데, 『일본서기』는 인덕의 재위연대를 서기 313년~399년으
로 기록하고 있다. 무려 87년간 재위에 있었다는 것인데 물론 실제 연대는 아
니다. 인덕조도 보통 2주갑 120년을 끌어올려 433년~514년으로 보고 있는데,
이 또한 정확한 것은 아니다.

『조선고적도보』는 「낙랑군」에 대해서는 이렇게 설명하고 있다.

"원봉(元封) 3년 한 무제가 설치한 낙랑군은 대략 지금의 평안남
북도, 황해도 및 경기도에 걸친 지역에 있었다가 그 후 다소의 소
장(消長)이 있었고, 위(魏)나라를 지나서 서진(西晉) 말기 민제(愍
帝) 건흥(建興) 원년(인덕원년(仁德元年], 예수 기원 313년)에 고구
려에 의해 병합되어서 종료되었다. 낙랑군을 설치해서 여기에 이
르기까지 단속(斷續: 끊어졌다 이어졌다 함)해서 약 420년간 장장
한(漢)의 세력 범위에 속해 있는 지역이었다(조선총독부, 『조선고
적도보』)" [117]

---

116 朝鮮總督府, 『朝鮮古蹟圖譜解說第1冊』, 1915, 1쪽.
117 朝鮮總督府, 『朝鮮古蹟圖譜解說第1冊』, 1915, 1쪽.

원봉 3년, 즉 서기전 108년에 한나라는 평안남북도, 황해도, 경기도 지역에 낙랑군을 설치했는데 서기 313년 고구려에 의해 병합되기까지 420년을 유지했다는 것이다. 조선총독부에서 1915년에 낙랑군이 서기전 108년에서 서기 313년까지 존속했다고 단정 지은 것이 현재까지도 통용되고 있다. 이병도는 『신수 국사대관』(1953년)에서 고구려가 낙랑군 지역을 공격한 것에 대해서 이렇게 썼다.

> "제13대 서천왕 때에는 동으로 숙신(肅愼)의 일부를 쳐 복속시키고 제15대 미천왕 14년(서기 313)경에는 서(西)으로 현도와 요동의 서안평을 공략하고 남으로 역사가 깊은 낙랑을 쳐 빼앗았다(이병도, 『신수 국사대관』, 70쪽)"

이병도는 1972년의 『신수 한국사대관(新修韓國史大觀)』에서도, "그리하여 제13대 서천왕 때에는 동으로 숙신의 일부를 쳐 복속시키고 제15대 미천왕 14년(서기 313)경에는 서으로 현도와 요동의 서안평을 공략하고 남으로 역사가 깊은 낙랑을 쳐 빼앗았다"[118]라고 그대로 서술했다. 조선총독부에서 창안한 서기 313년의 낙랑군 및 한사군 멸망설은 한국사의 통설을 정리한 이기백이 『한국사신론』에서 "A.D. 313년에 고구려에 의하여 낙랑군이, 백제에 의하여 대방군이 소멸되고 말았다"고 썼다.

문제는 313년 이후에도 중국 사료에는 낙랑과 대방이 계속 존재하는 것으로 나온다는 점이다. 『진서(晉書)』는 317년부터 420년에 걸친 동진의 역사서인데, 『진서』「지리지」'평주(平州)'조에는 평주 소속의 5개 군이 나오는데, 창려군(昌黎郡), 요동국(遼東國), 낙랑군(樂浪郡), 현도군(玄菟郡), 대방군(帶方郡)

---

118 李丙燾, 『新修韓國史大觀』, 普文閣, 1972. 66쪽.

이 그것이다. 뿐만 아니라 북위(北魏: 386~534)의 역사를 기록한『위서(魏書)』에는 영주(營州) 산하의 여섯 군이 나오는데, 이중에 낙랑군이 있고, 그 산하에 대방현이 있는 것으로 나온다. 313년에 고구려와 백제에 멸망해서 사라지는 것이 아니라 6세기 중반까지도 존속하는 것으로 나온다. 그래서 이제는 낙랑군이 평양에 있다가 요동으로 이사했다는 이른바 교치설(僑置說), 또는 교군설(僑郡說)이 등장했다. 뒤에 자세히 서술하겠지만 낙랑군이 이사했다는 교치론의 진원지도 조선반도사편찬위원회의『조선반도사』에 있다.『조선반도사』에서 요동의 장통(張統)이란 자가 313년 낙랑 땅을 버리고 그 백성 천여 가(家)를 이끌고 모용씨에게 귀속해서 요동으로 이주했는데, 이를 교치(僑置)라고 부른 것[119]이 지금 다시 살아난 것이다.

중국의 역사상황을 조금이라도 인지한다면 서기 전 108년부터 313년까지 한반도 북부를 중국이 계속 차지하고 있었다는 발상은 하기 힘들다. 그간 중국 왕조는 '전한→신(新)→후한→위(魏)→진(晉)'으로 계속 교체되었고, 특히 후한 말에 천하 대란이 발생해 위·촉·오의 삼국으로 분열되었는데, 한반도 북부의 군들만은 계속 식민지로 유지하고 있었다는 것은 역사학의 상식에 크게 배치된다. 중국이 극심한 분열상태에 빠져서 왕조의 유지 자체가 어렵게 되었는데도 만주 지역을 지나 한반도 서북부에 낙랑군과 대방군이란 식민통치기관을 계속 유지하는 것이 가능하다고 생각할 수 있겠는가?

한나라는 서기 8년 왕망(王莽)이 신(新)나라를 건국하면서 무너지는데 이를 전한(前漢), 또는 서한(西漢)이라고 한다. 왕망은 급진개혁을 추진하다가 이에 대한 반발로 15년만인 서기 23년에 멸망하고, 회양왕(淮陽王) 유현(劉玄)이 2년간 집권하는 현한(玄漢)이 들어섰다가 서기 25년 광무제(光武帝) 유수(劉秀)가 후한(後漢)을 건국했다. 후한은 도읍을 장안에서 동쪽 낙양으로 옮겼다

---

119 『조선반도사』제2기 「한(漢) 영토시대」, 연도미상, 미국 하와이대학 해밀튼도서관 소장, 여기서는 『친일반민족행위관계사료집 Ⅴ-일제의 조선사 편찬사업』, 152~153쪽에서 재인용.

고 해서 동한(東漢)이라고도 불린다. 후한 때는 명제(明帝)와 장제(章帝)가 중흥에 나서는 명장지치(明章之治: 서기 58~88)의 시기도 있었지만 외척정치시대(88~159)라고도 불리는 내부 혼돈 상태에 빠졌다가 끝내 회복하지 못하고 서기 220년 멸망하고 말았다. 그냥 망한 것이 아니라 후한 말기 전국적 혼란이 이어지면서 중앙 통치권을 상실한다. 그래서 각지에서 군웅(群雄)들이 일어서는데, 위·촉·오(魏蜀吳) 세 나라로 정립되는 삼국시대(220~280)로 접어든다.

위·촉·오는 중원을 통일하기 위해 치열하게 싸웠지만 그 누구도 최후의 승자가 되지 못했다. 위나라는 오와 촉에 맞서 나라를 유지하고 통일시키는 것이 숙원사업이었다. 만약 위나라가 한반도 북부의 낙랑·대방을 가지고 고구려와 싸울 병력이 있었다면 한반도 북부를 포기하고 중원 통일전쟁에 배치했을 것이다. 치열한 전쟁 끝에 위나라가 263년(고구려 중천왕 16년) 촉(蜀)나라를 멸망시키는데 성공했지만 2년 후 사마염(司馬炎)에게 선양(禪讓)의 형식으로 나라를 빼앗기고 말았다. 이것이 바로 진(晉)나라이고, 사마염은 진나라 개국시조 무제(武帝: 재위 265~290)가 되지만 그리 오래 가지 못하고 316년 멸망하고 말았다. 북방에 여러 이민족들이 흥기했기 때문이다. 그래서 사마씨는 북방을 빼앗기고 남쪽으로 쫓겨 내려가 동진(東晉: 317~420)을 재건한다. 건국하자마자 남쪽으로 쫓겨 내려가는 서진이 멸망 직전까지 한반도 서북부에 낙랑·대방군을 그대로 유지했다는 주장은 이 당시 정치 상황을 조금만 인지해도 할 수 없는 내용이다.

특히 서진의 팔왕의 난〔八王之亂: 291~306〕 때도 서진이 한반도 북부에 낙랑·대방군이란 식민지를 유지했다는 주장은 희극에 가깝다. 서진은 290년 무제가 병사한 후 태자였던 사마충(司馬衷)이 즉위해 혜제(惠帝: 재위 290~307)가 되는데, 그가 병약해서 통제력을 잃자 왕실 내부에 극심한 분쟁이 발생한다. 사마씨와 외척들 사이에서 죽고 죽이는 무한 정쟁이 계속되는 것을 팔왕의 난이라고 한다. 팔왕의 난은 서기 306년까지 계속되다가 동해왕(東海王) 사마치(司馬熾)가 혜제를 독살하고 즉위해 회제(懷帝: 재위 307~313)가 되면서 끝난다. 진나라가 팔왕의 난에 빠져들면서 지방에 대한 통제력은 완전히 상실했고, 각지에서는 호족들과 북방 이민족들이 대거 일어서는 천하 대란의 시기에 접어드는 것이다. 그래서 304년부터 그 유명한 5호16국(五胡十六國: 304~439)시대로 접어드는 것이다. 서진은 형식상 316년까지 유지되지만 이미 북방은 말할 것도 없고 중원에 대한 통제력을 상실한 상태였다. 304년 이웅(李雄)이 지금의 사천성 부근에서 성도왕(成都王)을 자칭하다가 306년 칭제하면서 '대성(大成)'을 건국했다. 대성은 338년 한(漢)으로 개칭하는데 이를 성한(成漢)이라고 한다. 여기에 흉노 출신의 유연(劉淵)이 내전을 이용해 한왕(漢王)을 자칭하면서 304년 한국(漢國)을 세우는데, 이것이 북경 일대와 산동 반도를 포괄하는 전조(前趙)가 된다. 진(晋)나라는 남쪽으로 쫓겨 내려가면서 성한(成漢)이 중원 서부지역을 차지하고 전조(前趙)는 북방 지역을 차지했다. 그리고 135년간의 그다지 길지 않은 기간에 다섯 민족의 열여섯 국가가 명멸하는 것을 오호16국 시대라고 하는 것이다. 동진은 한반도 북부는커녕 만주 지역에 대한 통제권도 갖고 있지 못했다. 이런 상황에서 서진이 한반도 서북부에 낙랑·대방군을 유지한다는 것은 불가능한 일이었다. 그래서 팔왕의 난(291~306) 기간에 고구려는 주로 선비족과 만주 서부를 두고 다투는 것이다. 봉상왕은 2년(293)과 5년(296) 선비족 모용외와 싸우는데, 봉상왕이 북부 소형(小兄) 고노자(高奴子)를 신성태수로 삼으니 모용외가 다시 침범하지 못했다고 『삼국사기』는 전한다. 이후 미천왕이 재위 3년(302) 군사 3만을 거느리고 현도군에 침입하여 8천 명을 사로잡아 이를 평양으로 옮기고, 12년(311) 가을에는 장수를 보내서 요동 서안평을 습격하고, 14년(313)에는 낙랑군에 침입하

Figure 10.2 Ŏŭl-tong Earthen Walled Site. From Chōsen Sōtokufu 朝鮮総督府 Rakurō-gun jidai no iseki 樂浪郡時代ノ遺蹟 [Remains of the Lelang Period (Tokyo: Chōsen Sōtokufu, 1927): Plate 89

조선총독부 낙랑군. 조선총독부는 대동강 남안을 낙랑군 조선현이라고 우겼다. 한국의 동북아역사재단에서 2013년 국고로 《The Han Commanderies in Early Korean History(한국고대사의 한사군)》을 펴내면서 조선총독부의 견해를 그대로 추종했다.

여 남녀 2천여 명을 사로잡아오고, 15년(314)에는 남쪽으로 대방군을 침공했고, 16년(315)에는 현도성을 쳐 부수어 죽이고 사로잡은 사람들이 매우 많았다는 것이다. 이때 미천왕의 침공로는 모두 고구려의 서쪽이나 서남쪽이지 한반도 내가 될 수 없다. 미천왕이 재위 15년(314) 남쪽으로 대방군을 침공했다는 말은 그 전 해 낙랑군을 침공한 그 아래쪽을 공격했다는 말이다. 현도군이 압록강 상류에 있고, 낙랑군이 평양에 있고, 대방군이 황해도에 있다면, 위에서 설명한 미천왕의 공격로는 어떻게 설명할 수 있겠는가? 압록강 현도군을 공격(302)했다가 서쪽 서안평을 공격(311)했다가, 다시 아래의 낙랑군을 공격(313)했다가, 그 아래 대방군을 공격(314)했다가 다시 북쪽의 현도를 공격

(315)했다는 것이 된다. 고구려의 전략적 목표는 무엇인가? 그냥 닥치는 대로 좌충우돌하는 것이 미천왕의 전략적 목표인가?

한반도 서북부에 있던 낙랑군은 313년에 멸망한 것도 아니고, 요동으로 이사한 것도 아니다. 노태돈 교수는 "313년 평양의 낙랑군이 소멸된 후 낙랑·대방군 등은 요서 지방에 이치되었다(『단군과 고조선사』)"[120]고 주장하고, "이치된 낙랑군 등은 몇 차례 설치와 폐지를 되풀이하다가 537년 당시 남영주(南營州)에 낙랑군이 설치되었다(『단군과 고조선사』)"[121]라고 덧붙였다.

313년에 평양의 낙랑군이 요서지방으로 이치되었다는 주장에 대해서는 뒤에 자세하게 서술할 것이다. 다만 낙랑, 대방, 현도 등이 이주했다는『위서(魏書)』기록이 있기는 있다. 『위서(魏書)』세조 본기 연화(延和) 원년(432)조는 7월에 위나라 세조(탁발도)가 북연의 요서(遼西)까지 진출했다가 9월 영구(營丘), 성주(成周), 요동(遼東), 낙랑(樂浪), 대방(帶方), 현도(玄菟)의 여섯 군 백성 3만가구를 유주(幽州)로 옮기고 창고를 열어 진휼했다[122]고 말하고 있다. 그러나 이는 요서에 있던 다섯 군을 지금의 북경 부근으로 옮긴 것을 뜻하는 것이다.

처음부터 낙랑·대방군은 한반도 서북부에 존재하지 않았다. 이때 고구려는『삼국사기』'미천왕 본기가 말하고 있는 것처럼 만주 서쪽 지역까지 계속 공격했고, 지금의 북경을 포함한 하북성, 산서성, 섬서성, 하남성, 산동성 일대는 흉노(匈奴)에 복속해 있던 갈족(羯族) 석륵(石勒)씨가 세운 후조(後趙: 319~351)가 장악하고 있었다.

식민지란 예나 지금이나 본국의 강력하고도 지속적인 지원을 전제로 유지되는 것이다. 특히 강력한 군사적 지원이 없으면 유지하기 어렵다. 한사군

---

120 노태돈 편저,『단군과 고조선사』, 사계절, 2010년, 59쪽.
121 노태돈 편저,『단군과 고조선사』, 사계절, 2010년, 59쪽.
122 "九月乙卯, 車駕西還從營丘, 成周, 遼東, 樂浪, 帶方, 玄菟六郡民三萬家于幽州, 開倉以賑之",『위서(魏書)』, 「세조 태무제 본기」 연화(延和) 원년 조.

을 설치한 한나라는 서기 8년에 멸망했고, 후한(後漢)도 220년에 멸망했다. 고구려가 이미 요동반도는 물론 지금의 하북성, 내몽골까지 공격하는 상황에서 고구려에 단절되어 있는 한반도 서북부를 어떻게 식민지로 유지하겠는가?

그러나 조선총독부는 고대 한반도 북부는 중국의 식민지였고, 남부는 일본의 식민지였다는 한국 고대사상(古代史像)을 그리기 위해서 역사 사료에도 근거가 없고 역사의 상식에도 어긋나는 역사지리 비정을 한 것이다. 총독부의 이런 구상에 따라 이나바 이와기치가 패수를 대동강으로 비정하고 왕험성을 대동강 남쪽으로 비정하자 세키노 타다시가 이에 호응해 대동강 남쪽 토성리에서 고고학 유물들이 나왔다면서 낙랑군치 자리라고 호응한 것이『조선고적도보』였다.『조선고적도보』는 '낙랑군 치지(治址)'란 해설에서 이렇게 말했다.

"평안남도 대동군 대동강면의 토성동(土城洞)은 대동강 좌안(左岸)에 있는데, 사방 45정(町)의 지역에 흙으로 쌓은 성벽을 두른 유적의 자취가 뚜렷하다. 그 안팎에서 한나라 때 와당(瓦當)이 발견되었는데, 이와 같은 문양을 갖고 있는 기와 및 한·위(漢魏)시대에 속하는 벽돌을 다수 발견했다. 또 그 부근에 낙랑군 시대의 고분군(古墳群)이 존재하는데, 이곳은 아마도 낙랑군치(樂浪郡治?)의 유적일 것이다(조선총독부,『조선고적도보』)" [123]

그나마 세키노 타다시는『조선고적도보』의 '낙랑군치(?)'라고 의문부호(?)를 달아 놓아 여지를 남겨 두었다. 당시에도 '토성이 협소한 구릉에 얕게 쌓여져 있기 때문에 천험(天險)이 없으므로 적의 공격을 받게 되면 방수(防守)가 지극히 곤란한 상태에 놓이게 된다'는 지적이 있었기 때문이다. 대동면 토성리

---

123 朝鮮總督府,『朝鮮古蹟圖譜解說第1冊』, 1915, 2쪽.

는 천험(天險), 즉 자연적인 방어지형물이 없기 때문에 수도로는 곤란하다는 말이다. 그러나 대동강 남쪽을 낙랑군 치지로 만드는 것이 총독부의 방침이었기 때문에 이런 문제제기에도 불구하고 그대로 확정되었다. 이나바 이와기치는 세키노 타다시가 이런 결론을 낼 것을 미리 알고 있었던 것처럼 이렇게 덧붙인다.

> "동박사(同博士:세키노)의 설(說)에 따르면 이러한 종류의 고분들이 대동강 남쪽에 걸쳐 무수히 존재한다고 파악되었다. 과연 이 사이를 잘 편력하면 왕험의 옛 터가 반드시 발견될 것이라고 보장하기 어렵겠는가. 우리는 더욱 동박사의 보고를 고대하여 세론해야만 한다(이나바 이와기치, 「진 장성 동쪽 끝 및 왕험성에 관한 논고」)" [124]

세키노 타다시는 대동강 남쪽에서 중국계 유적·유물들이 출토되었다는 논리로 낙랑군 조선현이 대동면 토성리라고 주장했다. 일본인들의 손길이 닿은 유적은 대부분 조작설에 휩싸인다는 사실은 별개로 치자. 세키노 타다시는 보고서에서 모든 유물들을 모두 '우연히' 발견했다고 부기해 놓아 의문을 남겼다. 가는 곳마다 수천 년 전의 유물을 우연히 발견했던 '신의 손'조차 '우연히'란 고백을 남겨 놓았다. 그런데 세키노 타다시는 지금까지 낙랑군=평양설이 유지되는 중요한 고고학적 근거를 제시했다. 낙랑군 전공자인 오영찬 교수는 『낙랑군 연구』에서 이렇게 말했다.

> "낙랑군에 대한 본격적인 연구와 함께 구체적인 역사상이 정립된 것은 일제강점기 이후의 일인데, 여기에는 고고학 발굴 조사 자료

---

124 稻葉岩吉, 「秦長城東端及王險城考」, 『사학잡지(史學雜誌)』第21篇 第2號, 48쪽.

들이 결정적인 역할을 하였다. 낙랑고분 발굴 조사는 1909년 도쿄제국대학 건축학과 세키노 다다시에 의해 개시되었다." [125]

낙랑군 연구로 박사학위를 받은 오영찬의 주장처럼 낙랑군을 평양이라고 구체화시킨 것은 조선총독부이고 세키노 타다시가 주도했다. 그런데 최근 세키노 타다시가 『일기』를 남겼다는 사실을 문성재 박사가 『한사군은 중국에 있었다』에서 밝혀냈다.

> 「대정 7년(1918년) 3월 20일 맑음 북경…유리창의 골동품점을 둘러보고, 조선총독부 박물관을 위하여 한 대(漢代)의 발굴품을 300여 엔(1500만원)에 구입함.
> 대정 7년 3월 22일 맑음 : 오전에 죽촌(竹村) 씨와 유리창에 가서 골동품을 삼. 유리창의 골동품점에는 비교적 한 대(漢代)의 발굴물이 많고, 낙랑 출토류품은 대체로 모두 갖추어져 있기에, 내가 적극적으로 그것들을 수집함(세키노 타다시 일기)」 [126]

가는 곳마다 한사군 유물을 발견했다는 세키노 타다시는 북경 유리창가에서 '낙랑 출토품은 대체로 모두 갖추어져 있'다면서 마구 사들였다고 일기에 밝혔다. 그동안 소문으로 숱하게 떠돌던 유물 조작설이 근거가 있음을 스스로 밝힌 것이다.

이병도는 이 사실은 몰랐겠지만 앞에서 인용한대로 "과연 일제초기로부터 일인(日人) 조사단에 의해서 대동강 남안인 (대동면) 토성리(土城里) 일대가 낙랑군치(樂浪郡治)인 동시에 조선현치(朝鮮縣治)임이 그 유적·유물을 통

125 오영찬, 『낙랑군 연구』, 사계절, 2006년, 16쪽.
126 문성재, 『한사군은 중국에 있었다』, 우리역사연구재단, 2016년, 352~353쪽.

하여 판명되었다"[127]고 썼다. 그는 세키노 타다시도 의문을 품은 유적지를 낙랑군치라고 단정지으면서 이렇게 덧붙였다.

> "그 토성지(土城址)는 즉 대동강 남안(南岸)에 융기(隆起)된 대지(臺地:소구〔小丘〕) 위에 위치하고 그 내부의 지형도 고저(高低)·기복(起伏)이 불일(不一)한 양상을 띄고 있으나, 그 주위는 광활하여 넓은 평야를 전개하고 있다 … 조선현이 낙랑의 중심지요 수부(首府)로서, 더욱이 대낙랑시대(大樂浪時代)에는 동부도위(東部都尉)의 제현(諸縣:여러 현)과 남부도위의 제현까지도 통할(統轄)하였던 만큼 각 현장(縣長)으로부터 체송(遞送) 관계가 빈번하였던 것은 이들 봉니(封泥)가 증명하여 주고 있다(이병도, 「낙랑군고」)"[128]

이병도는 '대낙랑시대'라는 새로운 용어로 낙랑군을 미화했다. 한나라의 식민통치기관인 낙랑군이 북한 강역에 존재했던 것이 기정사실이자 마치 축복이라는 논리다.

이병도는 처음부터 한사군 요동설은 배제하고 한사군 한반도설을 기정사실로 삼고 하위 논리를 전개했다. 이나바 이와기치의 주장이 1차 사료적 근거가 전혀 없다는 역사학적 방법론의 문제를 제기하는 대신 대동강 남안 대동면 토성리를 낙랑군 조선현 자리라고 단정 지었다. 모두 사료적 근거가 없는 주장들이다.

---

127 李丙燾, 「樂浪郡考」, 『修訂版·韓國古代史研究』, 140

128 李丙燾, 「樂浪郡考」, 『修訂版·韓國古代史研究』, 140~141쪽.

3. 1차사료적 근거가 없는 식민사학 논리들

고대 요동과 만리장성 동쪽 끝

　이나바 이와기치의 논문 제목은 「진 장성 동쪽 끝 및 왕험성에 관한 논고 (秦長城東端及王險城考)」이다. 그가 왕험성과 진 장성(만리장성)을 같이 다루는 것은 까닭이 있다. 낙랑군 경내에 진나라 장성이 있어야 한다고 보기 때문이다. 바로 『태강지리지(太康地理志)』 때문이다. 낙랑군의 위치에 대해서 가장 입체적인 정보를 제공하는 사료는 『사기』 「하(夏) 본기」 주석에서 인용한 『태강지리지』인데, 여기에 "낙랑군 수성현(遂城縣)에는 갈석산(碣石山)이 있는데 (만리)장성의 기점이다"[129]라는 기술이 나온다. 이 짤막한 구절에는 낙랑군의 위치에 대해 '①수성현 ②갈석산 ③만리장성의 기점'이란 세 가지 정보를 제공하고 있다. 이 세 가지 정보를 만족시키는 지역을 찾으면 그곳이 낙랑군이 되는 것이다.

　『태강지리지』의 이 구절은 '한사군=한반도설'을 주장하는 학자들에게 골칫거리였다. 역사학적 방법론에 따라서 이 구절의 의미를 해석하면 낙랑군의 위치문제가 해결된다. 그러나 '낙랑군=한반도설'을 기정사실화했으니 『태강지리지』의 이 구절이 골치가 아플 수밖에 없었다.

　이나바 이와기치 당시에도 1차 사료를 검토해보니 낙랑군이 요동에 있었다고 보는 일본인 학자가 있었다. 이나바 이와기치는 「진 장성 동쪽 끝 및 왕험성에 관한 논고」에서 마쓰이(松井) 문학사(文學士)의 「진(秦) 장성(長城) 동부(東部)의 위치에 대하여」 (『역사지리(歷史地理)』 13의 3호)라는 논문을 두 차례나 비판했는데, 마쓰이가 바로 진 장성이 요동에 있었다고 주장하는 학자였다. 이나바 이와기치의 비판을 들어보자.

---

129 "太康地理志云, "樂浪遂城縣有碣石山, 長城所起"(『史記』, 「夏本紀」 註釋)

"오인(吾人)은 여기에 있어서 마쓰이(松井) 문학사(文學士)의 "한대 (漢代)에 있어서는 진 장성의 동단은 요동이라 여겼었는데 진대(晉 代)부터 이것을 지금의 조선 서북부 변경까지 도달한 것이라고 여 겼다"는 해설은 『사기』·『한서(史漢)』의 「조선열전」을 고려하지 않은 것이고, 전연(全燕:연나라 전성기)의 영역 및 진(秦)의 요동군의 변 경 경계(邊界)를 거꾸로 잃어버린[遺却] 경향이 있음을 재언(再言) 하고자 한다(이나바 이와기치는 「진 장성 동쪽 끝 및 왕험성에 관 한 논고」) [130]

마쓰이(松井)가 "한대(漢代)에 있어서는 진 장성의 동단은 요동이라 여겼 었는데 진대(晉代)부터 이것을 지금의 조선 서북부 변경까지 도달한 것이라고 여겼다'고 서술한 것은 중요한 의미를 담고 있다. 한사군을 설치했던 한(漢)나 라 때는 진나라 만리장성의 동쪽 끝이 요동에 있었다고 생각했는데, 진(晉)나 라 때부터 한반도 서북부 변경까지 도달했다고 여겼다는 것이다. 마쓰이의 논 리에서 중요한 점은 만리장성의 위치가 변한 것이 아니라 사람들의 인식이 변 했다고 본 것이다. 앞서 진(晉)나라의 정치상황을 잠시 설명했지만 진나라는 자신의 왕조 건사하기에도 바빠서 장성을 늘릴 여력이 있는 상황이 아니었다. 그래서 마쓰이는 1차사료를 검토한 결과 진 장성은 요동에 있었다고 결론을 내린 것이다. 단지 진(晉)나라 때부터 일부 사람들의 인식이 한반도 서북부에 있었다는 식으로 바뀌기 시작했다는 것이다.

이나바 이와기치는 마쓰이의 주장에 대해 "『사기 한서[史漢]』의 「조선열 전」을 고려하지 않은 것"이라고 비판했지만 『사기』 『한서』의 「조선열전」에는 진 나라 장성의 동쪽 끝이 한반도 서북부라는 내용이 없다. 오히려 마쓰이 문학

---

130 稻葉岩吉, 「秦長城東端及王險城考」, 『사학잡지(史學雜誌)』第21篇 第2號, 47쪽.

사의 인식이 맞다는 내용들은 있다. 먼저『사기(史記)』,「몽염열전(蒙恬列傳)」에 나와 있는 장성의 동쪽 끝에 대한 기록을 보자.

> "시황제 26년(서기전 221). 몽염은 집안이 대대로 진나라의 장군을 지냈으므로 진나라 장군이 되어 제(齊)나라를 공격해 대파시키고 내사(內史:장관)를 제수 받았다. 진이 천하를 차지하자 몽염에게 30만 군사를 주어 북의 융적(戎狄)을 쫓아내게 하고 하남(河南)을 거두었다. 장성을 쌓는 데 지형이 험한 곳을 이용해 요새로 삼았으며 임조(臨洮)에서 시작해 요동(遼東)까지 길이가 만 리에 이르렀다. (『사기(史記)』,「몽염열전(蒙恬列傳)」)"[131]

만리장성이 서쪽은 '임조(臨洮)에서 시작해 (동쪽은) 요동(遼東)까지 길이가 만 리에 이르렀다.'는 이 구절에서 이른바 '만리장성'이란 말이 생겨났다. 임조는 지금의 감숙성(甘肅省) 정서시(定西市)에 속한 지역인데, 고대에는 이민족인 적인(狄人)들이 살았기 때문에 적도(狄道)라고 불렸던 지역이다.『사기』는 이나바 이와기치의 주장과는 달리 '만리장성이 서쪽으로는 임조에서 동쪽으로는 요동까지 쌓았다'고 말하고 있다. 이나바 이와기치는『사기』의 이런 내용은 못 본 체하고『사기』·『한서』에 만리장성이 조선 땅까지 들어왔다고 사술(詐術)을 부린 것이다.

여기에서 진·한 때의 요동(遼東)이 어디인가라는 문제가 생긴다.[132]『사기』의 저명한 주석자 세 사람의 주석을 '삼가(三家)주석'이라고 하는데 그중 하나가 당나라 장수절(張守節)이 쓴『사기정의(史記正義)』이다. 장수절은『사기』

---

131 "始皇二十六年, 蒙恬因家世得爲秦將, 攻齊, 大破之, 拜爲內史. 秦已幷天下, 乃使蒙恬將三十萬衆北逐戎狄, 收河南, 築長城, 因地形, 用制險塞, 起臨洮, 至遼東, 延袤萬餘里"(『史記』,「蒙恬列傳」)
132 고대 요동의 위치에 대해서는 윤내현,『고조선연구(상)』, 만권당, 2015년, 234~244쪽을 참조할 것

「몽염 열전」의 만리장성 축조 부분에 나오는 '요동(遼東)'에 대한 주석에서 "요동군은 요수(遼水)의 동쪽에 있다. 진시황이 장성을 쌓을 때 동쪽은 요수까지 이르렀는데, 서남쪽으로는 바닷가 위에 이르렀다"[133]고 해설했다. 요수(遼水), 즉 요하(遼河)를 기준으로 그 동쪽은 요동, 서쪽은 요서가 된다는 것이다. 지금의 요녕성 요하(遼河)를 중심으로 그 서쪽을 요서(遼西), 동쪽을 요동(遼東)으로 분류하는 것은 후대의 분류이고, 한나라 시대의 요동은 지금의 요동보다 몇 백km 더 서쪽으로 가야한다. 한나라 때의 요동이 고대요동이다. 당나라 측천무후 때 인물인 장수절은 『사기정의』 서문에서 자신을 '제왕시독선의랑 수우청도솔부장사 장수절(諸王侍讀宣議郎守右淸道率府長史張守節)'이라고 소개하면서 자신의 학문에 대해 이렇게 자부했다.

> "나 장수절(張守節)이 학문을 섭렵한 지 30여 년이다. 육경(六經)과 구류(九流:아홉 학파)와 지리(地里)와 삼창(三蒼)과 『이아(爾雅)』를 예리한 마음으로 관찰해서 캐내고 사(史)를 비평해서 한(漢)나라를 설명함으로써 무리들에게 타이르고 설명하기 위해 『사기 정의(正義)』를 지었다. 군국(郡國)의 성읍(城邑)들의 곡절을 자세하게 펴서 밝혔고, 고전(古典)의 깊고 미묘함과 그 아름다움을 남몰래 구명하고 그 이치를 찾았으니 진실로 만족한다."[134]

삼십 년 동안 각종 서적을 모두 섭렵하고 『사기』 주석서인 『사기정의』를 편찬했다는 것인데 여기에서 중요한 것은 '군국(郡國)의 성읍(城邑)들의 곡절을 자세하게 펴서 밝혔'다는 대목이다. 장수절이 장성의 동쪽 끝을 요동이라고

---

133 "遼東郡在遼水東, 始皇築長城東至遼水, 西南至海(之上)"(『史記』, 「蒙恬列傳」, 「史記正義」 註釋)

134 "守節涉學學三十餘年, 六籍九流地里蒼雅銳心觀採, 評史漢詮衆訓釋而作正義, 郡國城邑委曲申明, 古典幽微竊探其美, 索理允愜"(張守節, 『史記正義』 序)

말한 것은 '고대 요동'을 뜻한다. 여기에서 서남쪽의 해(海)라는 말은 정서시 위쪽 난주(蘭州)를 관통하는 황하(黃河)를 뜻할 것이다. 당나라 때 장수절도 진장성의 동쪽 끝을 요동으로 보았다는 뜻이다.

중국 고대 지리서인 『수경주(水經注)』 권3, 하수(河水)조에 '고대 요동'이 어느 지역인지를 말해주는 구절이 있다. 『수경(水經)』에 하수(河水: 황하)가 '또 남쪽으로 이석현 서쪽을 지난다(又南過離石縣西)'는 구절이 있다. 이석현(離石縣)은 현재의 산서성 여양시(呂梁市) 이석구(離石區)인데, 이 구절에 대해서 『수경』의 주석서 『수경주』를 쓴 역도원은 이렇게 말했다.

「『지리지』에서 말하기를 "현에는 오룡산이 있고, 제수(帝水)·원수(原水)가 있는데 그 아래로 통칭(通稱)이 되었다"라고 했다. 장성(長城) 동쪽을 지나면 백적(白翟) 가운데로 나온다. 또 평수(平水)가 있는데, 서북쪽으로 평계(平溪)에서 나와서 동남쪽으로 사연수(奢延水)로 들어간다. 사연수는 또 동쪽으로 흘러서 주마수(走馬水)에 물을 붓는다. 주마수는 서남쪽으로 나와서 장성 북쪽 양주현(陽周縣) 고성 남쪽 교산(橋山)에 다다르는데, 옛날 2세 황제가 몽염을 이곳에서 죽였다. 왕망이 이름을 상릉치(上陵時:치는 제사터를 의미)로 바꾸었는데 산 위에 황제총(黃帝塚:황제의 무덤)이 있기 때문이다. 황제는 붕어했고 오직 활과 검이 존재하므로 옛날부터 세칭 황제선(黃帝仙)이라고 불렀다. 그 강물이 동쪽으로 흐르는데 옛날 단영(段熲)[135]이 강족(羌族)을 추적해서 교문(橋門)으로 나갔다가 주마수에 이르러서 강족이 사연택(奢延澤:사연못)에 있다는 말을 들었던 곳이 곧 이곳이다. 문이 있는데 곧 교산 장성문

---

135 단영(段熲:?~179). 자는 기명(紀明)으로서 후한 무위군 고장(武威姑臧) 사람이다. 전후 180여회나 강족과 교전하면서 근 4만여 강족을 참살했다고 전해지는데 평강대장(平羌大將)이 되었다.

(長城門)이다. 진시황이 태자 부소와 몽염에게 명하여 장성을 쌓
게 하였는데 임조에서 시작해 갈석에 이르렀는데, 곧 이 성이다.
(『수경주』권 3, 하수(河水))" [136]

산서성을 흐르는 황하의 흐름을 말하는『수경주』에서 "진시황이 태자 부
소와 몽염에게 명하여 장성을 쌓게 하였는데 임조에서 시작해 갈석에 이르렀
는데, 곧 이 성이다"라는 구절은 유명하다. 황하의 지류를 설명하면서 나온 말
이니 요동과 갈석은 모두 황하의 지류와 관련이 있는 지역이다. 황하의 지류
가 압록강, 청천강, 대동강으로 연결되지 않는 것은 물론이다. 『사기』「몽염열
전」의 장성이 '임조에서 시작해 요동까지 길이가 만 리에 이르렀다'는 구절과
『수경주』의 "임조에서 시작해 갈석에 이르렀다"는 구절은 고대 요동은 지금의
갈석산 지역이었음을 말해준다. 이 갈석산이 현재 하북성 창려(昌黎)현 북부
에 있는 산이니 이 지역이 고대에는 요동이었다. 갈석산에 대해서 다른 설도
있다. 현재 산동성 빈주(濱州)시 무체(無棣)현 갈석산진(碣石山鎭)의 갈석산이
란 주장이 그것이다. 이 갈석산이 중요한 것은 패수(浿水)와 함께 고대 진·한
과 경계역할을 했기 때문이다.

『사기』「진시황본기」에는 진나라 이세 황제 때 신하들이 시황제의 송덕비
를 세우기 위해 갈석산에 다녀왔다는 기록이 있는데, 이것을 "요동에서 돌아
왔다" [137]고 표현한 것도 마찬가지 사정을 말해준다. 현재의 요동은 요녕성 요
양시 동쪽을 뜻하지만 그보다 수백 킬로미터 서쪽의 현재 하북성 창려현 지

---

136 "『地理志』曰：縣有五龍山,帝,原水,自下亦爲通稱也,歷長城東，出于白翟之中又有平水，出西北平溪，東南入
奢延水,奢延水又東，走馬水注之，水出西南長城北陽周縣故城南橋山，昔二世賜蒙恬死于此,王莽更名上
陵時，山上有黃帝塚故也,帝崩，惟弓劒存焉，故世稱黃帝山矣,其水東流，昔段熲追羌出橋門，至走馬水，聞
羌在奢延澤，卽此處也,門，卽橋山之長城門也,始皇令太子扶蘇與蒙恬築長城，起自臨洮，至于碣石，卽是
城也"(『水經注』卷 3, 河水)

137 "二世東行郡縣，李斯從，到碣石 … 遂至遼東而還"(『史記』, 「秦始皇本紀」)

역이 '고대 요동'[138]이었다. '고대 요동'의 위치 비정은 대단히 중요하다. 고조선의 강역뿐만 아니라 고구려의 강역도 보다 정확해지기 때문이다.

이 시기 진·한(秦漢) 사람들은 갈석산 동쪽 지역에 대한 지리 지식 자체가 없었다. 회남왕 유안(劉安: 서기전 179~서기전 122)[139]은 한 무제의 숙부인데, 한 무제가 고조선을 침략하기 13년 전에 모반으로 고소당하자 자살한 인물이다. 그는 문객 이상(李尙), 소비(蘇飛) 등과 공동으로 『회남자(淮南子)』를 짓는데, 그 「시측훈時則訓」에 "오위(五位): 동방의 끝, 갈석산을 지나면 조선(朝鮮)인데 너그러운 대인(大人)의 나라이다. 동쪽에 이르면 해가 뜨는 곳이다"[140]라고 말했다. 한 무제가 위만조선을 공격하기 13년 전까지 생존했던 한 나라 왕족이 갈석산을 지나면 고조선이라고 말하는 것이다. 이는 한 무제 당시 갈석산 동쪽이 고조선이었음을 말해준다. 진·한 때의 장성이 한반도 서북부에 다다랐다고 말해주는 사료는 물론 없다.

역도원이 바꿔 놓은 패수의 흐름

앞서 말했듯이 마쓰이(松井)는 '한(漢)나라 때는 진 장성의 동쪽 끝이 요동이라고 여겼는데, 진(晉)나라 때부터 조선 서북부 변경이라고 여겼다'고 인식했다. 마쓰이가 말했듯이 만리장성의 동쪽 끝은 한나라 때만 해도 요동이었다. 그러다가 진(晉: 265~420)나라 때부터 다른 인식들이 생겨나기 시작했다. 만리장성의 동쪽 끝이란 위치는 불변인데, 그에 대한 후세인들의 지리지식이 변화했다는 뜻이다. 물론 중요한 것은 한나라 때 사람들의 지리인식이다.

---

138 필자가 앞으로 '고대의 요동'이라고 표현할 때는 현재 요양시 동쪽이 아니라 현재 갈석산이 있는 하북성 갈석산 지역 등지를 표현하는 것이다.

139 유안(劉安:서기전 179~서기전 122). 한(漢)나라 패군(沛郡:현재 강소성 패현) 사람으로서 한 고조 유방의 손자이다. 회남왕(淮南王)에 봉해져서 수춘(壽春)에 도읍했다. 문객들과 함께 『홍열(鴻烈)』을 지었는데, 후세에 『회남자(淮南子)』라고 불렸다. 한 무제 때 모반으로 고소당하자 자살했다.

140 "東方之極, 自碣石山過朝鮮, 貫大人之國, 東至日出之次"(『淮南子』, 「時則訓」)

진(晉)나라는 3세기 말에서 4세기 초까지 존속했던 왕조인데, 이런 인식이 생긴 것은 선비족이 세운 북위(北魏: 386~534) 때였을 것이다. 북위 말기의 지리학자 역도원(酈道元: 466 혹 472~527)[141]이 이런 인식이 생기게 만든 장본인이기 때문이다. 역도원은 지금의 하북성(河北省) 탁주(涿州)시 부근인 범양(范陽)군 탁현(涿縣) 사람인데, 어려서 북위의 수도인 평성(平城: 현재의 산서성 대동[大同])에서 자랐지만 낙양에서 관료생활을 했던 인물이다. 그는 『수경(水經)』에 주석을 단 『수경주(水經注)』의 주석가로 유명하다. 그는 『수경(水經)』의 대요수(大遼水), 소요수(小遼水) 및 패수(浿水)에 대해서도 주석을 달았는데, 먼저 대요수와 소요수에 대한 수경 원문을 보자.

> "대요수는 새외(塞外) 위백평산(衛白平山)에서 나와서 동남쪽으로 흘러 새(塞)로 들어가는데, 요동 양평현(襄平縣) 서쪽을 지난다. 또 동남쪽으로 방현(房縣) 서쪽을 지나고, 또 동쪽으로 안시현(安市縣) 서쪽을 지나서 남쪽으로 바다에 들어간다. 또 현도(玄菟)현, 고구려현에 요산(遼山)이 있는데, 소요수가 나와서 서남쪽으로 흘러 요대(遼隊)현에 이르러 대요수로 들어간다." [142]

『한서』 「지리지」에 따르면 방현(房縣)과 요대현(遼隊縣)은 모두 요동군(遼東郡)에 소속된 속현들이다. 『한서』 「지리지」에 따르면 요동군은 진나라 때 설치했고 소속된 현이 모두 열 개인데, 방현, 요대현, 안시현, 서안평현, 험독현

---

141 역도원(酈道元:466 혹 472~527). 북위의 지리학자. 대동에서 자란 후 낙양에서 관직 생활을 하다가 여러 차례 지방관으로 차출되어 대부분의 일생을 중국 북방에서 보냈다. 그는 법을 집행할 때 엄격하고 사정을 두지 않았는데, 이 때문에 백성의 고소로 면직되어 그 기간 동안 『수경주(水經注)』를 편찬했다. 그의 『수경주』를 두고 역학(酈學)이라고 부를 정도로 그의 대표작이 되었다.

142 "大遼水出塞外衛白平山, 東南入塞, 過遼東襄平縣西,又東南過房縣西, 又東過安市縣西, 南入於海,又玄菟 高句麗縣有遼山, 小遼水所出, 西南至遼隊縣, 入於大遼水也"(『水經』卷 14, 大遼水, 小遼水)

이 여기 포함된다. 요동군 험독현이 바로 위만 조선의 수도에 세운 현이다. 한 나라 때는 대부분 지금의 하북성 지역에 있던 현들이었다. 안시현, 서안평현 등은 고구려사와 밀접한 관련이 있는 현들이다. 대요수, 소요수와 관련 있는 현이 현도현, 고구려현이다.

『수경』은 대요수, 소요수에 대한 설명 다음에 바로 패수(浿水)에 대한 설명으로 넘어간다. 패수에 대한 『수경』 원문은 짤막하지만 많은 의미를 담고 있다.

> "패수는 낙랑(樂浪) 누방현(鏤方縣)에서 나와서 동남쪽으로 임패
> 현(臨浿縣)을 지나 동쪽으로 흘러 바다로 들어간다" [143]

『수경(水經)』은 중국의 물길에 대해서 설명한 책인데 원 저자나 작성연대는 분명하지 않아서 여러 설이 있다. 『신당서(新唐書)』「예문지(藝文志)」에는 상흠(桑欽)이 편찬했다는 기록도 있다. 상흠은 생몰연대가 불분명하지만 후한(後漢) 때의 인물이니 서기 25년에서 220년 사이의 인물이다. 『수서(隋書)』「경적지(經籍志)」는 "곽박(郭璞: 276~324)이 『수경』 3권에 주석을 달았다"고 설명하고 있어서 곽박도 주요 주석자로 이름을 올리고 있다. 서진(西晉)의 곽박은 3세기 후반에서 4세기 초반의 인물이다.

패수(浿水)에 대한 『수경』 원문은 패수가 '동쪽으로 흘러 바다로 들어간다'고 설명하고 있다. 따라서 서쪽으로 흘러서 바다로 들어가는 한반도 북부의 '압록강·청천강·대동강'은 모두 패수가 될 수 없다. 패수가 압록강, 청천강, 대동강이라면 '서쪽으로 흘러 바다로 들어간다'고 말했을 것이다.

『한서』「지리지(地理志)」나 『후한서』「군국지(郡國志)」는 모두 누방현을 낙랑군의 속현이라고 설명하고 있다. 낙랑군에 소속된 현이라는 뜻이다. 그런데

---

143 "浿水出樂浪鏤方縣 東南過臨浿縣 東入于海"(『水經』卷 14, 浿水)

『후한서』「군국지」는 패수현, 누방현, 열구(列口)현을 낙랑군 소속이라고 설명하고 있다. 『후한서』「군국지(郡國志)」는 열구현에 대해서 앞서 말한 것처럼 "곽박(郭璞)의 『산해경(山海經)』 주석에 따르면, '열(列)'은 강이름이다. 열수는 요동에 있다' [144]"라고 말하고 있다. 열수가 흐르는 열구현이 요동에 있었다는 뜻이니, 이 또한 낙랑군이 '고대 요동'에 있었음을 말해준다. 이처럼 낙랑군이 '고대 요동'에 있었다고 말해주는 사료는 많다. 조선 서북부에 있었다고 말해주는 사료는 없다. 혹시 있다면 모두 오해에서 비롯된 것인데, 그런 오해가 생기게 된 근본 원인이 역도원의 『수경주(水經注)』이다.

역도원은 5세기 말에서 6세기 초에 살았던 인물이다. 따라서 역도원이 자신의 생각을 피력했다면 5세기 말에서 6세기 때의 지식을 피력한 것이다. 먼저 역도원 이전에 편찬된 『한서』「지리지(地理志)」를 보자. 『한서』「지리지(地理志)」는 '낙랑군'에 대해서 "무제 원봉 3년에 시작되었다. 왕망은 낙선군이라고 했다. 유주(幽州: 현 북경 일대)에 속해 있다" [145]고 설명하고 있다. 이에 대해서 "응소(應邵)는 '옛 조선국이라고 했다' [146]는 주석을 달았다. 응소(應邵) [147]는 2세기 후반 후한 때 인물인데 낙랑군이 옛 고조선 땅에 설치했다고 설명한 것이다.

이때의 조선은 어디인가? 『사기』 '진시황 본기 26년조'에는 진시황이 전국을 36개 군현으로 나누었는데 이에 대해 "진나라의 영토는 동쪽으로는 바다에 이르러 조선에 닿았다[地東至海暨朝鮮]" [148]라고 설명하고 있다. 이 구절에 대해서 장수절은 『사기정의』에서 이렇게 설명하고 있다.

---

144 "郭璞注山海經曰, '列, 水名列水在遼東', (『後漢書』「郡國志」'樂浪郡')

145 "樂浪郡, 武帝元封三年開. 莽曰樂鮮. 屬幽州』(『漢書』「地理志」'樂浪郡')

146 "應劭曰, '故朝鮮國也'(『漢書』「地理志」'樂浪郡')

147 응소(應邵:?~196), 현재의 하남성 항성(項城) 서남쪽에 있던 여남 남돈(汝南南頓) 사람으로서 어려서부터 학문을 좋아했다. 후한의 영제(靈帝) 때 효렴(孝廉)으로 천거되어 태산태수를 역임했다. 『한서집음의(漢書集音義)』, 『풍속통의(風俗通義)』, 『한관의(漢官儀)』 등의 저서가 있다.

148 "地東至海暨朝鮮", (『史記』「진시황 본기」 26년조)

"여기에서 말하는 바다(海)는 발해 남쪽에서 양주(揚州), 소주(蘇州), 태주(台州) 등지에 이르는 동해(東海:중국의 동해)이다. 기(暨)는 급(及:미치다)이란 뜻이다. 동북(東北)쪽은 조선국(朝鮮國)이다. 『괄지지』에는 '고려(高驪)는 평양성(平壤城)에서 다스리는데 본래 한(漢)나라 낙랑군(樂浪郡) 왕검성(王險城)으로서 곧 옛 조선(朝鮮)이다'라고 했다." [149]

진나라는 동쪽으로 바다에 이르러 고조선과 국경을 맞대었는데 이때의 바다란 산동 반도 북쪽의 발해부터 그 남쪽의 양주·소주·태주 등이 있는 중국의 동해를 뜻하는 것이다. 또한 이때의 중국인들에게 동북(東北)은 발해 북쪽이지 한반도가 아니었다. 그런데 이글에서 인용한 『괄지지』의 '고구려는 평양성에서 다스리는데, 원래 한나라 낙랑군 왕험성으로 곧 옛 조선이다'라는 구절은 이후 사람들에게 많은 혼란을 주었다. 즉 '고조선 왕험성=고구려 평양성'이란 인식을 갖게 했다. 문제는 중국인들이 고구려가 여러 번 천도했으며, 장수왕 15년(427) 천도한 평양성만 평양성이 아니란 사실을 몰랐거나 혼동한데 있었다. 앞에서 설명했듯이 『삼국사기』, 「고구려본기」 동천왕 21년(247)조는 고구려의 평양성 천도에 대해서 이렇게 설명하고 있다.

"봄 2월에 왕은 환도성에서 전란을 겪었는데, 다시 도읍으로 삼을 수는 없다고 해서 평양성을 쌓고 백성들과 종묘와 사직을 옮겼다. 평양성은 본래 선인(仙人) 왕검(王儉)의 땅이다. 혹은 (동천)왕이

---

149 『正義』; 海謂渤海南至揚,蘇,台等州之東海也暨, 及也,東北朝鮮國括地志云, '高驪治平壤城, 本漢樂浪郡王險城, 卽古朝鮮也'(『史記』 「진시황 본기」 26년조)

왕험성에 도읍했다고 말했다. (『삼국사기』, 「고구려본기」 동천왕
21년)" [150]

고구려는 동천왕 때인 서기 247년 평양성으로 천도했는데, 이곳이 바로
선인 왕검의 도읍지이자 고조선 왕험성 자리라는 것이다. 그러나 고구려 도읍
변천사를 알 리 없는 중국인들의 머릿속에는 장수왕이 재위 15년(427) 천도한
평양성을 고조선 왕험성으로 알기 시작했다. 역도원도 이런 인물 중의 한 명
이었다. 6세기 초반의 인물인 역도원은 백여 년 전에 장수왕이 천도한 평양성
을 고조선 왕험성으로 오인하고 있었다. 이런 인식을 가지고 『수경』의 패수에
대한 기술을 보니 의문이 생겼다. 먼저 역도원은 '패수'에 대한 여러 설명들을
찾아서 『수경주』에 실었다. 먼저 1세기 무렵의 학자인 허신(許愼)이 남긴 글을
인용했다.

"허신(許愼)이 이르기를, '패수는 누방현에서 나와 동쪽으로 흘러
바다로 들어간다. 일설에는 패수현에서 나온다고 했다. 『십삼주지
(十三州志)』는 '패수현은 낙랑군 동북쪽에 있다. 누방현은 낙랑군
동쪽에 있다. 패수는 대개 그 현 남쪽에서 나와서 누방현을 지난
다. 옛날 연나라 사람 위만이 패수 서쪽에서부터 조선에 이르렀
다. 조선은 옛 기자의 나라다 ⋯ 전국시대 때 위만이 왕이 되어 왕
험성에 도읍했는데, 그 땅이 사방 수천 리였다. 그 손자 우거(右渠)
때에 이르러 한 무제 원봉 2년(서기전 109) 누선장군 양복(楊僕)과

좌장군 순체(荀彘)를 보내 우거를 토벌했는데, 패수에서 우거를
격파하고 비로소 멸망시켰다. (역도원, 『수경주』)" [151]

허신(許愼)[152]은 1세기 때 『설문해자(說文解字)』를 저술한 학자였다. 그런
허신도 패수는 '동쪽으로 흘러 바다로 들어간다'고 설명하고 있다. 『수경』이 말
한 패수의 흐름에 허신을 비롯한 1세기 때의 학자들도 동의했다는 뜻이다. 그
러나 장수왕이 천도한 고구려 평양성을 고조선 왕험성 자리로 알고 있던 역
도원은 이 말이 이해가 가지 않았다. 그래서 고구려 사신을 직접 만나서 물어
본 후 『수경』 '패수'조에 이런 주석을 남겼다.

"만약 패수가 동쪽으로 흐른다면 패수를 건널 이치가 없었을 것
이다. 그 지역은 지금 고구려의 국치(國治:도읍)이다. 내가 일찍이
고구려 사신(番使)을 방문했더니 '평양성은 패수의 북쪽에 있다'고
말했다. 패수는 서쪽으로 흘러서 옛 낙랑 조선현을 지나는데, 곧
한 무제가 설치한 낙랑군 치소로서 서북으로 흐른다. 그러므로
『지리지』에서 '패수는 서쪽으로 흘러 증지현(增地縣)에 이르러 바
다로 들어간다'고 말한 것이다. 또 한나라가 일어선 후 조선이 멀
기 때문에 요동의 옛 요새를 수리해서 경계로 삼았다. 지금과 옛

---

151 "許愼云, '浿水出鏤方, 東入海.一曰出浿水縣'『十三州志』曰, '浿水縣在樂浪東北, 鏤方縣在郡東,蓋出其縣
南逕鏤方也'昔燕人衛滿自浿水西至朝鮮朝鮮, 故箕子國也,箕子教民以義, 田織信厚, 約以八法, 而不知禁,
遂成禮俗戰國時, 滿乃王之, 都王險城, 地方數千里, 至其孫右渠, 漢武帝元封二年, 遣樓船將軍楊僕,左將
軍荀彘討右渠, 破渠于浿水, 遂滅之"『水經注』卷 14, 浿水 注釋)

152 허신(許愼:58년경~147년 경) 자는 숙중(叔重)으로서 현재의 하남성 탑하(漯河)시 소릉구(召陵區)였던
여남 소릉(汝南召陵)사람이다. 오경(五經)에 대해서는 비교할 사람이 없다는 상찬을 받았는데 후한 화
제(和帝) 영원(永元) 11년(서기 100) 『설문해자(說文解字)』를 편찬한 학자로서 중국 문학의 개척자로 불
린다.

역도원 초상. 《수경주》를 쓴 역도원은 진한 때의 고조선 국경인 패수와 500여년 후의 고구려 도읍을 흐르는 강을 혼동하는 바람에 큰 오류를 범했다.

일을 상고해보니 일에 착오가 있었다. 대개 『수경』이 그릇 증험한 것이다." [153]

역도원의 이 주석이 역사상 많은 오해를 낳고, 낙랑군을 한반도 서북부로 비정하려는 식민사학에게 큰 지원군이 되었다.

역도원이 "만약 패수가 동쪽으로 흐른다면 패수를 건널 이치가 없었을 것이다." 라는 말은 무슨 뜻일까? 역도원은 6세기의 고구려 평양성을 고조선 왕험성으로 오인하고 있었다. 『사기』 「조선열전」은 위만이 '패수를 건너서 상하장에 이르렀다'고 말하고, 한나라 사신 섭하가 왕험성에서 나와 비왕 장을 찌러죽이고 '패수를 건너 요새로 달려 들어갔다'고 말하고 두 나라의 전쟁 때 '좌장군이 패수 위의 군대를 격파하고, 전진하여 왕험성 아래 이르렀다[左將軍破浿水上軍,乃前,至城下]"고 말하고 있다. [154]

역도원은 6세기의 고구려 평양성이 고조선 왕험성이란 인식 속에서 패수는 서쪽으로 흘러야 한다고 생각한 것이다. 동쪽으로 흐른다면 패수는 왕험성 동쪽으로 흐르기 때문에 위만이나 섭하나 한나라 군사가 패수를 건너지 않고도 왕험성에 도착할 수 있으니 건널 이치가 없었다고 생각한 것이다. 이런 생각 속에서 고구려 사신을 만나 강이 어느 쪽으로 흐르냐고 물어보니 당연히 '평양성 남쪽으로 강이 흐르는데 서쪽으로 흘러서 바다로 들어간다'라고

---

153 "若浿水東流, 無渡浿之理, 其地今高句麗之國治, 余訪番使, 言城在浿水之陽,其水西流逕故樂浪朝鮮縣, 卽樂浪郡治, 漢武帝置, 而西北流,故『地理志』曰, 浿水西至增地縣入海又漢興, 以朝鮮爲遠, 循遼東故塞至浿水爲界.考之今古, 於事差謬, 蓋『經』誤證也." (『水經注』卷 14, 浿水 注釋)

154 이 문장의 '패수상군(浿水上軍)'을 '패수 위의 군대' 대신 '패수상군을 격파하고'라고 고조선이 보유한 군사의 명칭으로 보기도 한다.

답했을 것이다. 역도원은 고구려 사신이 말한 '강'을 '패수'라고 단정 짓고 "과연 내 생각이 맞았구나!"라는 확신에서 '패수가 동쪽으로 흘러 바다로 들어간다〔東入于海〕'는 『수경』 원문이 틀렸다면서 '대개 『수경』이 그릇 증험한 것이다〔蓋『經』誤證也〕'라고 말한 것이다. 즉 역도원은 이런 경로를 거쳐 '패수는 서쪽으로 흐른다'고 바꿔 쓴 것이다.

이나바 이와기치가 패수를 대동강으로 단정 짓고 나머지 논리를 전개함으로써 모든 주장이 그릇되었던 것처럼 역도원은 6세기의 고구려 평양성을 고조선 왕험성으로 단정 지음으로써 원문을 그릇되게 바꾸고 말았다.

역도원의 『수경주』 이후 고조선 왕험성이 한반도 북서쪽 변경에 있었다는 인식이 퍼져나가기 시작했다. 문제는 그 이전의 인식들이었다. 역도원보다 5백여 년 이전의 인물인 허신(許愼)을 비롯해서 여러 주석서들은 패수는 동쪽으로 흐르는 강이고, 왕험성은 고대의 요동에 있었다고 썼다. 그래서 역도원의 『수경주』 이후 왕험성의 위치에 대해 두 가지 상반된 이야기가 혼재되어서 전해졌던 것이다. 물론 『수경주』 이전 왕험성과 패수에 대한 인식이 실제 사실을 반영한 것이라는 사실은 굳이 반복할 필요도 없을 것이다.

이리저리 옮겨 다니는 패수와 왕험성

역도원은 6세기의 고구려 평양성을 고조선 왕험성이라고 단정 짓고 패수의 흐름을 알아냈다고 기뻐했다. 1천4백여년 후 이나바 이와기치를 비롯해서 식민사학자들은 역도원이 '패수가 서쪽으로 흘러서 바다로 들어간다'고 주장한 것을 보고 크게 기뻐했다. 그러나 문제가 있었다. 『사기』 「조선열전」은 위만이 '동쪽으로 패수를 건너 왔다'고 설명하고 있지, 남쪽으로 건넜다고 말하고 있지 않았다. 그러나 이 방위개념은 무시했다.

이나바 이와기치 등은 다만 '고조선 태자는 국경인 패수를 건너지 않고 왕험성으로 돌아갔다'는 부분, '좌장군 순체 등은 패수를 건너 평양성을 포위했다'는 부분에만 주목해서 왕험성은 패수를 건넌 곳에 있어야 한다고 생각했다. 『사기』나 『한서』 「조선열전」 등이 거듭 패수를 건너서 왕험성에 도착했다고 하므로 패수 북쪽에 있어서는 안 된다고 생각했다. 그래서 양수경이나 이나바 이와기치 등은 그들이 생각하는 패수, 즉 대동강 남쪽에 왕험성이 있었다고 '착안'하기에 이르렀다. 그래서 이나바 이와기치는 대동강 남쪽의 토성리를 위만조선 왕험성, 즉 낙랑군 조선현이라고 보기 시작했고, 조선총독부의 세키노 타다시가 가세해 대동강 남쪽의 대동면 토성리를 '위만조선 왕험성=낙랑군 조선현' 자리라고 단정 지은 것이었다. 그런데 이병도는 패수를 청천강으로 보았으므로 왕험성은 평양으로 보아도 이상이 없었다. 청천강 남쪽에 평양이 있기 때문이었다. 그러나 일본인 스승들의 설을 반박하지 않고 낙랑군 조선현은 대동강 남쪽이라는 사실을 '재언을 요하지 않는다'고 확정지었다. 그래서 동북아역사재단의 홈페이지같은 모순된 설명이 이어지게 된 것이다. 위만조선 왕험성은 대동강 북안의 평양으로 보면서도 이나바 이와기치의 학설을 따라서 낙랑군 조선현은 대동면 토성리로 보는 모순이 생긴 것이다. 이병도는 이나바 이와기치처럼 낙랑군 조선현이 꼭 대동강 남쪽에 있어야 한다고 생각하지는 않았다. 그래서 이병도는 역도원의 『수경주』의 패수 부분을 인용한 후 이렇게 말했다.

"여기에 이른바 패수는 평양 부근의 대동강을 가리켜 말한 것인데, 결국은 한대(漢代)의 패수(청천강)를 잘못 모칭(冒稱)한 것에 불과한 것이다. 당시 고구려의 지식인들 사이에는 대동강의 구명

(舊名)인 열수(列水)를 망각하고 사상(史上)에 저명한 패수로써 이를 모칭(冒稱)하였던 모양이다. (이병도, 「낙랑군고」)" [155]

'여기의 이른바 패수'란 『수경주』에서 말하는 패수를 뜻한다. 즉 역도원은 패수를 대동강이라고 말했지만 이는 한나라 때의 패수인 청천강을 잘못 본 것에 불과하다는 뜻이다. 즉 역도원은 패수를 대동강으로 보았지만 자신은 청천강으로 본다는 뜻이다. 이병도는 패수를 청천강이라고 생각했다. 낙랑군 조선현은 강 남쪽에 있으면 되는 것이지 그 강이 꼭 대동강일 필요는 없다고 생각했다. 그래서 패수를 청천강으로 옮겼다. 그리고 열수(列水)를 대동강으로 비정했다. 앞서 "곽박(郭璞)은 『산해경』에 주석하기를 '열(列)은 강이름이다. 열수(列水)는 요동(遼東)에 있다'고 말했다[156]"는 내용은 의도적으로 무시했다. 요동에 있는 열수를 이병도는 제 멋대로 대동강으로 비정한 것이다.

이병도는 패수를 청천강으로 비정했지만 이것이 낙랑군 조선현이 대동면 토성리라는 이나바 이와기치의 주장을 뒤엎는 것은 아니었다. 그래서 이병도는 이렇게 말했다.

"그(역도원)는 어떻든간에 낙랑군치(樂浪郡治)로서의 조선현이 지금 대동강의 북안(北岸)인 평양이 아니라 도리어 그 남안이었다고 한 고구려 사자(使者)의 설을 직접 듣고 기록한 역씨(酈氏)의 주(註)는 신빙할 가치가 충분히 있다고 아니할 수 없다.
과연 일제초기로부터 일인(日人)조사단에 의해서 대동강 남안인 (대동면) 토성리 일대가 낙랑군치(樂浪郡治)임과 동시에 조선현치

---

155 李丙燾, 「樂浪郡考」, 『修訂版·韓國古代史硏究』, 140쪽.
156 『後漢書』 「郡國志」, '幽州 樂浪郡' 列口縣 註釋 '郭璞注山海經曰, "列, 水名, 列水在遼東"

(朝鮮縣治)임이 그 유적·유물을 통하여 판명되었다. (이병도, 「낙랑군고」)"[157]

역도원 당시의 고구려 평양성이 과연 지금의 평안도 평양성인지는 다른 견해들이 있으므로 더 연구해보아야 할 것이다. 그런데 이병도는 대동강의 위치에 대해서는 이나바 이와기치와 조금 다른 견해를 피력했지만 조선총독부의 의도대로 낙랑군 조선현의 치소는 대동강 남쪽 대동면 토성리 일대라고 단정 지었고, 이것이 주류 학설이 되었다.

이병도가 조선총독부의 고고학 발굴 결과를 가지고 낙랑군 조선현의 위치를 대동강 남쪽으로 비정한 것은 논리가 부족할 수밖에 없었다. 그래서 노태돈 교수는 왕검(험)성의 위치는 대동강 북쪽으로 비정하고 낙랑군 조선현의 위치는 대동강 남쪽으로 비정하는 절충안을 제시했다.

"BC 108년 한은 위만조선을 멸한 뒤, 그 중심부에 낙랑군을 설치하고 조선현을 두었다. 이 조선현의 위치가 평양 지역이므로, 자연 위만조선의 왕검성도 이 지역이라고 보아야겠다. (노태돈, 「고조선 중심지 변천에 대한 연구」)"[158]

이나바 이와기치는 패수를 대동강으로 비정해놓고, 그 남쪽에서 낙랑군 조선현의 위치를 찾다가 대동면 토성리라고 단정 지었다. 이병도는 패수는 대동강이 아니라 청천강이라고 조금 북쪽으로 끌어올렸지만 이나바 이와기치의 주장을 따라 대동면 토성리를 낙랑군 조선현이라고 비정했다. 노태돈은 "왕험(검)성은 낙랑군 조선현의 위치가 평양 지역인 만큼 역시 평양 일대에 있었다

157 李丙燾, 「樂浪郡考」, 『修訂版·韓國古代史研究』, 140쪽.
158 노태돈 편저, 『단군과 고조선사』, 사계절, 2010년, 60~61쪽.

고 보는 것이 순리다"[159]라고 '평양 지역'이라면서, "왕검성은 대동강 북안에 있었던 것으로 보아야 한다"[160]고 주장했다. 왕험성[161]은 대동강 북안 평양이라는 것이다. 그러나 낙랑군 조선현은 대동강 북안이 아니라, "조선현의 치소는 대동강 남안의 토성동 지역이었다"[162]고 분리해 서술했다. 고조선 왕험성은 대동강 북안의 평양인데, 왕험성 자리에 세웠다는 낙랑군 조선현은 대동강 남안의 대동면 토성동이라고 나눈 것이다. 이런 모순을 그대로 서술해 놓은 것이 앞에서 인용한 동북아역사재단의 홈페이지 글이다.

> 「위만조선은 그 왕성인 왕험성(王險城)이 현재의 평양시 대동강 북안에 있었는데, 이는 위만조선과 한의 경계 역할을 한 패수(浿水)가 지금의 압록강이라는 점, 위만조선의 도읍 부근에 설치된 낙랑군 조선현의 치소가 지금의 평양시 대동강 남안의 토성동 토성이라는 점, 왕험성 및 조선현과 깊은 관련이 있는 것으로 알려져 있는 열수(列水)가 지금의 대동강으로 비정되고 있다든지 하는 점을 통해서 입증된다. (동북아역사재단, 홈페이지, '고조선조')」

앞서 설명한 것처럼 『한서』「지리지」는 기자조선의 도읍지 자리에 세운 것이 낙랑군 조선현이고, 위만조선의 도읍지 자리에 세운 것은 요동군 험독현이라고 말하고 있다. 그러나 이나바 이와기치는 『한서』「지리지」의 위치비정을 무시하고 위만조선의 도읍지 왕험성 자리에 세운 것을 낙랑군 조선현이라고 단

---

159 노태돈 편저, 『단군과 고조선사』, 사계절, 2010년, 62쪽.
160 노태돈 편저, 『단군과 고조선사』, 사계절, 2010년, 63쪽.
161 노태돈은 왕험성을 왕험성, 왕험(검)성, 왕검성 등으로 표기하고 있다. 필자는 왕험성으로 통일해서 표기하는데 노태돈이 쓴 원문을 그대로 살리기 위해서 왕험(검), 왕검 등도 사용했다.
162 노태돈 편저, 『단군과 고조선사』, 사계절, 2010년, 62쪽.

정 짓고, 논리를 펼쳤다. 그리고 패수를 대동강으로 보고 논리를 전개하다가 자기 모순에 빠졌다.

해방 후 이 논리의 모순을 인식하지 못하고 절충적으로 받아들여서 왕험성은 대동강 북안에 있었고, 낙랑군 조선현은 대동강 남안에 있었다고 둘로 나누어 놓았으니 설명이 필요했다. 그 설명이 바로 위만조선의 도읍 '부근'에 설치된 낙랑군 조선현의 치소라는 것이다. 『사기』·『한서』의 설명과는 배치되는 위치비정이다.

노태돈 교수가 "낙랑군 조선현의 위치에 대해서는 그간 평양 일대에 있었다는 설과 남만주 지역에 있었다고 보는 설이 견지되어 왔다"라고 서술해서 평양 이외의 설도 있음을 언급한 것은 전향적이라고 평가할 수 있다. 그러나 평양설에 대립하는 설은 '남만주설'이 아니라 '요동설'이고, 여기에서 말하는 요동은 요나라 이후에 생긴 지금의 요동이 아니라 진·한 때의 요동인 '고대 요동'을 뜻한다. 그러나 그는 낙랑군이 현재의 한반도 서북부에 있었다고 결론 지었다.

> "한대의 요동군이 오늘날의 요동 지역에 있었고, 그 속현인 서안평
> 현이 압록강 하류 지역에 있었다면, 자연 요동군의 동편에 있었던
> 낙랑군은 한반도의 서북부에 위치하였음이 분명해진다. (노태돈,
> 「고조선 중심지 변천에 대한 연구」)" [163]

두 개의 가정법 후에 '분명해 진다'고 결론내렸다. 첫 번째 가정은 ①"한대의 요동군이 오늘날의 요동 지역에 있었"다면 이라는 것이고, 두 번째 가정은 ②"그 속현인 서안평현이 압록강 하류 지역에 있었다면"이라는 것이다. 두 개

---

163 노태돈 편저, 『단군과 고조선사』, 사계절, 2010년, 46~47쪽.

의 가정 끝에 "낙랑군은 한반도의 서북부에 위치하였음이 분명해 진다"라고 단정 지은 것이다.

그런데 "요동군의 동편"이 지금의 평양일대일 수는 없다. 하북성 일대에 있었던 '고대 요동'이 아니라 지금의 요녕성 동쪽을 뜻하는 지금의 요동을 기준으로 삼아도 지금의 평양일대는 요동의 남쪽이지 동쪽은 아니다. 동쪽은 지금의 연변지역이 되어야 한다.

또한 가정법으로 논리를 전개하고 결론을 내리는 것은 역사학적 방법론에서 허용되기 힘든 논법이다. '고대의 요동이 지금의 요동지역이 아니고, 요동군 서안평현이 지금의 압록강 하류가 아니라면' 모든 논리가 무너지기 때문이다. 1차 사료를 근거로 전제를 분명한 사실로 확인한 후 그 사료를 바탕으로 결론을 내려야 하는 것은 물론이다.

노태돈은 패수를 압록강으로 비정하면서 "7세기에 압록강은 압록수 또는 마자수라고 불리어져 두 개의 명칭이 있었다"고 주장하고 주석에 『당서(唐書)』고려전(高麗傳)'이라고 부기해놓았다. 『당서(唐書)』는 보통 『구당서(舊唐書)』를 뜻하지만 『구당서』에는 이런 내용이 나오지 않는다. 대신 『신당서(新唐書)』「고(구)려 열전」에 비슷한 내용이 있다.

> "마자수(馬訾水)가 있어서 말갈의 백산에서 흘러나오는데, 물빛이 오리 머리[鴨頭]와 같으므로 압록수(鴨淥水)라고 부른다. 국내성 서쪽을 거쳐서 염난수(鹽難水)와 합해진 다음 서남쪽으로 안시(安市)에 이르러 바다에 들어간다. 평양은 압록강 동남쪽에 있는데, 큰 배로 사람이 건너다니므로 이를 해자[塹:성 밖을 둘러싼 못]로 여긴다(『신당서』「고구려 열전」)"[164]

---

[164] "有馬訾水出靺鞨之白山, 色若鴨頭, 號鴨淥水, 歷國內城西, 與鹽難水合, 又西南至安市, 入于海而平壤在鴨淥東南, 以巨艫濟人, 因恃以爲塹"(『新唐書』「東夷列傳」高麗)

『신당서』의 압록수에 대한 설명은 많은 의문을 낳고 있다. 특히 "평양은 압록강 동남쪽에 있는데, 큰 배로 사람이 건너다니므로 이를 해자로 여긴다" 는 구절은 『신당서』에서 말하는 압록강이 지금의 압록강이 아닐 수 있음을 시사한다. 해자란 성 둘레를 둘러싸고 있는 호수나 강물을 뜻하는데, 지금의 평안북도 끝에 있는 압록강을 평안남도에 있는 평양의 해자로 볼 수는 없기 때문이다. 그래서 최근에는 『신당서』를 비롯해서 『송사』 「고구려 열전」 등 명·청 시대 이전에 나오는 압록수, 압록강은 지금의 요하(遼河)라는 연구결과가 나오고 있다.[165] 또한 『신당서』 「고구려 열전」은 이런 구절도 있다.

> "그 임금은 평양성에 거주하는데, 장안성(長安城)이라고도 하며, 한나라 낙랑군 지역이다. 경사(京師: 장안 즉 서안)에서 5천여 리 떨어져 있는데, 산의 굴곡을 따라서 외성(郭)을 쌓았고, 남쪽 끝에 패수가 있다. (『신당서』 「고구려 열전」)"[166]

평양성 남쪽 끝에 패수가 있다는 것이니 『신당서』를 인용한다면 패수는 압록강일 수 없다. 당나라 이후에 편찬된 역사서를 가지고 지리 비정을 하면 많은 모순이 생긴다. 당나라가 고구려를 무너뜨린 후 그 지역에 새로운 군을 설치했어야 하지만 그냥 요동군에 병합시켜 버린 것이 문제의 출발점일 것이다. 고구려는 무너졌지만 당나라가 그 지역을 실질적으로 지배하지 못한 것과 관련이 있을 것이다. 이 때문에 고구려 멸망 이후 고대 요동이 몇 백 킬로미터

---

165 명·청 시대 이전의 압록강을 지금의 요하로 보는 견해로는 남의현, 「장수왕의 평양성, 그리고 압록수와 압록강의 위치에 대한 시론적 접근」과 복기대, 「고구려 후기 평양위치 관련 기록의 검토」, 「고구려의 평양과 그 여운」, 주류성, 2017 등에서 볼 수 있다.

166 "其君居平壤城, 亦謂長安城, 漢樂浪郡也, 去京師五千里而贏, 隨山屈繚爲郭, 南涯浿水" (『新唐書』 「東夷列傳」 高麗)

동쪽으로 확장되었다. 그래서 요동에 대한 많은 오해와 혼동이 생겼다. 한국 고대사의 위치를 비정할 때 반드시 풀어야 할 과제다.

요동군 서안평현의 위치에 대해서도 살펴보자. 노태돈 교수는 "서안평현은 안평현이라고도 하였고, 압록강 하구 지역에 (서)안평현이 있었던 것은 분명한 사실로서, 여타 문헌을 통해서도 확인된다" [167]라고 설명했다. 노태돈은 현재의 요동을 고대 요동과 동일시하고 서안평현을 압록강 하구 지역에 있었다고 비정했다. 노태돈이 그 근거로 든 문헌은 셋이다.

첫째는 『삼국지』 배송지(裵松之) 주석에 인용된 『오서(吳書)』의 내용이다. 즉, "서기 233년 남중국의 오제(吳帝) 손권(孫權)이 동천왕을 선우(單于)로 책봉하는 사신을 보내었는데, 사신이 안평구(安平口)에 도착하여 고구려로 향했다고 전한다"는 내용이다. 둘째는 "고구려 말기의 상황을 전한 『한원(翰苑)』에 인용된 『고려기(高麗記)』에서 '압록수는 … 서남으로 흘러서 안평성에 이르러 바다로 들어간다(鴨綠水 … 流西南 至安平城入海)'라 하였다"는 내용이다. 세 번째는 "『당서(唐書)』 권43 지리지 3에서 '(안동도호부는) 南至鴨綠江北 泊汋城七百里 故安平縣也(문장 띄어쓰기는 노태돈 교수의 분류에 따랐음)'라 하였다"는 것이다. 이 문장의 해석은 뒤에 하겠다. 이를 근거로 노태돈 교수는 "모두 (서)안평현이 압록강 하류에, 구체적으로 그 북안(北岸)에 있었음을 전해준다"라고 단정지은 것이다.[168]

이 세 근거에 대해서 살펴보자. 서안평이 현재의 압록강 대안이라고 본 첫 번째 근거인 안평구(安平口)에 대해서 살펴보자. 먼저 서안평에서 서(西)자가 없는 안평(安平)을 서안평(西安平)과 동일시할 수 있는지 살펴보자. 중국 사서에 안평이란 표현은 자주 등장한다. 『사기』에만도 「제태공 세가(齊太公世家)」, 「조세가(趙世家)」, 「전경중완세가(田敬仲完世家)」, 「소상국세가(蕭相國

---

167 노태돈 편저, 『단군과 고조선사』, 사계절, 2010년, 46쪽.
168 노태돈 편저, 『단군과 고조선사』, 사계절, 2010년, 46쪽 12번 주석.

世家)」 등에 거듭 나온다. 「제태공 세가」에 "제나라 안평(安平)을 나누어 동쪽을 전씨(田氏)의 봉읍으로 삼았다"[169]는 구절이 있는데 이에 대해서 『사기 색은(索隱)』은 '안평은 제나라 읍이다. 「지리지」에는 탁군에 안평현이 있다'[170]라고 설명했다. 제나라는 산동반도 내륙 지역을 뜻하고 탁군은 지금의 북경 부근을 뜻한다. 『사기』 「조세가」의 "제 안평군(齊安平君)"이란 기술의 주석에는 "「괄지리」에는 안평성은 청주(靑州) 임치현(臨淄縣) 동쪽 19리에 있다"[171]라고 했다는 내용이 있다. 청주 임치현도 산동반도 지역이다. 더 괄목할만한 기술은 『사기』 「조세가」 '도양왕(悼襄王) 3년(서기전 242)'조에 있다. 조나라 이목(李牧)이 연(燕)나라를 공격해서 무수(武遂)와 방성(方城)를 빼앗았다는 내용이 나오는데 그 주석에 이런 대목이 있다.

> "서광(徐廣)은 '무수(武遂)는 안평(安平)에 속해 있다'고 말했다. 「괄지지」는 '역주(易州) 수성(遂城)현이 전국(戰國) 때의 무수성(武遂城)이다. 방성은 예전에는 유주(幽州)에 속해 있었는데, 고안현(固安縣) 남쪽 70리에 있다'고 말했다. 이때 두 읍은 연나라에 속해 있었는데, 조나라에서 이목을 시켜 쳐서 빼앗았다."[172]

후술하겠지만 여기에 나오는 역주 수성현이 훗날의 낙랑군 속현인 수성현과 밀접한 관련이 있다. 연나라는 진개(秦開)가 고조선을 공격한 기사에서 알 수 있듯이 고조선과 치열한 영토 다툼을 전개했던 나라였다. 고조선과 치열한 강역다툼을 벌였던 연나라 수성현이 낙랑군 수성현과 밀접한 관련이 있

---

169 "割齊安平 以東爲田氏封邑" (『사기』, 「제태공세가」)

170 "安平, 齊邑按：地理志涿郡有安平縣也", (『사기』, 제태공세가 주석)

171 "括地志云, 安平 城在靑州臨淄縣東十九里", (『사기』, 조세가 주석)

172 "『集解』；徐廣曰, '武遂屬 安平'「正義」；括地志云, '易州遂城, 戰國時武遂城也,方城故在幽州固安縣南十七里' 時二邑屬燕, 趙使李牧拔之也" (『사기』, 조세가 주석)

는 것은 당연하다. 낙랑군 수성현이 황해도 수안이라는 이나바 이와기치의
주장은 그 뿌리부터 잘못된 것이다.

이 외에도 중국 사료에서 안평에 대한 사례는 무수히 많은데, 압록강 지
역을 뜻하는 경우는 찾을 수 없다. 서안평에서 '서'자를 빼고, 안평을 서안평
으로 둥치시켜 논리를 전개한 것은 설득력이 떨어질 수밖에 없다. 중국 사료
의 안평을 기준으로 한다면 압록강 대안의 안평은 '동안평'이나 '북안평'이 되어
야지 서안평이 될 수는 없다.

노태돈이 두 번째로 든 『한원(翰苑)』에 인용되었다는 『고려기(高麗記)』의
'압록수는 … 서남으로 흘러서 안평성에 이르러 바다로 들어간다(鴨綠水 …
流西南 至安平城入海)'는 구절에 대해서 살펴보자. 노태돈은 여기에 나오는 압
록수를 지금의 압록강으로 보고 '서남으로 흘러서 안평성에 이른 곳'은 지금
의 단동으로 본 것이다. 『한원』에서 인용했다는 『고려기』는 송나라 서긍(徐兢)
의 『고려도경(高麗圖經)』을 뜻하는 것이다. 『고려도경(高麗圖經)』은 송나라 서
긍(徐兢: 1091~1153)이 고려 인종 1년(1123) 고려에 사신으로 왔다가 쓴 책인
데, 그 성읍(城邑)조에 이런 내용이 있다.

"압록강의 근원은 말갈(靺鞨)에서 나오는데, 그 물 빛깔이 오리 머
리와 같으므로 그렇게 이름 지은 것이다. 요동(遼東)에서 5백 리
떨어져 있는데 국내성(國內城)을 지나서 또 서쪽으로 흘러 한 강
물과 합류하는데 이것이 염난수(鹽難水)다. 두 강물이 합류하여
서남쪽으로 안평성(安平城)에 이르러 바다로 들어간다. (『고려도
경』「성읍」)" [173]

---

173 "鴨綠之水, 原出靺鞨, 其色如鴨頭, 故以名之. 去遼東五百里, 經國內城, 又西與一水合, 卽鹽難水也, 二水
合流, 西南至安平城入海" (『고려도경』「성읍」)

내몽골 파림좌기 고구려 토성. 남한 강단사학은 압록강 대안 단동을 요동군 서안평이라고 사료적 근거 없이 우기지만 중국의 《요사》는 내몽골 파림좌기가 요동군 서안평이라고 말하고 있다.

『한원』은 당나라 때 책이고, 『고려도경』은 그 뒤인 송나라 때 책이니 아마도 뒤에 추가한 내용일 것이다. 그 뿌리는 『한서』 「지리지」 현도군 서개마현 조에서 "마자수는 서북으로 흘러서 염난수(鹽難水)로 들어갔다가 서남으로 서안평에 이르러 바다로 들어간다." [174]는 기사이다. 이 기사가 『한원』과 『고려도경』에 약간 변형된 형태로 삽입된 것이다. 앞서 인용한 『신당서』 '고려'조에서도 "(압록강이)국내성 서쪽을 거쳐서 염난수(鹽難水)와 합해진 다음 서남쪽으로 안시(安市)에 이르러 바다에 들어간다." [175]라는 내용과 일맥상통한다. 즉 고구려가 멸망한 다음 당나라, 송나라 사람들이 『한서』 「지리지」의 마자수를 압록강으로 이해한 것이다. 그런데 고려 남쪽은 요해라는 바다로 막히고 서쪽 국경은 요하(遼河)라고 말했다. [176] 『고려도경』의 지리지식에 따르면 고려의 서쪽 국경선은 요수(遼水)지 압록강이 아니다. 고려 국경과 압록강을 바라보는 기

174 "西蓋馬,馬訾水西北入鹽難水, 西南至西安平入海, 過郡二, 行二千一百里.莽曰玄菟亭"(『한서』, 「지리지」, 현도군, 서개마(西蓋馬)조)

175 "有馬訾水出靺鞨之白山, 色若鴨頭, 號鴨淥水, 歷國內城西, 與鹽難水合, 又西南至安市, 入于海.而平壤在鴨淥東南, 以巨艫濟人, 因恃以爲塹"(『新唐書』「東夷列傳」高麗)

176 "高麗, 南隔遼海, 西距遼水"(『고려도경』「성읍」)

준 자체가 서로 다른 것이다. 따라서 이를 근거로 서안평을 지금의 단동으로 보는 것은 설득력이 약하다.

노태돈 교수가 세 번째 근거로 든 『당서』의 '(안동도호부는) 南至鴨綠江北 泊汋城七百里 故安平縣也'라는 사료를 살펴보자. 이 역시 『신당서』를 뜻하는 데, 노태돈이 띄어쓰기 한 식으로 해석하면 '(안동도호부는) … 남쪽으로 압록강 북쪽에 닿고, 박작성 7백리가 옛 안평이다(南至鴨綠江北 泊汋城七百里 故安平縣也)'라고 해석된다. 박작성의 어느 방향으로 7백리가 옛 안평현인지 모호한 것이다. 그러나 중화민국(中華民國) 중앙연구원(中央研究員) 역사어언 연구소(歷史語言研究所)는 노태돈과 띄어쓰기를 달리했다. 즉 '南至鴨淥江北 泊汋城七百里, 故安平縣也'라고 띄어쓰기 한 것이다. 이 문장은 "(안동도호부는) … 남쪽으로 압록강에 닿고, 북쪽 박작성까지 7백리를 가면 옛 안평현이다"라고 해석할 수 있다. 남쪽으로 압록강에 닿았다가 북쪽으로 박작성까지 7백리를 가면 옛 안평이라는 내용으로 전혀 다른 뜻이 된다. 설령 노태돈 교수의 해석이 맞다고 해도 이는 '옛 안평현'을 뜻한다고 해석할 수는 있어도 '서안평'을 뜻하는 것으로 해석하기에는 무리가 따른다.

결국 노태돈은 3개의 사료를 근거로 압록강 하구의 단동(丹東)을 서안평으로 비정했지만 지금의 단동을 서안평으로 볼 근거는 되지 못함을 알 수 있다.

반면 『요사(遼史)』「지리지」 상경도(上京道)는 "상경임황부(上京臨潢府: 요나라 수도)는 본래 한나라 요동군 서안평의 땅이다. 신나라의 왕망은 북안평이라고 말했다"[177]고 전하고 있다. 상경임황부는 요나라 수도 자리인데 현재 내몽골 파림좌기 지역이다. 요나라가 다른 지역은 몰라도 자신들 수도의 이력을 잘못 썼으리라고 보기는 힘들 것이다. 그간 고구려의 강역을 비정할 때 현재의 요양시 서쪽을 넘지 못했다고 보는 것이 다수지만 지금도 내몽골 파림

---

177 "上京臨潢府, 本漢遼東郡西安平之地.新莽曰北安平", (『遼史』, 地理志, 上京道, 上京臨潢府)"

좌기에는 거대한 고구려 토성이 남아 있다.[178] 『요사』「지리지」는 서안평을 만주 서쪽에 있다고 기록하고 있는데, 이 서안평을 압록강 하구라고 전제해놓고 하위 논리를 전개하는 방식은 문제가 있을 수밖에 없다. 서안평에서 '서'자를 뗀 안평으로 해석하고, 『신당서』 등의 압록강을 지금의 압록강으로 비정하고, 『신당서』「지리지」에 '북쪽 박작성까지 7백리를 가면 옛 서안평'이라고 해석해야 합리적인 문장을 '남쪽으로 압록강 북쪽에 닿고, 박작성 7백리가 옛 안평이다'라고 비합리적으로 해석한 결과를 가지고 서안평을 압록강 대안의 단동으로 비정하는 것은 설득력이 약하다. 따라서 한대의 요동군을 지금의 요동으로 비정하고, 요동군 서안평현을 압록강 하류지역으로 비정하고, 이를 근거로 "자연 요동군의 동편에 있었던 낙랑군은 한반도의 서북부에 위치하였음이 분명하다"[179]라고 결론 내리는 것은 합리성이 부족하다. 설혹 이런 위치비정에 일부 타당성이 있다고 하더라도 지금의 평양은 지금의 요동 남쪽이지 동쪽이 될 수 없다. 낙랑군은 지금의 평양 지역이 될 수 없는 것이다.

낙랑군 수성현은 황해도 수안군이 아니다

이나바 이와기치가 「진 장정 동쪽 끝 및 왕험성에 관한 논고」에서 자신 있게 말한 것이 진 장성의 동쪽 끝이 지금의 황해도 수안(遂安)이라는 것이었다.

---

178 필자는 10여년 전부터 파림좌기 일대를 답사했다. 이 지역에 고구려 성이 있다는 것을 알려준 것은 다름 아닌 현지 중국인들이었고, 동북공정 지침이 이 지역까지 내려오지 않았을 때는 파림좌기 박물관 관장까지도 확인해 주었다. 그러나 지금은 파림좌기 박물관 직원은 물론 고구려 토성 부근의 현지인들도 이구동성으로 '고구려성은 없다'라고 반복한다. 중국이 국가 차원에서 역사외곡에 나서고 있다는 반증이다. 그러나 파림좌기 현지에서 고구려 성을 찾기는 어렵지 않고, 고구려 성임을 아는 중국 현지인들을 만나기도 어렵지 않다.

179 노태돈 편저, 『단군과 고조선사』, 사계절, 2010년, 46~47쪽.

"진(秦) 장성(長城)의 동단(東端)은 지금의 조선 황해도 수안(遂安)
의 강역(境)에서 기(起)하여 대동강 상원(上源)으로 나와서 청천강
(淸川江)을 끊고(截), 서북으로 달려, 압록강 및 동가강(佟家江)의
상원(上源)을 돌아서 개원 동북 지역으로 나온다는 사실은『한서』
「지리지(漢志)」에 의해서 의심할 바 없다(이나바 이와기치,「진 장
정 동쪽 끝 및 왕험성에 관한 논고」)"[180]

'낙랑군 수성현'을 '황해도 수안군'이라고 비정한 이나바 이와기치의 주장
이 왜 중요하냐면 이것이 조선총독부의 위치비정과 같기 때문이다. 또한 동북
아역사재단에서 국민세금 47억원으로 제작한『동북아역사지도』도 '낙랑군 수
성현'을 '황해도 수안군'으로 비정하고 있는 것처럼 지금껏 이어지는 역사지리
인식의 시초이기 때문이다.

이나바 이와기치는 진나라 장성의 동쪽 끝이 지금의 황해도 수안이라면
서『한서』「지리지(漢志)」에 의해서 의심할 바 없다고 단정 지었다.『한서』「지
리지(漢志)」는 과연 그렇게 쓰고 있을까? 이나바 이와기치는 "종래(從來) 이렇
게 명백한 사실을 애매모호함 속에 묻어두었다는 사실이 오히려 이상하게 여
길 만하다."[181]라고까지 자신 있게 말했다. 이나바 이와기치는 황해도 수안군
을 낙랑군 수성현(遂城縣)이라고 주장했다. 낙랑군의 25개 속현 중의 하나가
수성현이다. 앞서 연(燕)나라에 수성현이 있었다는 사실은 살펴봤지만『한서』
「지리지」에는 낙랑군의 25개 속현 중의 하나로 수성(遂城)이란 이름만 나와 있
을 뿐 따로 주석도 붙이지 않았다. 그러면 이나바 이와기치는 무슨 근거로 수
성현을 황해도 수안이라고 주장했을까?『사기』「하(夏) 본기」에 이런 구절이 있
다.

180 稻葉岩吉,「秦長城東端及王險城考」,『사학잡지(史學雜誌)』第21篇 第2號, 41쪽.
181 稻葉岩吉,「秦長城東端及王險城考」,『사학잡지(史學雜誌)』第21篇 第2號, 41~42쪽.

"우禹는 기주에서 (치수)사업을 시작했다. 기주에서 먼저 호구산
(壺口山:현재의 산서성 길현 서남쪽)을 다스리고 다시 양산(梁山)
과 기산(岐山)을 다스렸다 … 오이(烏夷)의 가죽옷은 오른쪽으로
갈석산을 끼고 바다로 들어온다. (『사기』「하본기」)[182]

"오이(烏夷)의 가죽옷은 오른쪽으로 갈석산을 끼고 바다로 들어온다."라
는 이 구절에 대한 『사기 색은(索隱)』 주석은 『태강지리지』를 인용한 것으로서
유명하다.

『태강지리지(太康地理志)』는 "낙랑군 수성현에는 갈석산이 있는
데 (만리)장성의 기점이다."라고 말했다.[183]

『태강지리지』는 낙랑군 수성현을 만리장성의 기점이라고 말하고 있기 때
문에 이나바 이와기치는 낙랑군 수성현을 황해도 수안으로 둔갑시켜 만리장
성의 동쪽 끝을 황해도 수안까지 연장한 것이다. 같은 구절에 대해서 『사기색
은』은 『수경(水經)』에 갈석산은 "요서군 임유현 남쪽 수중에 있다"[184]고 주석했
다. 요서군(遼西郡)은 한반도는커녕 요동 서쪽을 뜻한다. 현재의 요동으로 쳐
도 만주 서쪽이다. 식민사학자들의 공통 특징 중의 하나가 논리와 근거가 부
족할수록 말이 장황해지면서 확신에 찬 어조로 결론 내린다는 점이다. 크게
상관도 없는 이야기들을 잔뜩 나열해서 헷갈리게 한 다음 마치 확실한 근거

---

182 "禹行自冀州始. 冀州: 旣載壺口, 治梁及岐 … 鳥夷皮服, 夾右碣石, 入于海"(『史記』, 「夏本紀」)
183 "太康地理志云, "樂浪遂城縣有碣石山, 長城所起"(『史記』, 「夏本紀」 註釋)
184 又水經云, "在遼西臨渝縣南水中"(『史記』, 「夏本紀」 註釋)

가 있는 것처럼 단정하는 식이다. 그럼 이나바 이와기치가 무슨 논리로 낙랑
군 수성현을 황해도 수안군으로 비정했는지 살펴보자.

"(낙랑군) 수성(遂成)이 곧 지금의 수안(遂安:황해도)이라는 것은
『고려사』 지리지에, '수안은 본래 고구려 장새현이다. 일운 고소어
라고 한다.(遂安本高句麗鄣塞縣〔一云古所於〕)'라고 보인다. (이나
바 이와기치, 「진 장정 동쪽 끝 및 왕험성에 관한 논고」)[185]

『고려사』 「지리지」에 황해도 수안군의 고구려 때 명칭이 장새현(鄣塞縣),
또는 고소어(古所於)라고 했다는 것이다. 그런데 수안군의 고구려 때 명칭이
'장새현' 또는 '고소어'라고 했다는 것이 황해도 수안을 낙랑군 수성으로 비정
하는 것과 무슨 관계가 있을까? 아무런 관계도 없다는 사실은 삼척동자도
알 수 있다. 이나바 이와기치의 다음 논리를 보자.

"(황해도 수안군은) 서남(西南)에 자비령(慈悲嶺)이 있고, 동북(東
北)에 요동산(遼東山)이 있는데, 그중에서도 특히 자비령은 험(險)
해서 경성 의주 간의 가장 험준한 길(最難阪路)이라고 일컬어지
고, 대동강 유역과 한수(漢水)의 하우(河盂:물이 고였다는 뜻인
듯)는 수안(遂安) 부근의 산맥에서 남북을 가르는 것이라 되어 있
다. 자비령은 곧 '절령(岊嶺)'으로, 고려 원종(元宗) 때 몽고와의 국
경 경계(國界)에 관계된다. (이나바 이와기치, 「진 장정 동쪽 끝 및
왕험성에 관한 논고」)[186]

185 稻葉岩吉, 「秦長城東端及王險城考」, 『사학잡지(史學雜誌)』第21篇 第2號, 41쪽.
186 稻葉岩吉, 「秦長城東端及王險城考」, 『사학잡지(史學雜誌)』第21篇 第2號, 41쪽.

수안군 서남에 자비령이 있고, 동북에 요동산이 있는 것이 황해도 수안을 낙랑군 수성으로 비정하는 아무런 근거가 될 수 없다는 사실도 굳이 설명할 필요도 없다. 이나비 이와기치는 수안군 동북의 요동산을 갈석산이라고 주장하고 싶었겠지만 괜히 낙랑군 수성현에 갈석산이 있다는 정보만 제공하는 격이 될 수 있기 때문에 '갈석'자는 꺼내지 않았다. 이나바 이와기치의 다음 논거를 보자.

> "『신증 동국여지승람』 황해도 서흥도호부(瑞興都護府)의 산천(山川)조에, "자비령(慈悲嶺)은 부(府)의 서쪽 60리에 있는데, 일명 절령(岊嶺)이라고 한다. 평양에서 서울로 통하는 옛길이다. 세조 때에 호랑이의 피해가 많았고, 또 중국 사신이 대개 극성로(棘城路)로 통행했으므로, 그 길은 드디어 폐지되었다. (이나바 이와기치, 「진 장정 동쪽 끝 및 왕험성에 관한 논고」)" [187]

『동국여지승람』에 자비령이 서흥도호부 서쪽 60리에 있는데 일명 절령이라고 했다는 것이 황해도 수안군을 낙랑군 수성현으로 비정하는 것과 아무런 상관이 없다는 사실도 쉽게 알 수 있다. 또 호랑이의 피해가 많아서 중국 사신이 극성로를 이용했으므로 이 옛 길이 폐지된 것이 황해도 수안군이 낙랑군 수성현이라는 것과 아무 연관이 없다는 사실도 쉽게 알 수 있다. 이나바 이와기치의 논리를 계속 들어보자.

> "이로써 이길(자비령길:괄호는 필자)을 오가는 것의 어려움을 알 만하다. 직접 다녀본 사람(親歷者)의 설에 따르면, 가장 경사가 급한(最急) 곳은 높이가 약 80간(間)이고 경사가 3분의 1 가량이고

---

187 稲葉岩吉, 「秦長城東端及王險城考」, 『사학잡지(史學雜誌)』 第21篇 第2號, 41쪽.

수목이 울창[樹木鬱蒼]하며 절벽[斷崖]이 깎아지른 듯하다. 고개 길(阪路)은 돌이 겹겹이 쌓였는데[石層重疊] 가운데를 가는 것[中央礱]처럼 약방의 벼루같은 형상[藥研之狀]을 이루고 이리저리 굽어서[迂餘曲折] 보행조차 또한 어렵다고 할 만하다. (이나바 이와기치, 「진 장정 동쪽 끝 및 왕험성에 관한 논고」)" [188]

자비령을 다녀본 사람이 자비령 길이 험하다고 했다는 것이 황해도 수안을 낙랑군 수성으로 보는 것과 무슨 관계가 있을까? 아무 관계도 없는 내용을 가지고 관계있는 것처럼 포장해야 하니 현란한 용어들을 사용해서 혼동시키는 것이다. 보통 사용하지 않는 '석층중첩(石層重疊), 중앙롱(中央礱), 약연지상(藥研之狀)'같은 용어를 거듭 사용하는 것은 이유가 있다. 이런 용어의 뜻을 모르면 자신의 결론에 이의를 제기하지 말라는 시사다.

이 문장 다음 글이 바로 앞에서 인용한 결론으로서, "진(秦) 장성(長城)의 동단(東端)은 지금의 조선 황해도 수안(遂安)의 강역(境)에서 기(起)하여 … 개원 동북 지역으로 나온다는 사실은 『한서』「지리지(漢志)」에 의해서 의심할 바 없다"는 것이다.

결론만큼은 확신에 차서 '의심할 바 없다'고 했지만 정작 그가 근거로 든 『한서』「지리지」에는 황해도 수안은커녕 한반도에 대한 기술 자체가 전혀 없다. 『한서』「지리지」에 전혀 나오지 않는 내용을 가지고 나오는 것처럼 호도하는 것도 학문이라고 할 수 있을까? 일제 식민사학은 그래서 학문이 아니라 정치선전술에 불과하다.

지금까지 살펴본 것처럼 이나바 이와기치가 낙랑군 수성현을 황해도 수안군이라며 제시한 논거 중에 사료적 근거가 있는 내용은 하나도 없다. 그런

---

188 稲葉岩吉, 「秦長城東端及王險城考」, 『사학잡지(史學雜誌)』第21篇 第2號, 41쪽.

데도 『동북아역사지도』의 사례에서 보듯이 아직도 낙랑군 수성현을 황해도 수안으로 비정하고 있다.

이나바 이와기치의 '낙랑군 수성현=황해도 수안군'설을 받아들인 국내사학자가 이병도인데, 그의 논리도 검토해보자.

> 「(낙랑군) 수성현(遂城縣)(…) 자세하지 아니하나, 지금 황해도 북단에 있는 수안(遂安)에 비정하고 싶다. 수안에는 승람 산천조에 요동산(遼東山)이란 산명이 보이고, 관방조(關防條)에 후대 소축(所築)의 성이지만 방원진(防垣鎭)의 동서행성의 석성(石城:고산자〔古山子:김정호〕의 대동지지〔大東地志〕에는 이를 패강장성〔沛江長城〕의 유지〔遺址〕라고 하였다)이 있고, 또 진지(晉志)의 이 수성현 조에는-맹랑한 설이지만 - 「진대장성지소기(秦代長城之所起;진나라 때 장성이 시작된 곳)」라는 기재도 있다. 이 진장성설은 터무니없는 말이지만 아마 당시에도 요동산이란 명칭과 어떠한 장성지(長城址)가 있어서 그러한 부회가 생긴 것이 아닌가 생각된다. 그릇된 기사에도 어떠한 꼬투리가 있는 까닭이다. (이병도, 「낙랑군고」)」 [189]

이병도는 비록 이나바 이와기치라는 이름을 들지는 않았지만 낙랑군 수성현이 황해도 수안이라는 이나바 이와기치의 주장을 그대로 받아들이고 있다. 그러면서 『태강지리지(太康地理志)』[190]의 "낙랑군 수성현에는 갈석산이 있

---

189 李丙燾, 「樂浪郡考」『修訂版 韓國古代史研究』, 148쪽. 이병도의 이런 주장에 대해서는 필자가 『한국사, 그들이 숨긴 진실』(역사의 아침, 2009)의 80~97쪽에서 자세하게 반박했으므로 참조하기 바란다.

190 태강(太康)은 서진(西晉)의 무제(武帝) 사마염(司馬炎)의 연호로서 오(吳)나라를 멸망시키고 중원을 통일한 것을 기점으로 원년을 태강으로 바꾼 것인데, 서기 280~289년까지이다. 『태강지리지』는 이때 만든 지리지다. 식민사학계에서 고구려 미천왕이 재위 14년(313) 낙랑군을 멸망시켰다고 주장하기 이전

는데 (만리)장성의 기점이다'라는 내용에 부합되게 하기 위해서 '요동산'과 '방원진 석성'을 언급했다. 수안군 요동산이 갈석산이고, 방원진 석성이 만리장성이라고 주장하고 있는 셈이다. 이병도는 고산자 김정호가 『대동지지』에서 방원진 석성에 대해 '패강장성(浿江長城)의 유지(遺址)'라고 말했다고 부기했지만이는 방원진석성이 아니라 성현행성(城峴行城)에 대한 설명이다. 북한에서 편찬한 『조선향토대백과(2008』에 따르면 성현행성은 "평안북도 의주군 삼하리의서남쪽 덕현로동자구와의 경계에 있는 고개"로서 고려 때 축조한 성벽의 일부가 남아 있다고 한다. 성현을 일명 성고개라고도 한다는데 이는 평북 의주에있는 성에 대한 설명이지 황해도 수안에 있는 성과는 아무런 상관이 없다. 김정호의 『대동지지』 황해도 수안군[191] 조에 나오지만 『동국여지승람』에 나와 있는 내용을 그대로 적었을 뿐이다.

이병도의 이 '수성현'조의 문제에 대해서는 『한국사, 그들이 숨긴 진실』의 79~109쪽에서 자세하게 언급했으므로 따로 언급하지는 않겠다. 그러나 이병도가 '맹랑한 설', '터무니 없는 말'이란 전제를 달고도 인용한 『진지(晉志)』, 즉 『진서(晉書)』 「지리지」 수성현 조에 '진나라 때 장성이 시작된 곳(秦代長城之所起)'라는 기사를 인용한 것에 대해서는 설명할 필요가 있다. 이병도의 결론은 낙랑군 수성현을 황해도 수안으로 '비정하고 싶다'는 것이다. 따라서 『진서』 「지리지」에 나오는 장성 기사는 황해도 수안과 관련이 있는 내용이어야 한다. 그러나 『진서』 「지리지」 수성현 조는 '낙랑군 수성현'에 관한 내용이지 '황해도 수안군'에 관한 내용이 아니다. 『진서』 「지리지」 '낙랑군 수성현'조를 보자.

에 편찬되었고, 역도원이 '고조선 왕험성=고구려 평양성'이란 고정 관념 아래에서 『수경주』를 편찬하기 이전 시기에 편찬되었기에 중요하다.

191 金正浩, 黃海道, 遂安郡 城地 條, 『大東地志』, 386쪽. 樂浪郡 條.

「평주(平州) 낙랑군:한나라에서 설치했다. 6개현을 거느렸다. 호수
는 3천7백이다. 조선현:주나라에서 기자를 봉한 지역이다. 둔유(屯
有)현. 혼미(渾彌)현. 수성(遂城)현〔:진나라에서 쌓은 장성이 일어나
는 곳이다:秦築長城之所起〕. 누방(鏤方)현. 사망(駟望)현 (『진서(晉
書)』「지리지」 4. 평주 낙랑군)」[192]

이는 사마씨가 세운 진(晉)나라 평주 소속 낙랑군에 대한 설명이다. 진나
라 때 평주 낙랑군에는 6개 현이 있었는데, 그 중 하나가 수성현이라는 것이
다. 이 수성현이 진시황 때 쌓은 만리장성의 동쪽 끝이라는 내용이다. 이는 진
(晉)나라 소속의 낙랑군 수성현에 대한 내용이지 황해도 수안군과는 전혀 상
관이 없다. 그런데 이병도는 낙랑군 수성현이 황해도 수안군이란 근거를 제
시하겠다면서 『진서』의 이 내용을 삽입한 것이다. 황해도 수안군에 대한 『고려
사』「지리지」의 해당 글은 아래와 같다.

「수안현은 본래 고구려 장새현이다(일설에는 고소어라고도 한다),
신라 때는 서암군이 관할하는 영현(領縣)이었는데 고려 초에 수안
(遂安)으로 개명하고, 곡주(谷州) 관할로 소속시켰다가 후에 현령
을 두었다. 충선왕 2년에 원나라의 사랑을 받는 환관 이대순(李大
順)의 요청으로 수주(遂州)로 승격시켰다. 〔일설에는 이 군사람 이
연송(李連松)이 나라에 공로가 있다고 군으로 승격시켰다고 한다〕
(『고려사』 58권, 지리지 3, 서해도)」[193]

---

192 "樂浪郡:漢置. 統縣六, 戶三千七百. 朝鮮; 周封箕子地. 屯有. 渾彌. 遂城:秦築長城之所起. 鏤方. 駟望(『晉
書』地理志 4. 平州 樂浪郡) 朝鮮周封箕子地. 屯有 渾彌 遂城秦築長城之所起. 鏤方 駟望晉書』卷一十四
志第四, 地理志 上 (晉書』卷一十四 志第四, 地理志 上)진나라 때 낙랑군에는 둔유(屯有)·혼이(渾彌)·수
성(遂城:秦築長城之所起)·루방(鏤方)·사망(駟望)의 6개현이 있었다.
193 "本高句麗獐塞縣(一云古所於), 新羅時, 爲栖巖郡領縣. 高麗初, 改今名, 屬谷州任內, 後置縣令. 忠宣王二

이나바 이와기치나 이병도가 낙랑군 수성현(遂城縣)을 황해도 수안군(遂安郡)으로 비정한 근거는 '수(遂)'자 한 자가 같다는 것 외에는 아무 것도 없다. 그런데 『고려사』 「지리지」는 '고려 초에 수안으로 개정'했다고 말하고 있다. 낙랑군이 설치된 지 1천여년이 지나서야 '수(遂)'자가 생긴 것이었다. 따라서 이나바 이와기치나 이병도가 낙랑군 수성현을 황해도 수안으로 비정한 것은 단 하나의 근거도 없음을 알 수 있다.

『태강지리지』의 "낙랑군 수성현에는 갈석산이 있는데 (만리)장성의 기점이다"라는 서술과 황해도 수안은 단 하나도 부합하지 않는다. 갈석산은 현재 하북성 창려(昌黎)시에 있으며, 『수서(隋書)』 등은 창려 일대에 과거의 수성(遂城)현이 있었다고 전해주고 있다.[194] 창려시 북단에 갈석산(碣石山)이 있다.[195] 그 북쪽에 낙랑군 조선현이라는 현재의 하북성 노룡현이 있다. 그리고 창려시 동쪽에 현재 만리장성의 동쪽 끝인 산해관(山海關)이 있는데 이는 진한(秦漢) 때의 장성이 아니라 명나라 때 것이다. 명나라 때에야 겨우 이곳까지 이르렀다는 뜻이다. 『독사방여기요』는 노룡현 북쪽에 장성이 있다고 했는데 이 성이 언제 때 것인지는 알 수 없다. 창려라는 지명은 시대에 따라 조금씩 이동하지만 『태강지리지』의 내용과 부합하는 지역은 현재의 하북성 창려현 지역이지 황해도 수안군일 수는 없다는 점은 분명하다.

낙랑·대방군은 평양에서 요동으로 이주했는가?

年, 以元嬖宦李大順之請, 陞爲遂州(一云, 以郡人李連松, 有勞於國, 陞爲郡)"(『高麗史』 卷五十八, 「地理志」 三, 西海道)

194 수성현과 갈석산, 만리장성의 동쪽 끝 부분에 대해서는 필자의 『한국사, 그들이 숨긴 진실』(역사의 아침, 2009)의 85~97쪽을 참조하기 바란다.

195 갈석산은 하북성 창려시 북쪽과 산동성 빈주(濱州) 무체(無棣)현의 갈석산진(碣石山鎭)에도 있다. 산동성 갈석산은 한나라와 고조선의 국경 역할을 하던 갈석산으로 보는 견해도 있어왔다.

이나바 이와기치와 이병도의 주장, 즉 황해도 수안군이 낙랑군 수성현이라는 주장이 사실로 받아들여지려면 갈석산이 있어야 하고 만리장성의 유지(遺址)가 황해도 수안군에 있어야 한다. 그러나 그런 산이나 유적은 전혀 없다. 현재 중국과 일본의 지리부도는 모두 만리장성이 한반도 서북부 깊숙한 곳까지 들어와 있었던 것으로 그려놓고 있다. 한국의 역사지리부도 역시 낙랑군을 평안도, 대방군을 황해도로 비정하고 있다.

2015년 대한민국 국회의 동북아역사왜곡특별위원회에서 동북아역사재단에서 발주한 『동북아역사지도』 제작진에게 한사군을 한반도 북부로 비정한 사료적 근거를 제출해 달라고 요구한 적이 있었다. 이때 『동북아역사지도』 제작진은 대부분의 근거를 이병도의 『한국고대사연구(1976)』와 낙랑군이 평양일대에 있었다는 주장으로 박사학위를 받은 오영찬의 『낙랑군연구(2006)』를 근거로 제시했다. 낙랑군 수성현에 대해서 '전한(前漢)' 때의 현이라며 존속시기는 서기전 108~313년이라고 제시했고, 그 지점은 황해도 수안군으로 제시했다. 그리고 근거로는 이병도의 『한국고대사연구』만을 제시했다.[196]

나머지 낙랑군 속현(屬縣)의 위치 비정에 대해서 『동북아역사지도』 제작진이 근거로 제시한 인물들은 이병도, 오영찬 외에 일제 강점기 때의 일본인 학자들이 다수였다. 세키노 타다시(關野貞)와 고마이 가즈치카(駒井和愛: 1905~1971), 쓰다 소키치, 1937년 조선총독의 의뢰로 만주철도 조사부에서 만주·몽골과 한국고대사를 광범위하게 왜곡한 이케우치 히로시(池內宏: 1878~1952) 교토제국대학의 우메하라 스에지(梅原末治: 1893~1983), 도쿄제국대학의 와다 세이(和田淸: 1890~1963) 등이었다. 모두 한사군의 위치를 한반도 내로 비정한 일인 학자들이었다.

---

196 대한민국 국회 동북아역사왜곡특별위원회에 제출한 동북아역사지도의 위치 비정 근거사료 중 낙랑군 수안군 부분(2015. 3월)

주 제	국 가	시 기	분 류	위 치	논 자	출 전	전 거	원 문
낙랑군 (遂成縣)	전한(前漢)	B.C. 108년~313 년	지점	황해도수 안군(遂安郡)	이병도	1976,『韓 國古代史 研究』, 朴 英社, 148 쪽.		

〈표2〉 대한민국 국회, 동북아역사지도 제작진이 동북아역사왜곡특위에 제출한 자료

2015년 국고로 제작한『동북아역사지도』제작진은 한사군을 한반도 내로 비정하는 대부분의 논리를 이병도를 비롯한 일제강점기 때의 일본인 학자들에게서 가져왔다. 그러나 이들 모두 1차 사료적 근거를 제시하지 못했다. 그런 사료가 존재하지 않기 때문이다.

조선총독부 중추원 산하 조선반도사편찬위원회에서 편찬한『조선반도사』는 기자 위만조선의 강역을 평남 일대의 소국으로 비정했다.『조선반도사』에서 만든 이런 위치비정은 해방 후에도 엄밀한 비판과정 없이 그대로 받아들여졌다. 그러나 중국의 고대 사료에 낙랑군이 중국 하북성 일대에 있었다는 사료가 계속 나올 뿐만 아니라 하북성과 내몽골 일대에서 고조선의 유적, 유물이 계속 발굴되면서 더 이상 이런 견해를 유지하기가 어려워졌다. 또한 북한 강역에는 만리장성의 유적이 전혀 없었다.

이런 변경된 상황에 대해서 설명이 필요해졌다. 그래서 나온 것이 이른바 고조선 중심지 이동설이다. 이는 사실상 위만조선의 중심지 이동설인데, 두 형태로 전개되었다. 하나는 요동에 있던 고조선의 중심지가 평양일대로 이동했다는 것이고, 다른 하나는 평양에 있던 중심지가 요동으로 이동했다는 것이다.

먼저 만리장성 문제를 검토해보자. 이나바 이와기치와 이병도는 만리장성이 황해도 수안까지 들어왔다고 말했지만 노태돈은 "한반도 서북부 지역에

서 현재까지의 조사에 의할 때 진 장성의 터로 의심되는 유적이 전혀 확인되지 않고 있다"[197]라고 수정했다. 노태돈은『사기』·『한서』·『삼국지』등에 한반도 내에 장성의 유적이 있었다는 언급이 없다면서, "위의 사서들이 편찬된 시기는 중국 세력이 반도 서북부를 지배하던 때로서, 낙랑군이 존속하고 있던 시기인데도 그러하다"[198]라고 덧붙였다. 만리장성이 한반도 서북부 지역에서 그 흔적을 찾을 수 없다는 말은 맞지만『사기』·『한서』·『삼국지』등의 사서들이 편찬된 시기를 "중국 세력이 반도 서북부를 지배하던 때로서, 낙랑군이 존속하고 있던 시기"라고 단정 지은 것은 사료적 근거를 제시해야 할 문제이다. 더구나『삼국지』는 조조(曹操)의 위(魏)나라 시기를 말하는데 위나라가 한반도 서북부 지역을 지배하고 있었다는 서술은『삼국지』에도 전혀 나오지 않는다. 이 시기는 이미 고구려가 요동반도는 물론 그 서쪽까지 장악하고 있을 때로서 위나라가 한반도 서북부를 장악하고 있을 수는 없다.

노태돈은 "낙랑군 수성현 지역에까지 진이 장성을 축조하였을 개연성을 인정하기는 어렵다. 이러한 면들을 고려할 때, 낙랑군 수성현설은 인정하기 어렵다"[199]고 말했다. 진나라가 낙랑군 수성현까지 만리장성을 쌓았을 개연성은 인정하기 어렵다는 말이다. 만리장성이 한반도 내까지 들어오지 않았다고 보는 것은 전향적이지만 낙랑군 수성현을 여전히 황해도 수안군으로 비정한 것은 사료에 기초한 해석이라고 보기 힘들다. 황해도 수안군이 낙랑군 수성현이라는 이나바 이와기치와 이병도의 주장은 아무런 사료적 근거가 없다고 이미 설명했다. 황해도 수안군에는 만리장성 유적이 전혀 없다. 황해도 수안에는 갈석산도, 장성도 없으므로 낙랑군 수성현 지역이 아닌 것이다. 그러나

---

197 노태돈 편저,『단군과 고조선사』, 사계절, 2010년, 53쪽.
198 노태돈 편저,『단군과 고조선사』, 사계절, 2010년, 53쪽.
199 노태돈 편저,『단군과 고조선사』, 사계절, 2010년, 54쪽.

결론은 여전히 황해도 수안군이 낙랑군 수성현이라는 것이다. 노태돈 교수는 이렇게 설명하고 있다.

> "이를 요약하면 다음과 같다. 낙랑군 수성현 갈석산설은 진(晉)대에서 새로이 생긴 것이다. 그 뒤 낙랑군이 요서 및 하북지역으로 이치됨에 따라 수성현설이 이치된 지역에 부화되었으며, 그것은 요서설과도 혼합되는 면을 보였다. 요서설은 북제·북주 및 수의 장성이 갈석에 이르러 요서의 해안에 도달하였다는 실제 장성수축 사실과 깊이 결부되어 유포되었던 것으로 여겨진다. 두 설은 모두 후대의 산물이다. 진 장성의 동단은 『사기』·『한서』의 기록과 현전하는 장성 유지를 통해 볼 때 요동설이 타당하다.
> 이렇듯 진 장성이 요동에 이르렀다면, 진·한의 요동군은 지금의 요동군에 있었던 것이 되며, 낙랑군은 자연 그 동쪽인 한반도 서북부 지역이 분명해진다. (노태돈, 「고조선 중심지역 변천에 대한 연구, 『단군과 고조선사』)" [200]

노태돈의 윗 글은 세 가지로 분류할 수 있다. 첫째 낙랑군 수성현 갈석산설은 진나라 때 새로 생겼다는 것이다. 둘째 낙랑군이 요서 및 하북지역으로 이치되었다는 것이다. 셋째 진 장성은 요동에 있었고, 낙랑군은 그 동쪽인 한반도 서북부 지역에 있었음이 분명하다는 것이다. 그럼 이 세 가지 주장에 대해서 분석해보자.

첫째 '낙랑군 수성현 갈석산설이 진(晉)대에 새로이 생긴 것'이라고 주장에 대해서 살펴보자. 『태강지리지』에 "낙랑군 수성현에는 갈석산이 있는데, (만리)장성의 기점이다"라고 서술되어 있는 것이 진(晉)나라 때 생긴 말이라는

200 노태돈 편저, 『단군과 고조선사』, 사계절, 2010년, 58쪽.

뜻이다. 평양지역에 있던 낙랑군이 요서 및 하북지역으로 이치되면서 황해도 수안에 있던 낙랑군 수성현도 요서지역으로 이치되었고, 그에 따라 낙랑군 수성현 갈석산설이 '진(晉)대에 새로이 생긴 것'이라는 설명이다.

낙랑군 수성현 갈석산설은『태강지리지(太康地理志)』에 나오는 기술이다. 따라서 노태돈의 주장이 타당성을 가지려면『태강지리지(太康地理志)』는 313 년 이후에 작성된 지리지여야 할 것이다.『태강지리지』자체는 남아 있지 않지 만 진(晉)나라 태강(太康) 연간에 작성한 지리지다. 태강은 서진(西晉)의 무제 (武帝) 사마염(司馬炎)의 세 번째 연호로서 서기 280년~289년까지이다. 위(魏) 나라로부터 선양의 형식으로 나라를 받아 진(晉)나라를 세운 무제가 그 전의 연호인 연호는 함녕(咸寧)을 태강(太康)으로 바꾼 이유가 있다. 함녕 6년(280) 3월 오나라 손호(孫皓)가 드디어 진나라에 항복했다. 손호는 오나라 손권의 셋 째아들인 손화(孫和)의 큰 아들로서 오나라의 마지막 군주였다. 이로써 삼국 시대가 끝나고 통일왕국 진나라 시대가 열린 것이다. 진나라는 오나라를 멸 망시킨 것을 기념해서 크게 편안하다는 뜻의 태강(太康)으로 연호를 고친 것 이었다. 후한(後漢)이 몰락하고 위·촉·오(魏蜀吳)가 다투었던 삼국시대는 서 기 280년 위나라의 선양을 받은 진나라의 승리로 끝났다. 진 무제는 전국 통 일기념으로 태강(太康)이란 연호를 제정하고 전국을 진나라 행정구역으로 넣 은 전국적인 지리지를 만들었는데, 이것이『태강지리지』다.

『진서』「지리지」는 총서(總敍)에서 "진(晉) 무제(武帝) 태강(太康) 원년(280) 이미 손씨(孫氏: 오나라)를 평정하고 무릇 군국(郡國) 23개를 증설해서 설치했 다"면서 23개 군국에 대해서 설명하고 있다.『진서』「지리지」는『태강지리지』를 근거로 작성되었음이 분명하다.『진서』「지리지」는 청주(靑州) 산하의 제남군 (濟南郡)에 대해 설명하면서, "한나라에서 설치했다 (…) 혹자는 위(魏)나라에 서 촉(蜀)나라를 평정한 후 그 호족과 장수들을 제하(濟河) 북쪽으로 이주시

컸는데, 이 때문에 제민군(濟岷郡)이라고 개명했다. 그러나 『태강지리지』에는 제민군에 대한 설명이 없어서 자세하게 알 수 없다"[201]라고 쓰고 있다. 『진서』 「지리지」를 편찬할 때 태강지리지가 주요 근거 중 하나였다는 뜻이자 『태강지리지』가 특정 지역의 변천 사항을 말해주는 기준 역할을 했던 지리지라는 뜻이다.

조선총독부에서 편찬한 『조선반도사』는 서기 313년 고구려 미천왕이 낙랑군을 멸망시킴으로써 한사군이 비로소 멸망했다고 주장하고 있다. 따라서 그 전인 태강 연간(280~289)에는 낙랑·대방군이 한반도 서북부에 존재하고 있었다는 것이다. 그런데 『태강지리지』에는 "낙랑군 수성현에는 갈석산이 있는데, 만리장성의 (만리)장성의 기점이다"라고 말하고 있다. 『조선반도사』의 기술대로라면 낙랑군이 한반도 서북부에 있을 때의 기록이다. 따라서 『태강지리지』가 "낙랑군에는 수성현에는 갈석산이 있고 만리장성의 기점이다"라고 쓴 시기는 노태돈 등이 낙랑군 수성현 등이 황해도 수안에 있었다고 보고 있는 때이다. 현재 갈석산은 하북성 창려현에 있는데 그 동쪽에 명나라 때 쌓은 만리장성의 동쪽 끝인 산해관(山海關)이 있다. 창려현은 『수서(隋書)』 등에 옛 수성현이라고 기록하고 있고, 『독사방여기요』에는 창려현 북부 노룡현 북쪽에 장성의 유지가 있다고 기록하고 있다. 『태강지리지』의 "낙랑군 수성현에는 갈석산이 있는데, (만리)장성의 기점이다"라는 기술이 모두 사실로 드러난 것이다.

『태강지리지』는 조선총독부에서 편찬한 『조선반도사』에서 낙랑·대방군이 한반도 서북부에 있었다고 주장하는 서기 280~289년 경에 작성된 지리지이다. 조선총독부의 논리대로라면 후대가 아니라 낙랑, 대방군이 한반도 서북부에 현존할 때 작성된 당대의 지리지이다. 『태강지리지』에 문제를 제기하

---

201 "濟南郡漢置. 統縣五, 戶五千. 或云魏平蜀, 徙其豪將家於濟河北, 故改爲濟岷郡, 而太康地理志無此郡名, 未之詳"(『晉書』 「地理志」 靑州 濟南郡)

려면 다른 사료와 교차 검증을 통해서『태강지리지』의 내용이 문제가 있음을 역사학적으로 논증해야 하지만 그런 사료는 존재하지 않는다.『태강지리지』는 후대에 작성된 지리지가 아니라 중원을 통일한 진(晉)나라가 전국을 진나라의 단일한 행정체제 내에 편재시킬 목적으로 편찬한 당대의 지리지다.

둘째 낙랑군이 요서 및 하북지역으로 이치되었다는 주장에 대해서 살펴보자. 평양에 있던 낙랑군이 하북성으로 이주했다는 주장을 교군(僑郡)설 또는 교치(僑置)설이라고 한다. 교군 또는 교치란 '교(僑)'자가 잠시라는 뜻이 있는 것처럼 잠시 설치했다는 뜻이다. 교군, 교치설에 대한 노태돈 교수의 주장을 살펴보자.

"313년 평양의 낙랑군이 소멸된 후, 낙랑·대방군 등은 요서 지방에 이치되었다. 이치된 낙랑군 등은 몇 차례 설치와 폐지를 되풀이하다가 537년 당시 남영주(南營州)에 낙랑군이 설치되었다. (노태돈, 「고조선 중심지역 변천에 대한 연구,『단군과 고조선사』)" [202]

평양에 있던 낙랑군이 313년에 멸망된 후 낙랑·대방군 등이 요서지방에 교치되었다는 내용이다. 이는 조선총독부에서 편찬한『조선반도사』에서 이마니시 류가 가장 먼저 주장한 내용이다.『조선반도사』의 해당 내용을 보자.

「당시(4세기초) 요동에 모용씨(慕容氏)가 흥기(興起)해 고구려를 압박하여 고구려의 남진 기세를 제어하고 있어 잔존할 수 있었다. 당시 대방·낙랑의 잔민(殘民)은 대동강 남쪽(아마 봉산(鳳山)부근) 지방에 요동의 장통(張統)이라는 자를 수령으로 반(半)독립국을 세웠으며, 장통은 대방태수(帶方太守)라고 칭하며, 고구려의 미

---

202 노태돈 편저,『단군과 고조선사』, 사계절, 2010년, 59쪽.

천왕과 계속 교전하였는데, 결국 이를 견디지 못하였다. (『조선반
도사』)」[203]

　『조선반도사』의 견해는 이런 것이다. 3세기 후반 고구려가 일어나면서 한
반도 서북부의 낙랑군은 대동강 북쪽의 대부분 강역을 잃고 6개 현만 남아
서 대동강 남쪽으로 옮겼다는 것이다. 대방도 진(晉)나라의 군현이었으나 백
제가 흥기했기 때문에 실제로는 토호(土豪)의 나라로서 명맥을 유지하는 정도
였다는 것이다. 그나마 『조선반도사』는 당시 중국의 정치상황을 인정하지 않
을 수 없기 때문에 진(晉)나라 때면 반(半)독립국가 형태로 존재했다고 설명했
다. 진(晉)나라가 처한 상황으로 볼 때 한반도 서북부를 계속 통치하고 있었다
고 주장하기는 힘들었기 때문이었다. 『조선반도사』의 뒷부분을 계속 보자.

　　「건흥(建興) 원년(313) (장통이)그 땅을 버리고 그 백성 천여 가
　　(家)를 이끌고 모용씨에게 귀속하여 요동으로 이주하였다. 이후
　　지리적 호칭으로서 낙랑·대방이라는 이름은 조선 반도에 남았
　　고, 요동에는 두 군의 교치(僑治)가 있어 정치적 호칭은 남았으
　　나 조선 반도에서 한(漢)나라 군현이라는 그림자는 이로써 완전
　　히 사라졌다. 실로 사군(四郡)을 설치한 지 422년이 흐른 후였
　　다. (『조선반도사』)」[204]

　『조선반도사』의 논리는 요동의 장통이 대동강 남쪽에 반(半)독립국 상태
로 낙랑·대방군을 유지하고 있었는데, 고구려 미천왕과 싸움에서 이기지 못

---

203 『조선반도사』제1편, 「상고·삼한」 '개설'. 연도미상, 미국 하와이대학 해밀튼도서관 소장, 여기서는 『친일
　　반민족행위관계사료집 V-일제의 조선사 편찬사업』, 152쪽에서 재인용.
204 『조선반도사』제1편, 「상고·삼한」 '개설'. 연도미상, 미국 하와이대학 해밀튼도서관 소장, 여기서는 『친일
　　반민족행위관계사료집 V-일제의 조선사 편찬사업』, 152~153쪽쪽에서 재인용.

하자 1천여 가를 데리고 요동으로 이주해 모용씨에게 귀부했다는 것이다. 이후 한반도에는 낙랑·대방이라는 이름만 남았고 요동에 낙랑·대방군이 설치되었는데, 이것이 교치(僑置)라는 것이다.

그러면 먼저 『조선반도사』는 무슨 근거로 이런 주장을 했는지 살펴보자. 먼저 낙랑군이 요서지역으로 교치되었다는 이야기는 『자치통감(資治通鑑)』에 나온다.

> "요동사람 장통(張統)이 낙랑, 대방 2군을 근거로 고구려 을불리(미천왕)와 서로 공격했는데, 해를 계속해도 해결하지 못했다. 낙랑사람 왕준(王遵)이 장통을 설득해서 그 백성 1천여 가(家)를 거느리고 모용외에게 귀부하자 모용외가 낙랑군을 설치하고, 장통을 낙랑태수로 삼고, 왕준을 참군사(參軍事)로 삼았다.(『자치통감(資治通鑑)』「권88」진기(晉紀) 10)[205]

『자치통감』의 이 기사는 요동사람 장통이 낙랑·대방군을 근거로 고구려 미천왕과 다투다가 이기지 못하자, 낙랑사람 왕준이 장통을 도주하자고 설득했다는 것이다. 그래서 장통이 1천여 가를 데리고 요동으로 가서 연나라 모용외에게 귀부하자 모용외가 낙랑군을 설치해서 장통을 낙랑태수로 삼았다는 이야기다. 과연 이 기사를 서기전 108년부터 313년까지 한반도 서북부에 있던 낙랑·대방군이 요서 및 하북성 일대로 교치했다고 말할 수 있을까? 더군다나 이 기사는 당대의 정사도 아니고 북송의 사마광(司馬光: 1019~1086)이 편찬한 『자치통감(資治通鑑)』에 '이보다 앞서'라는 형태의 부속 기사로 나온다.

---

205 "遼東張統據樂浪,帶方二郡, 與高句麗王乙弗利相攻, 連年不解樂浪王遵說統帥其民千餘家歸廆, 廆爲 之置樂浪郡, 以統爲 太守, 遵參軍事,(『資治通鑑』「卷88 晉紀10」)

313년의 사건을 적으면서 '이보다 앞서'라고 부기한 것은 이 사건이 꼭 313년에 발생한 사건이 아닐 수도 있다는 뜻이다.

『조선반도사』는 313년까지 낙랑·대방군이 한반도 서북부에 있었다는 것을 전제로 논리를 펼치고 있다. 그런데 『자치통감』은 장통에 대해 '요동사람 장통(遼東張統)'이라고 표현하고 있다. 요동사람 장통의 활동지는 당연히 고대 요동이지 『조선반도사』의 주장처럼 황해도 봉산 부근이 되기는 어렵다. 또한 장통이 낙랑사람 왕준의 설득을 받고 데리고 간 것은 '백성 1천여 가(其民千餘家)'다. 이는 군인뿐만 아니라 민간인을 포함했기에 사용한 용어이다. 당시 한 집안을 5~7명 정도로 추산하는데 6명으로 잡을 경우 6천여 명이다. 이중 절반 가량이 여성이면 남성은 3천 명 정도인데, 아이와 노인들을 빼면 장정은 1천5백명을 넘기는 힘들 것이다.

『조선반도사』는 모두 장통과 고구려 미천왕의 싸움터를 대동강 남쪽이라고 보고 있다. 그럼 다른 나라도 아닌 북방의 고구려와 싸우다가 패해서 백성 1천여 가를 데리고 도주하는 장통이 대동강 남쪽에서 북방의 고구려 강역 수천 리를 뚫고 지금의 하북성 북부에 있었던 연나라 모용외에게 갈 수 있을까? 고구려 군사는 자신들과 싸우다가 도주하는 1천여 가의 백성들이 자신의 강역 수천 리를 통과하는 것을 눈뜨고 보고만 있었을까?

또 백성 1천여 가의 의미에 대해서 생각해보자. 『한서』 「지리지」 낙랑군조는 낙랑군의 인구가 6만2812호에 40만6748명이라고 말하고 있고, 현도군은 4만5천6호에 인구가 22만1845명이라고 말하고 있다. 낙랑, 현도 두 군의 호구수만 10만7818호에 인구는 62만8593명이다.[206] 아무리 한사군의 규모가 축소되었다고 해서 10만8천여 호, 62만여 명의 백성들 중 1천여 가(家)가 모용외에게 도주한 것을 낙랑·대방군이 모두 이주한 것이라고 볼 수 있을까?

---

206 『漢書』 「地理志」 下.

이런 상황 등을 고려하면 요동사람 장통이 고구려 미천왕과 싸운 곳은 고대 요동이지 대동강 남쪽이라고 보기는 어렵다. 1천여 가를 데리고 대동강 남쪽에 고립적으로 웅거하면서 미천왕 때의 고구려와 수년 동안 맞선다는 것도 있을 수 없는 일이다.

조선총독부에서 편찬한 『조선반도사』가 장통이 대동강 남쪽에서 반(半)독립국 형태로 낙랑·대방군을 유지하고 있었다고 서술했던 이유가 중국 동북지역, 즉 지금의 하북성, 내몽골, 요녕성 일대의 정치상황을 보면 도저히 중국에서 한반도 서북부까지 지배했다고 볼 수는 없기 때문이었다.

낙랑·대방군이 이주했다는 313년을 전후한 중국 북방사를 일별해 보면 중원 왕조가 한반도 서북부를 지배했다고 보기는 대단히 어렵다. 304년부터 439년까지 오호십육국(五胡十六國)시대가 전개되어 135년 동안 무려 열여섯 왕조가 명멸하던 시기였다. 두 세 왕조가 동시에 존속하는 경우도 적지 않았다. 간단하게 16국의 명멸 기간을 살펴보자. 국호, 존속기간, 왕조를 설립한 민족명의 순으로 작성했다.

「한(漢:304~318:흉노)→전조(前趙:318~329, 흉노①한과 전조를 한 왕조로 계산함)→성(成:306~338:저[氏])→한(漢:338~347, 저[氏]②성과 한을 한 왕조로 계산함)→③전량(前涼:314~376:한[漢])→④후조(後趙:319~351:갈[羯])→⑤전연(前燕:337~370:선비)→⑥전진(前秦:351~394:저[氏])→⑦후연(後燕:384~407:선비)→⑧후진(後秦:384~417:강[羌])→⑨서진(西秦:385~400, 409~431:선비)→⑩후량(後涼:389~403:저[氏])→⑪남량(南涼:397~414:선비)→⑫남연(南燕:398~410:선비)→⑬서량(西涼:400~421:한[漢])→⑭북량(北

涼:397~439:흉노)→⑮ 호하(胡夏:407~431: 흉노철불(匈奴鐵弗)→16
북연(北燕:407~436:고구려·한(漢))」

이중 어느 나라가 한반도 서북부에 있던 낙랑군과 대방군을 '요서지방
에 이치'했을까? 북방 민족들인 이들이 왜 한(漢)나라가 세운 낙랑·대방군
등을 자신들의 지배 지역에 재건했을까? 게다가 장통이 귀부했다는 모용외
(269~333)가 세운 나라는 위의 열여섯 국가 중에 존재하지도 않는다. 모용외
는 위의 열여섯 왕국 중의 하나를 세우지도 못했다. 다만 그의 아들인 모용
황(慕容皝: 297~348)이 337년에야 위의 ⑤번째 왕조인 전연(前燕)을 세우는데
이 왕조는 불과 33년만인 370년 멸망한다. 요동사람 장통은 고대 요동에서 고
구려 미천왕과 맞서다가 불리하자 1천여 가를 거느리고 조금 더 서쪽의 모용
외에게 도주한 것일 뿐이다.

진(晉: 265~316)나라 때 낙랑군은 평주(平州)에 속해 있었다. 이 낙랑군이
대동강 남쪽에 있다가 요동으로 옮겼다면『진서』「지리지」평주(平州)조에 그
런 내용이 나와야 한다. 평주 산하에 창려군, 요동국, 낙랑군, 현도군, 대방군
이 있기 때문이다.『진서』「지리지」'평주(平州)조의 설명을 보자.

「평주는 우공(禹貢) 때 기주(冀州) 땅으로 생각되는데, 주(周)나라
때는 유주(幽州) 지역이었다가, 한(漢)나라 때는 우북평군(右北平
郡)에 속했다. 후한 말에 공손도가 스스로 평주목(平州牧)이라고
이름 붙였다. 그 아들 공손강과 강의 아들 공손의(公孫懿:공손연)
때 요동을 무단으로 점거했는데, 동이(東夷) 9종이 모두 복종하고
섬겼다. 위 나라에서 동이교위(東夷校尉)를 설치하고 양평(襄平)에
거주하게 하고 요동·창려·현도·대방·낙랑 5군을 나누어 평주로

삼았다가 후에 유주와 다시 합쳤다. 공손의가 멸망한 후 동이교위를 보호해 양평에 거주하게 했다. 함녕(咸寧) 2년(276) 창려·요동·현도·대방·낙랑군 등을 나누어 평주를 설치했는데, 산하 현은 26개에 호수는 1만8100호였다.(『진서』「지리지」'평주(平州)조」[207]

기주·유주·우북평은 모두 지금의 북경과 그 일대를 뜻한다. 낙랑·현도·대방 등의 설치 지역이 모두 이 일대라는 뜻이다. 게다가 낙랑·현도·대방군을 포함한 평주 오군의 호수가 모두 합쳐서 1만8100호에 지나지 않는다. 1호에 6명씩 넉넉하게 잡아도 12만6700여명 밖에 되지 않는다. 군사 숫자도 아니고 5군을 합친 전체 인구가 12만 명에 불과한 인구를 가지고 지금의 하북성 일대부터 만주평원을 지나서 한반도 내 황해도까지 수천 km를 지킨다는 것은 불가능한 일이다.

또한 『진서』「지리지」 낙랑군 조는 산하 현이 6개에 호수가 3천7백호라고 말하고 있는데, 조선(朝鮮)·둔유(屯有)·혼미(渾彌)·수성(遂城)·누방(鏤方)·사망(駟望)현이 그들이다.[208] 한 호에 6명씩 계산하면 낙랑군 전체의 인구는 모두 2만2천200여명이다. 여자를 빼면 1만1천명쯤이고, 어린 아이와 노인을 빼면 실제 군사로 활용할 수 있는 인구는 많아봐야 5~6천 명쯤 될 것이다. 식민사학의 논리대로라면 이 숫자로 북경에서 한반도 북부까지 고구려와 싸우면서 그 방대한 지역을 지배했다는 것이다.

무엇보다 문제는 『진서』「지리지」의 평주 낙랑군 조와 『자치통감』의 장통(張統)과의 연관성이다. 요동사람 장통이나 낙랑사람 왕준은 모두 『진서』에서

---

207 "平州.案禹貢冀州之域, 於周爲幽州界, 漢屬右北平郡後漢末, 公孫度自號 平州牧.及其子康,康子文懿並擅據遼東, 東夷九種皆服事焉魏置東夷校尉, 居襄平, 而分遼東,昌黎,玄菟,帶方,樂浪五郡爲 平州, 後還合爲幽州及文懿滅後, 有護東夷校尉, 居襄平咸寧二年十月, 分昌黎,遼東,玄菟,帶方,樂浪等郡國五置 平州統縣二十六, 戶一萬八千一百"『晋書』「地理志」'平州'

208 『晋書』「地理志」'平州'樂浪郡

말하는 평주 산하 낙랑군에 소속되었던 사람들
이다. 『진서』의 낙랑군과 『자치통감』의 낙랑군이
서로 다른 군이 아니라 같은 군을 말한다. 이른
바 '교치설'에 따라서 313년에 장통이 낙랑·대방
군을 들어서 모용외에게 귀부해서 낙랑·대방군
이 요동으로 교치되었다면 『진서』 지리지의 '낙랑
군'조나 '대방군'조에 그런 내용이 나와야 한다.
그러나 그런 내용은 나오지 않는다. 『자치통감』
의 기사는 장통이 낙랑·대방군 일부 인구를 거
느리고 모용외에게 가자 모용외가 낙랑군을 설

이마니시 류. 남한 강단사학의 마지
막 보루였던 낙랑군 교치설은 이마
니시 류가 이미 100년 전에 만들어
낸 논리였다.

치해주었다는 것이다. 모용외는 왕도 아니었다. 이를 두고 대동강 남쪽에 있
던 낙랑·대방군이 멸망하고, 요동으로 교치되었다고 해석할 수는 없다. 무엇
보다도 이는 『진서』 「지리지」 편찬자들의 시각과는 다른 것이다. 『진서』 「지리
지」는 313년에 대동강 남쪽에 있던 낙랑·대방군이 멸망한 것이 아니라 여전
히 진나라 산하에 존속하고 있는 것으로 설명하고 있다. 물론 그 장소는 대동
강 남쪽이 아니라 고대 요동이다. 만약 313년에 장통이 대동강 남쪽에 있던
낙랑·대방군을 들어서 모용외에게 갔고, 모용외가 낙랑·대방군을 요동에 이
를 교치(僑置)했다면 『진서』에 이런 내용이 실리지 않을 까닭이 없다. 『진서』에
실릴만한 가치가 없는 작은 사건이기 때문에 싣지도 않은 것이다. 장통이 낙
랑·대방군 전체를 들어서 모용외에게 갔고 모용외가 자신의 영역에 두 군을
교치한 것이라면 『진서』는 모용외가 감히 방자하게도 낙랑군을 자의적으로
요동에 설치했다고 비판했어야 할 것이다. 그러나 그런 내용도 존재하지 않는
다.

『진서』「지리지」의 기사는『한서』「지리지」와『후한서』「군국지」,『삼국지』「위서(魏書)」에 실린 낙랑 기사의 연장선상에 있는 것이다. 낙랑군에 대해서『한서』「지리지」→『후한서』「군국지」→『삼국지』「위서」→『진서』「지리지」의 순서로 고대 요동에 있던 낙랑군이 계승하는 것이다. 위의 사료 그 어느 곳에도 한반도 서북부에 있던 낙랑이 313년에 요동으로 이주했다는 기사는 없다. 한사군은 처음부터 한반도에 있지 않기 때문이다.

중국사에서는 조조(曹操)가 세운 위(魏)나라와 탁발(拓跋)씨가 세운 위(魏)나라를 구분해야 할 경우 조조의 위나라를 조위(曹魏: 220~265), 탁발씨가 세운 위나라를 북위(北魏: 386~534)라고 부른다. 조위의 역사서는『삼국지』내에 포함된「위서(魏書)」이고 북위의 역사서는 독립된 사서인『위서(魏書)』이다. 이『위서』「세조태무제(世祖太武帝) 본기」에 "(연화 원년: 432) 9월 을묘에 거가(車駕)가 서쪽으로 귀환했다. 영주(營丘), 성주(成周), 요동(遼東), 낙랑(樂浪), 대방(帶方), 현도(玄菟) 6군(郡) 사람 3만 가(家)를 유주(幽州)로 이주시키고 창고를 열어 진휼하게 했다."[209]는 기록이 나온다. 장통이 모용외에게 귀부했다는『자치통감』의 기사가 진(晉)나라의 변방에서 있었던 작은 사건을 기록한 것이라면『위서』의 이 기사는 정사에 실려 있는 기사로서 신빙성이 있다. 유주(幽州)는 지금의 북경 부근을 뜻한다. 이때는 고구려 장수왕 16년의 기사인데, 고대 요동에 있던 낙랑군 등 6군을 더 서쪽의 유주로 옮겼다는 뜻이다.

위나라 때 낙랑 등 6군 사람 3만가를 이주시킨 사건에 대해서『독사방여기요』에 보다 자세한 내용이 나온다.『독사방여기요』는 "평강성(平剛城)은 영주(營州) 서남쪽 5백리에 있다"[210]면서 이때의 이주 사실에 대해 보다 자세하게 기술하고 있는 것이다.

---

209 "九月乙卯, 車駕西還. 徙營丘, 成周, 遼東, 樂浪, 帶方, 玄菟六郡民三萬家于幽州, 開倉以賑之"(『魏書』「世祖太武帝 본기」延和元年)

210 "平剛城營州西南五百裏"(『讀史方輿紀要』卷18, 北直九)

"『오대지(五代誌)』에는 기양성(冀陽城)은 평강 옛 현의 동쪽에 있다. 모용외(慕容廆)이 기주(冀州)의 유민들로 기양군(冀陽郡)을 설치했는데, 이때 또 예주(豫州) 유민들로 성주군(成周郡)을 설치하고, 병주(並州) 유민들로 당국군(唐國郡)을 설치했다. 또 평주(平州) 경계 내에 낙랑 등의 군을 설치했다. 송 원가(元嘉) 9년(432) 위(魏)나라 군주 탁발도는 북연(北燕)의 화룡(和龍)을 공격했지만 이기지 못했다. 군사를 이끌고 서쪽으로 귀환하면서 영구(營丘), 성주(成周), 요동(遼東), 낙랑(樂浪), 대방(帶方), 현도(玄菟)의 여섯 군 백성 3만가구를 유주(幽州)로 옮겼다고 한 것이 이를 말한다 (『독사방여기요』권 18)" [211]

화룡은 현재의 연변조선족자치주의 화룡이 아니라 선비족 모용운(慕容云)이 하북성에 세웠던 나라였다. 북연을 정벌하러 갔다가 승리하지 못하고 귀환하면서 요동, 낙랑, 대방, 현도 등지의 백성들을 데려와 유주로 소속시킨 것이다. 평안도와 황해도에 있던 현도, 낙랑, 대방 등지의 백성들을 이주시킨 것이 아니라 북연이 있던 하북성 일대의 백성들을 이주시킨 것이다. 『독사방여기요』는 또 이런 정보도 제공하고 있다.

"낙랑성(樂浪城)은 또한 영주(營州) 서남쪽에 있다. 진(晉) 건흥(建興:313~317) 초에 모용외(慕容廆)가 이군을 여기에 교치(僑置)해서 낙랑 유민들을 거처하게 했는데, 후위(後魏) 초에 없앴다. 정광(正

---

211 "冀陽城, 在平剛故縣東. 慕容 以冀州流人置冀陽郡, 時又以豫州流人置成周郡, 並州流人置唐國郡, 又於平州界內置樂浪等郡. 宋元嘉九年, 魏主燾攻北燕和龍, 不克. 引兵西還, 徙營丘, 成周, 遼東, 樂浪, 帶方, 玄菟六郡民三萬家於幽州, 是也."(『讀史方輿紀要』卷18, 北直九)

光:520~525) 때 다시 설치하지 않고 영락(永洛), 대방(帶方) 두 현
을 다스리게 했다. 위(魏)나라에서 수습한『지(誌)』에 낙랑군의 군
치는 연성(連城)이라고 한 것이 이를 말한다.(『독사방여기요』권
18)" 212

이 기사는 모용외가 낙랑 유민들을 모아 잠시 영주(營州) 서남쪽에 낙랑
군을 설치했는데 후위(後魏) 때 없어졌다는 것이다. 후위(後魏: 386~534)는 선
비족 탁발규(拓跋珪)가 건립한 나라로서 지금의 산서성 대동시(大同市)인 평
성(平城)에 도읍했던 나라였다. 정광(正光)이란 북위의 효명제(孝明帝) 원후(元
詡)의 연호이고, 원(元)씨는 북위의 탁발씨가 낙양을 점령한 후 한족(漢族)과
같은 풍습으로 바꾸기 위해 한화(漢化)정책을 실시하면서 원씨로 개성(改姓)
한 성씨이다. 영주 서남쪽에 모용외가 잠시 낙랑군을 설치했다는 것이다. 물
론 대동강 남쪽에 있던 낙랑군이 이주했다는 말은 없다. 모두 지금의 하북성
부근인 영주(營州) 부근에서 발생한 사건을 적어 놓은 것이다. "정광 때 다시
설치하지 않고 영락, 대방 두 군을 다스리게 했다"는 뜻은『위서(魏書)』「지형지
(地形志)」영주(營州) 낙랑군 조를 보면 알 수 있다.

「낙랑군: 전한(前漢) 무제 때 설치했다. 이한(二漢:전한·후한)과 진
(晉)나라 때는 낙랑이라고 했는데, 후에 바꿨다가 없앴다. 정광(正
光:520~525) 때 다시 설치하지 않았다. 연성(連城)에서 다스린다.
두 개 현을 다스리는데, 219호(户)에 인구는 1천800명이다.
영락현: 정광 말년에 설치했는데, 조산(鳥山)이 있다.

---

212 "樂浪城亦在營州西南. 晉建興初, 慕容廆僑置郡於此, 以處樂浪流民. 後魏初廢. 正光末復置, 領永洛, 帶
方二縣. 魏收『誌』樂浪郡治連城, 是也."(『讀史方興紀要』卷18, 北直九)

대방현: 이한(二漢) 때는 낙랑군 소속이었다가 진나라 때 대방에 속하게 했다가 후에 없앴다. 정광 말년에 다시 복속시켰다.(『위서』「지형지」영주 낙랑군).[213]

전한, 후한, 진나라 때 존속했던 낙랑군은 후위 때 없앴는데, 정광 때도 다시 설치하지 않고, 다만 이름만 남겨서 영락, 대방 두 현을 다스리게 했는데, 낙랑군의 군치(郡治)는 영락이란 뜻이다. 219호(戶)에 1천800명에 불과했으니 명목만 남았음을 알 수 있다. 이렇게 처음부터 하북성 일대에 있던 낙랑군은 고구려의 잇단 공격으로 약화되어 200여호에 불과한 규모로 축소되었다가 6세기 초반 정광(正光: 520~525) 무렵 폐기되었던 것이다.

만리장성의 동쪽 끝은 어디였는가?

셋째로 노태돈이 "진 장성은 요동에 있었고, 낙랑군은 한반도 서북부 지역에 있었음이 분명하다"라고 서술한 것을 검토해보자. 먼저 이런 논리가 사료적 근거를 바탕에 둔 내용인지 살펴보자. 『태강지리지』나 『진서(晋書)』는 모두 낙랑군에 만리장성이 있다고 말하고 있는데, 이를 둘로 나누어 만리장성은 요동에 있었지만 낙랑군은 한반도 서북부에 있었다고 해석할 수 있는 근거가 있는지 찾아보자.

먼저 중국이 왜 만리장성을 쌓았는지 살펴보자. 송호정 교수는 그 이유에 대해서 이렇게 서술했다.

"어환이 쓴 『위략(魏略)』에 보면 연나라 장수 진개(秦開)가 동호를 물리친 후에 상곡군, 어양군, 우북평군(객좌현, 능원시, 건평현),

---

213 "樂良郡:前漢武帝置, 二漢,晉曰樂浪, 後改, 罷,正光末復治連城/領縣二, 戶二百一十九, 口一千八. 永洛:正光末置,有鳥山. 帶方: 二漢屬, 晉屬 帶方, 後罷,正光末復屬"(『魏書』「地形志」 '營州 樂浪郡')

요서군(조양시), 요동군(요양시) 등 5군이 설치되고 장성(燕 長城)
이 축조됐다고 한다. 여기서 장성은 물론 연나라 시기에 동호를
물리치고 쌓은 장성으로 동호 및 흉노를 막기 위해 쌓은 성이라
할 수 있다.(송호정,『단군, 만들어진 신화』, 80쪽)"

송호정은 만리장성을 '동호 및 흉노를 막기 위해 쌓은 성'이라고 규정했다.
그가 말하는 어환이 쓴『위략』이란『삼국지』「동이열전」한(韓)조의『위략』을 뜻
한다. 그런데『위략』에는 연나라 장수 진개가 싸운 대상이 '동호'나 '흉노'가 아니
라 '고조선'으로 기록되어 있다.『위략』의 내용을 직접 살펴보자.

『위략』에서 말하기를, "옛날 기자의 후손인 조선후(朝鮮侯)는 주
(周)나라가 쇠약해지는 것을 보고 연(燕)나라가 스스로 왕이 되어
동쪽을 침략하려 하자 조선후도 역시 왕이라고 자칭하면서 군사
를 일으켜, 주나라 왕실을 높인다는 명분으로 연나라를 역습하려
했는데, 그 대부 예(禮)가 간해서 그만 두었다. 조선후가 예를 서쪽
으로 보내서 연나라를 설득하자 연나라도 그만 두고 공격하지 않
았다. 그 후 자손들이 점차 교만해지고 포악해지자 연나라는 장
수 진개(秦開)를 보내 그 서쪽 지역을 공격해 그 땅 2천리를 탈취
해서 만번한(滿番汗)을 경계로 삼았고, 조선은 마침내 쇠약해졌
다. 진나라가 천하를 겸병한 후 몽염을 시켜서 장성을 쌓게 했는
데, 요동까지 이르렀다." (『삼국지』「동이열전」한(韓))」[214]

---

214 "魏略曰：昔箕子之後朝鮮 侯, 見周衰, 燕自尊爲王, 欲東略地,　朝鮮 侯亦自稱爲王, 欲興兵逆擊燕以尊
　　周室其大夫禮諫之, 乃止使禮西說燕, 燕止之, 不攻,後子孫稍驕虐, 燕乃遣將秦開攻其西方, 取地二千餘
　　里, 至滿番汗爲界,　朝鮮 遂弱及秦幷天下, 使蒙恬築長城, 到遼東."(『三國志』「東夷列傳」韓)

송호정은 『위략』을 인용하면서 연나라 장수 진개가 동호를 물리치고 요동군 등 5개 군을 설치했다고 말했지만 정작 『위략』은 동호가 아니라 고조선을 물리치고 만번한(滿番汗)을 경계로 삼았다고 말하고 있다. 송호정이 언급한 『위략(魏略)』에는 진개가 동호를 물리치고 5군을 설치했다는 이야기도, 연 장성을 축조했다는 이야기도 없다. 『위략』은 연나라 진개가 고조선 땅 2천리를 탈취해서 만번한을 경계로 삼았고, 후에 진나라가 만리장성을 쌓아서 요동까지 이르렀다고 말하고 있다. 송호정이 무슨 이유로 『위략』을 인용하면서 고조선을 동호로 바꾸고, 진나라를 연나라로 바꾼 것인지 알 수 없다.

육당(六堂) 최남선(崔南善)은 비록 조선사편수회에는 참가했지만 조선사편수회 회의에서 『삼국유사』의 「단군고기(檀君古記)」에서 "석유환국(昔有桓國: 옛날에 환국이 있었다)"을 후세의 천박한 사람의 망필(妄筆)로 "환인(桓因)"으로 고쳤다고 비판했다.[215] 단군의 부친 환웅(桓雄)의 나라인 환국(桓國)을 불교식 용어인 환인(桓因)으로 바꾸면 환국과 단군은 불교가 전래된 이후에나 생긴 나라와 인물이 된다. 실제로 일제는 환국이 아니라 환인(桓因)으로 표기된 『삼국유사』를 조직적으로 유통시키면서 단군 사화를 고려 때 만들어진 신화라고 깎아내렸다. 그래서 최남선은 "그 일자일구(一字一句)라 할지라도 때로는 몹시 중요한 의미가 함축되어 있는 것"이라고 말했던 것이다.

송호정 교수가 『사기』 「흉노열전」의 내용을 『위략』에 나오는 것으로 혼동했을 개연성은 존재한다. 연나라 장수 진개와 동호와 관련된 이야기는 『사기』 「흉노열전」에 나오기 때문이다.

"그 후 연(燕)나라의 현장(賢將) 진개(秦開)가 호(胡)의 인질이 되었
는데 호(胡)에서 매우 신임했다. (이로써 풀려난 진개는) 연나라로

---

215 『朝鮮史編修會事業槪要』, 시인사, 1986, 57~58쪽. 이는 일제가 『朝鮮史』(35책)의 편찬 완성하고 그 업적을 자랑하기 위해서 1938년 간행한 책자를 번역한 것인데, 뒤에 원문(原文)도 붙어 있다.

돌아와서 동호(東胡)를 습격해 격파해서 동호는 1천여 리를 후퇴했다. 형가와 함께 진왕(秦王)을 찔러 죽이려 한 진무양(秦舞陽)은 진개의 손자였다. 연나라 또한 장성(長城)을 쌓았는데 조양(造陽)에서 양평(襄平)까지 이르렀다. 상곡(上谷), 어양(漁陽), 우북평(右北平), 요서(遼西), 요동(遼東)군을 설치해서 호(胡)를 방어했다. 이때 예의가 바른[冠帶] 전국(戰國) 7국(七國) 중에서 3국(三國)이 흉노와 국경을 맞대고 있었다. (『사기』「흉노열전」)" [216]

『사기』「흉노열전」은 진개가 동호의 인질로 갔다가 동호의 신임을 얻어 돌아온 후 거꾸로 동호를 공격해 1천여 리를 빼앗았다고 말하고 있다. 연나라는 조양에서 양평까지 장성을 쌓았으며, 그 안에 상곡, 어양, 우북평, 요서, 요동군을 설치했다는 것이다.

그런데 앞의 『삼국지』에 인용된 위략에서는 연나라 진개가 고조선을 2천 리 물리치고 만번한을 경계로 삼았는데, 『사기』 흉노열전은 진개가 동호를 1천리 물리쳤다고 말하고 있다. 그래서 단재 신채호는 고조선을 신조선, 불조선, 말조선으로 구분한 후 『사기』「흉노열전」의 동호와 『삼국지』에서 인용한 『위략』에서 진개가 침략한 조선은 모두 고조선을 뜻한다고 갈파했던 것이다.[217]

그러나 이병도는 『한국고대사연구』에서 동호는 연의 북쪽에 있었고, 조선은 연의 동쪽에 있었다고 주장했다. 그의 주장에 따르면 진개는 북쪽으로 연의 강역을 1천리 확장하고 동쪽으로 연의 강역을 2천리 확장한 것이 된다. 이

---

216 "其後燕有賢將秦開, 爲質於胡. 胡甚信之, 歸而襲破走東胡, 東胡卻千餘里. 與荊軻刺秦王秦舞陽者, 開之孫也. 燕亦築長城, 自造陽 至襄平, 置上谷, 漁陽, 右北平, 遼西, 遼東郡以拒胡. 當是之時, 冠帶戰國七, 而三國邊於匈奴(『史記』「匈奴列傳」)"

217 신채호, 『조선상고사』, 제3편 삼조선 분립시대, 독립기념관 한국독립운동사연구소 편, 『단재 신채호 전집』제1권, 2007년, 645~650쪽. 신채호는 진개가 인질로 갔던 동호는 삼조선 중 신조선이고, 만번한을 쌓은 것은 신조선이 아니라 말조선이므로 중국 기록에 두 군데로 나누어 기술한 것이라고 보았다(649쪽)

에 따르면 진개는 북쪽으로 1천리, 동쪽으로 2천리, 도합 3천리의 강역을 확장한 명장이 되는 것이다. 이것이 사실이라면 연나라는 진개 혼자서 3천리의 강역을 확장해 큰 대국이 되었어야 한다. 그러나 이는 같은 사실을 둘로 나누어 적은 것에 불과하다는 것이 최근 『식민사관의 감춰진 맨얼굴』을 서술한 황순종의 분석이다.

「이 점을 더욱 분명하게 알 수 있는 것은 진개(秦開)가 동호를 공격해서 얻은 결과나 진개가 조선을 공격해서 얻은 결과나 같다는 점이다. 앞에서 인용했듯이 『사기』 「흉노열전」은 연나라의 진개가 동호를 물리치자 장성을 쌓고, 다섯 군을 설치했는데, 마지막 군이 요동군이라며 "…요서, 요동군을 두어 호(胡)를 방어했다"라고 말하고 있으며, 『삼국지』, 「오환·선비·동이열전」 한(韓)조의 주석은 '연나라 장군 진개가 조선 서쪽을 공격해서 2천리 땅을 취하고 만·번한(滿番汗)에 이르러 경계를 삼았다'라고 말했는데, 만·번한현은 요동군의 문현·번한현을 뜻한다고 설명되고 있다. 동호를 쫓아내고 요동군을 설치했다는 『사기』 「흉노열전」의 기록과 조선을 쫓아내고 만·번한을 경계로 삼았다는 『삼국지』, 「오환·선비·동이열전」 한(韓)조의 기록은 같은 내용을 설명한 것임에 틀림없다. 동호와 조선을 다른 나라로 보아서 연나라 진개가 북쪽으로 동호를 천리 물리치고, 동쪽으로 조선을 2천리 물리쳤다면 그 두 지점의 끝이 같은 요동군일 수는 없는 것이다. 진개가 얻은 강역을 1천리, 또는 2천리라고 한 것은 정확한 면적을 표시한 것이 아니라 대략 설명한 것에 불과하고, 진개가 실제로 얻은 땅은 요동군 하나에 지나지 않는다. (『식민사관의 감춰진 맨얼굴』)」[218]

218 황순종, 『식민사관의 감춰진 맨얼굴』, 만권당, 2014년, 154~155쪽.

『사기』흉노열전은 연나라 진개가 동호를 물리치고 다섯 군을 설치했는데, 마지막 군을 요동군이라고 말한다. 『삼국지』가 인용한 『위략』은 진개가 고조선을 2천리 물리치고 만번한을 경계로 삼았는데, 만 번한(滿番汗)은 요동군 소속의 군이다. 따라서 이는 같은 사건을 달리 설명한 것으로서 『사기』흉노열전에서 말한 '동호'와 『삼국지』에서 말하는 '조선'은 같은 나라를 달리 말한 이칭에 불과하다는 것이다.[219]

『사기』「조선열전」의 진번(眞番)에 대해서 『사기집해』는 서광(徐廣)이 "요동에는 번한(番汗)현이 있다"[220]라고 말했다고 했으며, 『사기색은』은 "서광은 지리지에 근거해서 이 사실을 안 것이다"라고 말했다. 한자 표기까지 같은 번한(番汗)현이 요동군 소속이라는 것은 『사기』흉노열전과 『삼국지』가 같은 사건을 달리 적은 것임을 말해준다. 또한 『한서』「지리지」요동군 산하에는 문(文)현이 있는데, 만(滿)현을 음으로 적은 것으로 해석할 수 있다. 『후한서』「군국지」요동군 조에는 문(文)현이 문(汶)현으로 달리 적고 있는데, 이 역시 문은 발음을 표기한 것임을 알 수 있게 해 준다. 1천리와 2천리로 달리 적은 것은 대략 리수를 표기한 것일 수도 있고, 직선거리와 곡선거리의 차이일 수도 있을 것이다.

여기에서 핵심은 만리장성 또한 고대 요동에서 끝났다는 점이다. 『사기』「흉노열전」의 "연나라 또한 장성(長城)을 쌓았는데 조양(造陽)에서 양평(襄平)까지 이르렀다."라는 대목의 조양에 대해 『사기집해』는 "지명인데, 상곡에 있다"라고 설명하고 있는데, 상곡 역시 지금의 북경 부근이다. 또한 양평에 대해

---

219 황순종, 『식민사관의 감춰진 맨얼굴』, 만권당, 2014년, 159쪽.

220 『【集解】徐廣曰:「一作「莫」.遼東有番汗縣.番音普寒反」【索隱】徐氏據地理志而知也.番音潘, 又音盤.汗音寒』(『史記』「朝鮮列傳」, 眞番 條 註釋)

『사기색은』은 위소(韋昭)가 말하기를 "지금 요동군을 다스리는 곳이다"라고 말했는데 이 역시 연나라 만리장성이 고대요동에서 끝났음을 말해주는 것이다.

그럼에도 중국의 공식 역사지도집인 『중국역사지리도집』 2권은 만번한을 일제 식민사학의 견해를 추종해 평안북도 박천강으로 비정해 놓고 그곳까지 만리장성을 연결시켜 놓았다. 북경 부근에서 평안도 박천까지 그 기나긴 만리장성을 누가 쌓고 누가 지켰을까? 이를 쌓고 지키려면 연나라 군사 전부가 매달려도 부족했을 것이다. 이 장성을 지키는 동안 다른 전국(戰國)들이 치고 올라오면 연나라는 망하고 말 것이다. 또한 이 만리장성에 따르면 연나라 만리장성은 발해 및 한반도 서북부 해안가를 지키고 있는데, 연나라의 주전선인 서쪽의 진(秦)과 남쪽의 조(趙)와 제(濟)나라, 북쪽의 흉노를 지켜야지 한반도 서북부 해안가를 지킬 이유가 없다.

앞서 인용한 『사기』 「흉노열전」은 상곡, 어양, 우북평, 요서, 요동군을 설치해서 호(胡)를 방어했다면서 "이때 예의가 바른〔冠帶〕 전국(戰國) 7국(七國) 중에서 3국(三國)이 흉노와 국경을 맞대고 있었다."라고 말하고 있다. 이 '예의 바른 3국'에 대해 『사기색은』은 "삼국(三國)은 연(燕), 조(趙), 진(秦)나라다." 라고 설명하고 있다. 전국시대 연나라는 지금의 북경 일대, 조나라는 연나라의 남서쪽으로 지금의 산서성과 하남성 등지, 제나라는 지금의 산동반도 북쪽에 있던 나라다. 연나라와 조나라는 북쪽에 흉노가 있었다고 볼 수도 있지만 산동반도 북쪽에 있던 제나라는 흉노와 접촉하고 있다고 볼 수 없다. 그러면 "연, 조, 제나라가 흉노와 국경을 맞대고 있었다"는 말은 무슨 뜻일까? 여기에서 주목해야 할 것이 숙신(肅愼)인데, 중국의 부사년(傅斯年)은 「이하동서설(夷夏東西說)」에서 옛 숙신이 (고)조선이라면서 이렇게 말했다.

"사마상여의 『자허부』에, '제나라는 비스듬히 숙신과 경계를 이루
고 있다.'고 한 것에 의하면, 옛 숙신은 당연히 한나라 때의 조선이
지 후세의 읍루와는 관계가 없다."[221]

옛 숙신은 한나라 때의 (고)조선과 같다는 말이다. 이 말은 또한 고조선
이 제나라와 국경을 맞대고 있었다는 뜻이다. 다시 말해서 제나라와 국경을
맞대고 있는 흉노는 곧 고조선이란 뜻으로서 단재 신채호가 『사기』 흉노열전
의 동호는 고조선이라고 한 말과 일맥상통하는 것이다.

『삼국지』 「동이열전」 예(濊)조는 "진승(陳勝) 등이 일어나고, 천하가 진(秦)
나라에 반기를 들자 연(燕), 제(齊), 조(趙)나라 백성이 조선땅으로 피신한 자
수만 명이었다."[222]라고 전하고 있다. 지금의 북경 및 산서성, 하남성, 산동성
사람들이 진(秦)나라가 혼란에 빠지자 난리를 피해 간 조선 땅이 지금의 평안
남도 일대라고 보기에는 무리가 따른다. 산서성·하남성·산동성 지역 사람들
이 난리를 피해 멀고 먼 만주대륙을 지나 한반도 서북부까지 온다는 것은 거
의 불가능할뿐만 아니라 그럴 필요도 없는 일이었다. 고조선 강역은 이들 지
역에서 난리를 피해 갈 수 있을 정도로 가까운 지역이었기에 이 지역 사람들
이 피난올 수 있었다. 이 시기에 한반도 서북부까지 만리장성을 쌓을 이유도
없었고, 그럴 여력도 없었다. 송호정 교수는 만리장성의 동쪽 끝에 대해 다음
과 같이 말했다.

"현재의 만리장성(산해관)은 명나라 때 개축한 것이다. 동호족과
고조선 세력을 밀어내고 연과 진·한대에 설치한 장성과 초소는

---

221 傅斯年,「夷夏東西說」: "據馬相如子虛賦, 齊斜與肅愼爲界, 是古肅愼當卽漢之朝鮮, 與後世之挹婁無涉."
222 "陳勝等起, 天下叛秦, 燕,齊,趙民避地 朝鮮 數萬口"(『三國志』「東夷列傳」 濊)

바로 요서 지역과 요동 천산산맥 일대에까지 이른다.(송호정, 『단
군, 만들어진 신화』, 80쪽)"

명나라 때 만리장성이 하북성 산해관까지 왔다는 이야기는 그 전에는 산
해관까지도 못 왔다는 뜻이다. 명나라 때에야 하북성 산해관까지 왔다는 이
야기는 그 전까지 산해관 서쪽은 중국인의 땅이 아니었다는 뜻이다. 그런데
송호정은 "진·한대의 설치한 장성과 초소는 바로 요서 지역과 요동 천산산맥
일대에까지 이른다'고 보았다. 요동의 천산산맥은 지금의 압록강 대안 단동
(丹東) 조금 북쪽으로 요녕성에 속해 있다. 명나라 때도 장성이 하북성 산해
관까지밖에 못 왔는데 진·한 때에 요녕성 천산산맥까지 쌓는다는 것은 불가
능에 가까운 일이다. 설혹 쌓았다면 장성의 흔적이 있어야 한다. 중국에서 동
북공정을 진행하면서 이 지역에서 장성의 흔적을 찾지 못하다보니까 '초소'라
는 말을 슬그머니 끼워 넣었는데 이를 장성의 흔적으로 받아들였는지는 모르
겠다.

동북공정을 진행하는 중국학자들은 연·진·한 장성의 유지(遺址)를 찾을
수 없자 '초소'라는 새로운 개념을 만들어 견강부회했다. 흙무더기라도 남아
있으면 이를 만리장성의 흔적으로 억지로 연결하고 있는 것이다. 초소는 말
그대로 몇 명씩 교대로 근무하는 망루를 뜻하는데, 이런 초소 흔적이 있다고
이를 연·진·한의 장성이라고 볼 수는 없다. 만리장성은 지금의 천산산맥까지
오지 못했다.

송호정 교수는 또 이렇게 말했다.

"요서 지역에 위치한 현이나 시 박물관을 돌아보면 연·진시기 및
한시기 장성 근처에서 나오는 기와 및 철기 제품 그리고 명도전

등 중국 세력들이 동쪽으로 진출하는 과정에서 정착해 살면서 남긴 유물들을 볼 수 있다.(송호정, 『단군, 만들어진 신화』, 80쪽)"

요서지역의 현이나 시 박물관들, 즉 내몽골 적봉(赤峯)시나 오한기(傲漢旗) 등에는 고조선의 비파형 동검이 다수 전시되고 있다. 뿐만 아니라 중국에서도 지금으로부터 4000~3400년 전에 축조되었다(『적봉박물관(赤峯博物館)』 2011년 54쪽)고 인정하는 적봉시 송산구(松山區)의 삼좌점(三座店) 산성이나 성자산(城子山) 산성 등이 존재하고 있다. 내몽골 일대에만 수십 개의 고조선 산성이 있다. 그러나 송호정은 이런 고조선 산성과 여기에서 출토되는 유물들은 언급하지 않고 대신 '중국 세력들이 동쪽으로 진출하는 과정에서 정착해 살면서 남긴 유물'들만 언급했다. 이 지역은 고조선 강역이 아니라 중국 강역이었다는 뜻으로 해석된다. 그러나 이는 이 지역의 유적들이나 출토 유물들이 말해주는 것과는 큰 차이가 난다.

중국에서도 서기 전 2천여년 전에 쌓았다고 인정하는 삼좌점 산성에는 15개의 마면(馬面)이 있는데, 마면이란 고구려, 백제의 산성들에서 보이는 치(雉)를 뜻한다. 자연석의 한쪽 면은 다듬어 밖을 향하게 하고 다듬지 않은 면은 안으로 향하게 성을 쌓는 축조기술을 사용했다. 자연석으로 쌓은 이 산성들은 벽돌로 쌓는 중원의 성들과는 전혀 연결되지 않고, 고구려, 백제, 신라 및 고려, 조선의 산성 축조기술과 그대로 연결된다. 자연석을 다듬어 쌓는 한국 산성의 뿌리가 내몽골 지역의 고조선 산성들임을 확인할 수 있는 것이다. 송호정 교수가 이런 고조선 산성들에 대해서 언급하지 않는 이유는 알 수 없다. 다만 아래의 기술을 통해 그 이유를 추측할 수 있을 뿐이다.

"기원전 4~3세기 및 기원전 2~1세기에 해당하는 장성이 요서 및 요동지역에 설치되었다고 볼 때, 이 당시 위만조선의 영역은 당연히 장성 동쪽에서 찾아야 할 것이다. 북경 오른쪽에 흐르는 난하 근처의 산해관을 염두에 두고 고조선의 영역을 찾는 일은 없어야 할 것이다.(송호정,『단군, 만들어진 신화』, 81쪽)"

송호정 교수는 "위만조선의 영역은 당연히 장성 동쪽에서 찾아야 할 것이다."라고 말했다. 송호정 교수는 "기원전 4~3세기 및 기원전 2~1세기에 해당하는 장성이 요서 및 요동지역에 설치되었다고" 말했지만 이런 장성은 존재하지 않는다. 중국에서 최근에야 동북공정 일환으로 단동시 동북쪽에 있는 고구려 산성을 만리장성의 호산산성(虎山山城)이라고 우기고 있는데서도 서기전 4~3세기 및 서기전 2~1세기에 중국의 만리장성이 요동까지 왔다는 주장은 역사적 사실로서 성립하기 어렵다.

또한 고대의 '요서 및 요동'이 어디를 뜻하는가 하는 점도 문제가 된다. 또한 낙랑·대방군이 한반도 서북부에 있을 때 작성된『태강지리지』가 '낙랑군 수성현에는 갈석산이 있고, 장성의 기점'이라고 말한 그 장성이 어디를 뜻하는가 하는 점이다. 그간 이나바 이와기치나 이병도는 낙랑군 수성현이 황해도 수안이며 만리장성이 수안에서 시작되었다고 주장했다. 중국의 각 성(省) 박물관들은 이런 주장에 좇아 만리장성을 한반도 서북부까지 그려 놓고 있다.

한국의 일부 학자들은 한반도 서북부에 만리장성의 흔적이 전혀 없자 한반도 서북부에는 만리장성이 없었다고 후퇴했다. 그러면 낙랑군도 한반도 서북부에는 없었다는 논리로 이어져야 하는데, 낙랑군은 한반도 서북부라는 기존의 설을 유지하고 있다. 서로 모순된 논리가 해결되지 않은 채 따로따로 주장되고 있는 상황이다. 이런 주장을 나누어 살펴보자.

①만리장성은 한반도 서북부에 없었다.
②낙랑군은 한반도 서북부에 있었다.

두 문장을 연결하면 이렇게 될 것이다.

"①한반도 서북부에는 만리장성이 없었는데, ②한반도 서북부에
있는 낙랑군 수성현에는 만리장성이 있다."

위의 논리가 앞뒤 모순된 것은 설명할 필요도 없을 것이다. 그럼 중국 사
서는 과연 만리장성의 동쪽 끝을 어디라고 말하고 있는지 찾아보자. 먼저『사
기』「몽염열전」에서 진시황 때 쌓은 만리장성의 동쪽 끝을 알아보자.

"(진시황이 몽염을 시켜서)장성을 쌓았는데, 지형을 따라서 험한
곳을 이용해 요새를 쌓았는데, 임조(臨洮)에서 시작해서 요동까지
이르렀다.(『사기』「몽염열전」)" [223]

이 구절의 요동에 대해서『사기정의』는 "요동군은 요수(遼水)의 동쪽에 있
는데, 시황이 장성을 쌓아서 동쪽으로 요수까지 이르고 서남쪽으로 바다에
이른다"라고 설명하고 있다. 이때의 요수는 지금의 요하에서 몇 백km 서쪽으
로 가야 하는 곳이다.『한서』「흉노열전」은 "임조에서 시작해서 요동까지 만여
리에 이르렀다" [224]라고 역시 요동에서 끝났다고 말하고 있다. 한반도 서북부

---

[223] "築長城, 因地形, 用制險塞, 起臨洮, 至遼東(『史記』「蒙恬列傳」)
[224] "起臨洮至遼東萬餘里"(『漢書』「匈奴列傳」)

는 요동이 아니라는 점에서 이미 황해도 수안에서 만리장성이 시작된다는 말은 이미 사실이 아닌 것으로 판명났다.

『후한서』「숙종효장제(肅宗孝章帝) 본기」의 장성 주석에는 "『사기』는 몽염에게 장성을 쌓게 했는데 서쪽은 임조에서 시작해서 동쪽은 바다에 이른다"[225]고 했다는 기사가 있다. 이때의 바다란 물론 발해를 뜻한다. 그런데 『수경주』에는 "진시황이 태자 부소(扶蘇)와 몽염에게 명을 내려 장성을 쌓게 했는데, 임조에서 시작해서 갈석까지 이른다고 한 것이 이 성을 말한다"[226]라는 말이 있다. 『사기』, 『한서』 등에서 "요동까지 이르렀다"고 한 것을 『수경주』는 "갈석까지 이르렀다"고 말해주는 것이다. 『진서(晉書)』「지리지」 '평주 낙랑군' 수성현 조에는 "수성현: 진나라에서 쌓은 만리장성이 시작되는 곳이다"[227]라고 말하고 있고, 앞서 인용한대로 진(晉)나라 때 작성한 『태강지리지』에 "낙랑군 수성현에는 갈석산이 있으며 만리장성이 시작되는 기점이다"라는 기술이 있어서 진나라 때 낙랑군 수성현이 '진나라 때 만리장성의 동쪽 끝'임을 말해주고 있다. 『태강지리지』와 『진서』의 내용을 두고 진(晉)나라 때 새로 생긴 인식이라고 말하는 것은 사료비판의 기초 능력이 있는지를 의심하게 하는 발상이다. 『태강지리지』는 진(晉)나라 평주 낙랑군 소속의 수성현에 갈석산이 있고, 만리장성의 동쪽 끝이라고 말하고 있으며, 『진서(晉書)』는 '진(秦)나라' 때 쌓은 만리장성이 시작된 곳이라고 말했다. 진(晉: 266~420) 전까지는 이 지역에 진나라 만리장성이 있었다는 인식이 전혀 없었는데, 진나라 때 갑자기 이런 인식이 생겼다는 것이 말이 되겠는가? 진나라 사람들이 왜 이 지역에 없던 만리장성이 갑자기 생겼다고 생각했겠는가? 당나라의 정치가이자 역사학자였던 두우

225 "史記, 蒙恬爲秦築長城, 西自臨洮, 東至海"(『後漢書』「肅宗孝章帝 本紀」, 長城 주석)

226 "始皇令太子扶蘇與蒙恬築長城, 起自臨洮, 至于碣石, 卽是城也"(『水經注』, 卷 3)

227 "遂城: 秦築長城之所起"(『晉書』「地理志」'平州 樂浪郡')

(杜佑: 735~812)는 "진나라 만리장성은 갈석산에서 시작되는데, 한나라 낙랑군 수성현에 있다. 지금도 장성의 유지(遺址)가 남아 있다" [228]라고 말했다.

지금까지 중국 고대 사료들이 말해주는 바에 의하면 만리장성의 동쪽 끝은 요동이었는데, 갈석산이 있는 곳이 요동이었다. 그리고 갈석산이 있는 수성현 지역이 만리장성의 동쪽 끝이었다. 『독사방여기요(讀史方輿紀要)』는 항산(恒山), 태행산(太行山) 다음으로 갈석산을 설명하면서, "갈석산은 영평부 창려현 서북쪽 20리에 있다" [229]라고 말하고 있다. 영평부가 바로 낙랑군 조선현이 있던 노룡현이었다.

한 고조 유방(劉邦)의 손자로서 한사군 설치 14년 전까지 살았던 회남왕(淮南王) 유안(劉安: 서기전 179~서기전 122)은 『회남자(淮南子)』「시측훈(時則訓)」에서 "오위; 동방의 끝, 갈석산으로부터 (고)조선을 지나 대인(大人)의 나라를 통과하여…" [230]라고 말했다. 갈석산을 지나면 고조선 땅이라는 뜻이다. 반고(班固: 32~92)가 편찬한 『한서(漢書)』「가연지(賈捐之)열전」은 "(효무황제[孝武皇帝]때 한나라 영토가)서쪽으로는 여러 나라와 연대하여 안식(安息)에 이르렀고, 동쪽으로는 갈석을 지나 현도, 낙랑으로써 군을 삼았습니다." [231]라고 말하고 있다. 가연지(賈捐之: ?~서기전 43년)는 상서령(尙書令)을 역임한 인물로서 한사군이 설치된 지 50여년 후의 인물이다. 그가 갈석산을 지나면 현도군과 낙랑군이 있다고 했다. 후한의 순열(荀悅: 148~209)이 지은 『전한기(前漢紀)』에 따르면 "효무황제(孝武皇帝) 때 서쪽으로는 여러 나라들과 연결해서 안식국에 이르렀고, 동쪽으로는 갈석을 지나서 낙랑에 이르렀다" [232]고 말하고 있다.

---

228 "杜佑曰,「秦長城所起之碣石在漢樂浪郡遂城縣地, 今猶有長城遺址」(『讀史方輿紀要』卷 10)

229 "碣石山在永平府昌黎縣西北二十里"(『讀史方輿紀要』卷 10)

230 "五位 : 東方之極, 自碣石山過朝鮮, 貫大人之國, 劉安, 『淮南子』「時則訓」

231 西連諸國至于安息, 東過碣石以玄菟, 樂浪爲郡, 『漢書』「賈捐之」列傳

232 "及孝武皇帝, 西連諸國至於安息, 東過碣石至於樂浪, 北却匈奴萬里"(荀悅, 『前漢紀』, 孝元皇帝紀上卷第

내몽골 적봉시 삼좌
점 산성. 4천년 전의 고
조선 산성인데, 지금
의 치처럼 튀어나온 구
조물이 인상적이다.

한사군 설치 직전까지 살았던 회남왕 유안은 『회남자』에서 갈석산을 지나
면 (고)조선이라고 말했고, (고)조선 멸망 50여년 후에 생존했던 가연지는 갈
석산을 지나면 현도·낙랑군이 있다고 말했고, 2세기에 생존했던 후한 때의
학자 순열은 갈석산을 지나면 낙랑이라고 말했다. 위만조선 땅에 설치한 현
도·낙랑군은 한반도 북부가 아니라 지금의 하북성 창려, 노룡현 일대에 있었
다.

한사군이 생기기 전후 중국의 여러 지식인들은 지금의 갈석산을 지나면
고조선 강역이라고 보았다. 또한 이 지역에 현도, 낙랑군이 있다고 말했다. 중
국의 고대 사료에 따르면 만리장성의 동쪽 끝은 지금의 하북성 일대였고, 그
곳이 고대의 요동이다.

송호정 교수는 또 이렇게 말했다.

"나는 또 요서 지방이 고조선의 영역이 될 수 없음을 답사하는 과
정에서 조금씩 알게 됐다. 그것은 요서 지역의 작은 현 박물관에
쌓여 있는 비파형 동검과 많은 청동기 유물이 고조선의 것이라기

보다는 그 일대에서 활동하던 유목 민족의 유물과 함께 출토된 것임을 확인했기 때문이다.(송호정,『단군, 만들어진 신화』, 82쪽)"

앞에서 송호정은 "요서 지역에 위치한 현이나 시 박물관을 돌아보면 연·진시기 및 한시기 장성 근처에서 나오는 기와 및 철기 제품 그리고 명도전 등 중국 세력들이 동쪽으로 진출하는 과정에서 정착해 살면서 남긴 유물들을 볼 수 있다'고 서술했다. 연·진·한나라 유물들은 그 유물 자체의 특성으로 소속을 분간할 수 있다. 마찬가지로 고조선 유물로 유물 자체의 특성으로 소속을 분간할 수 있다. 반면 '그 일대에서 활동하던 유목 민족의 유물'이라는 모호한 언사로는 소속을 분간할 수 없다. 고조선을 부인하기 위해서 유목민족들을 끌어들여 대체시키는 것은 중국 동북공정의 논리다. 때로는 흉노, 때로는 산융(山戎), 때로는 동호(東胡)를 끌어들인다. 쓰다 소키치가『삼국사기』초기기록을 부인하기 위해서『삼국지』위서 동이열전 한(韓)조를 끌어들인 것과 마찬가지 방법이다. 단재 신채호가『사기』「흉노열전」의 동호는 곧 고조선(신조선)이라고 말했고, 부사년은 고대의 숙신은 곧 고조선이라고 말했다고 이미 서술했다. 그러나 송호정은 내몽골 등지가 고조선 강역이라는 것을 부인하면서 이렇게 말하고 있다.

"비파형 동검이 주로 나오는 조양시에서 내몽골 적봉시 일대는 문헌에서 분명하게 산융이나 동호의 거주지로 명시되어 있다. 이 집단들은 100여개 이상의 종족으로 나뉘어 있으면서 전쟁이나 제사 등 특정한 목적 하에 이합집산을 하면서 중국의 연나라와 제나라를 괴롭혔다고 한다. 현재 학계에서는 기원전 8~7세기 단계의 요서지방 주민집단이 산융족인지 아니면 동호족인지에 대한 논쟁을 남겨두고 있다. 따라서 어찌보면 비파형 동검은 요서 지역에 살던 유목적 성향의 산융족들이 사용하면서 주변 지역에 영향을 미친 것이라고 할 수 있다. 그 과정에서 한반도에서도 비파형 동검을 사용하게 된 것일 터이다.

어쨌든 중요한 것은 비파형 동검이 나오는 지역을 곧바로 고조선의 영역으로 이해할 수 없다는 사실이다.(송호정, 『단군, 만들어진 신화』, 74쪽)"

비파형 동검은 고고학계에서는 요녕식 동검, 또는 '고조선식 동검(古朝鮮式銅劍)'이라고 부른다. 그러나 송호정의 이런 주장은 국내 고고학적 연구결과를 무시하고 중국 동북공정에서 주장하는 것을 무비판적으로 따른 것이다. 최근 동북아역사재단 주최로 필자 등과 함께 현재의 요서지역 조사 및 현장토론회에 참석했던 고고학자 박준형은 「비파형동검문화의 변동과 고조선」이란 논문에서 이렇게 서술했다.

"전기 비파형동검문화의 중심은 대릉하유역의 십이대영자 유형이었으며 그 중심은 십이대영자 유적을 중심으로 하는 조양지역이라고 할 수 있다. 전기 비파형동검문화의 주체가 예맥족이고, 고조선이 예맥족에서 가장 먼저 성장한 정치체라고 했을 때 고조선의 위치는 바로 전기 비파형동검문화의 중심인 조양지역이라고 할 수 있다." [233]

---

233 박준형, 「비파형동검문화의 변동과 고조선」, 『요서지역 조사와 현장토론회 자료집』, 동북아역사재단, 2016년 8월.

박준형은 서기 전 9세기부터 서기 전 4세기까지를 비파형동검문화의 전기, 그 이후를 후기라고 구분했는데, 요녕성 서쪽이자 내몽골 남쪽인 조양(朝陽)을 전기비파형동검문화의 중심지로 보고, 심양 일대를 후기비파형동검문화의 중심지로 보았다. 이른바 강단 내에서도 고고학적 근거로 조양 일대를 서기 전 9세기~서기 전 4세기까지의 고조선 강역으로 보는데, 송호정은 산융과 동호의 것이라면서 "어쨌든 중요한 것은 비파형 동검이 나오는 지역을 곧바로 고조선의 영역으로 이해할 수 없다는 사실"이라고 강조하고 있다.

그런데 고조선식 동검을 이해하려면 중국 내몽골 적봉(赤峯)시의 하가점(夏家店) 문화에 대한 이해가 선행되어야 한다. 하가점 문화는 상·하층 두 문화로 형성되어 있는데, 하층 문화가 보다 이른 문화이다. 고고학계에서는 하가점 상층 문화는 고조선의 것으로 이해하는데, 하가점 상층문화의 분포지역은 요녕성 서쪽 조양시 경내의 노노아호산(努魯兒虎山)부터 서쪽으로는 내몽골 적봉시 동북쪽의 극십극등기(克什克騰旗) 지역까지 이른다. 남쪽으로는 갈석산이 위치한 하북성의 연산산맥(燕山山脈)에 접하고 북쪽은 시라무렌강에 이른다. 이 지역에서 광범위하게 출토되는 동검이 고조선식 동검인데, 동검뿐만 아니라 거푸집도 다수 출토되었다. 거푸집이 다수 출토되었다는 것은 고조선식 동검문화의 변방이 아니라 중심지의 하나라는 뜻이다. 그래서 중국에서는 고조선식 동검과 그 거푸집 등이 고조선의 것이 아니라 산융이나 동호의 것이라는 논리를 개발했다.

송호정은 "어찌 보면 비파형 동검은 요서 지역에 살던 유목적 성향의 산융족들이 사용하면서 주변 지역에 영향을 미친 것"이라고 말했다. 송호정의 논리에 따르면 고조선식 동검은 산융식 동검으로 그 명칭을 바꿔야 할 것이다. 송호정은 산융족의 영향을 받아 한반도에서도 비파형 동검을 사용하게 된 것이라고 주장했다. 여기에서 또 다시 논리의 모순점이 드러난다. 송호정식의 논리에 따르면 만주에서 출토되는 비파형 동검은 산융식 동검인데, 한반도 내에서는 같은 동검이 출토된다. 그러면 같은 동검인데 요서지역에서 출토되는 것은 산융의 것이고 한반도에서 출토되는 것은 고조선의 것이란 논리가 된다. 아니면 한반도에도 '고조선은 없었고 산융이 있었다'는 논리가 된다. 그러면 고조선은 한반도 내에도 없던 것이 된다. 그래서 한반도까지 산융족이 장악했다고 할 수는 없으니까 '산융족의 영향을 받아 한반도에서 출토되는 것'이라고 끝맺음을 했지만 같은 형식의 동검을 두고 이렇게 분류할 수는 없을 것이다.

고조선식 동검은 1980년대 이후 한반도 내에서 폭넓게 출토된다. 강원도 홍천의 방양리, 충남 부여의 송국리, 경남 창원의 진동리, 전남의 여수 오림동과 전남 여천의 봉계동·평려동 등지가 모두 고조선식 동검이 출토된 지역들이다. 평북 개천 용흥리, 황해도 재령 고산리 등지에서도 고조선식 동검이 출토되었다. 고조선식 동검이 산융식 동검이라는 송호정식 논리에 따르면 산융이 한반도 남부의 경상도, 전라도까지 모두 장악한 셈이다. 우리는 고조선의 후예가 아니라 산융의 후예가 되는 것이다.

비파형 동검을 고고학자들이 고조선식 동검이라고 부르는 이유가 있다. 내몽골과 요녕성 일대부터 한반도까지 광범위하게 출토되기 때문이다. 송호정은 "어쨌든 중요한 것은 비파형 동검이 나오는 지역을 곧바로 고조선의 영역으로 이해할 수 없다는 사실이다"라고 말했지만 기본적인 고고학적 지식에 따르면 "비파형 동검이 나오는 지역은 고조선의 영역으로 이해할 수 있다"라고 인식해야 한다.

『한서(漢書)』「위현(韋賢) 열전」은 한 무제(武帝)가 "동쪽으로 조선을 정벌하고 현도와 낙랑을 일으켜 흉노의 왼쪽 팔을 끊었다" [234]라고 설명하고 있다. 송호정식 논리가 맞다면 『한서』「위현 열전」은 "동쪽으로 동호나 산융을 정벌

---

234 "東伐朝鮮, 起玄菟,樂浪, 以斷匈奴之左臂" (『漢書』「韋賢傳 子 玄成」)

하고 현도와 낙랑을 일으켜 흉노의 왼쪽 팔을 끊었다'라고 되어 있어야 한다. 송호정은 고조선이라고 해야 할 자리를 산융이나 동호로 대체하지만 1차사료는 고조선이라고 명기하고 있다. 고고학 자료도 마찬가지라는 사실을 '고조선식 동검'이 보여주고 있다.

한(漢)나라 때 흉노는 현재의 내몽골 자치주 북쪽에 있었다. 한반도 서북부에 있는 위만조선을 멸망시키고, 대동강 일대에 낙랑군을 설치한 것이 어떻게 수백km 북쪽에 있는 흉노의 왼쪽 팔을 끊는 것이 될 수 있겠는가? 중국의 모든 사료는 낙랑군을 비롯한 한사군은 한반도 내에 존재하지 않았다고 일관되게 설명하고 있다. 조선사편수회나 동북공정의 눈으로 사료를 왜곡하지 말고 사료를 정직하게만 바라보고 해석하면 막연한 산융, 동호가 아니라 고조선이 보인다. 그 강역도 보인다.

III

1차 사료가 말하는
낙랑군과 대방군

1. 중국 사료가 말하는 낙랑군·요동군과 공손씨 일가

공손씨 일가가 설치한 대방군

중국이 진행하고 있는 동북공정의 논리는 일제 식민사학의 논리와 같다. 그런데 동북공정을 진행하는 중국의 고민은 다름 아닌 자신의 선조들이 남긴 역사서와 지리지들이다. 이들 역사서와 지리지에 동북공정과 다른 내용들이 다수 담겨 있기 때문이다. 그래서 중국의 역사서와 지리지를 체계적으로 연구하는 것이 필요하다.

낙랑군과 함께 중요한 것이 대방군인데, 대방군의 역사를 살펴볼 때 중요한 집안이 공손도(公孫度: ?~204)[235] 일가이다. 낙랑군 남쪽 둔유현 아래에 대방군을 세운 집안이기 때문이다. 공손도는 한미한 집안에서 태어나 중원이 혼란에 빠지는 삼국시대 때 두각을 나타내기 시작했다. 삼국으로 분열되면서 중앙 정치의 지방 장악력은 약해질 수밖에 없었고 그 빈 공간은 각 지역을 장악한 호족들이 채우게 되었다. 공손도가 요동 지역에서 두각을 나타내자 동탁(董卓: ?~192)은 그를 요동태수로 임명했다. 어차피 후한은 고대 요동 지역을

---

235 공손도 일가에 대해서는 필자의 『한국사, 그들이 숨긴 진실』 124~129쪽을 참조할 것.

장악할만한 힘이 없었으므로 공손도를 요동태수로 임명해 명목상이나마 후한 강역 내로 유지하려 한 것이다.

그러나 고대 요동지역은 지키기 쉬운 곳이 아니었다. 동쪽으로는 고구려가, 서북쪽으로는 오환(烏丸)이 끊임없이 도전하는 곳이기 때문이다. 공손도가 고구려와 오환에 맞서 이 지역의 지배권을 지켜내자 위(魏)나라의 조조(曹操)는 그를 무위(武威)장군, 영녕향후(永寧鄉侯)로 임명했다. 조조는 사신을 보내 인수(印綬)를 전달했는데, 『삼국지』 「위서(魏書)」에 따르면 공손도는 인수를 받는 의식을 치른 후 "내가 요동왕이지, 어찌 영녕향후이겠는가"라면서 인수(印綬)를 무기고에 감추었다[236]고 전하고 있다. 왕(王)이지 후(侯)가 아니라는 것이다. 이처럼 공손도는 내심으로는 요동왕이라고 생각했지만 아직 위나라에 맞설 실력은 부족했기에 겉으로는 평주목이라고 칭해서 형식상 위나라의 행정구역임을 인정했다. 독립국가라고 선포하는 순간 위(魏)나라에서 인수가 아니라 토벌군을 보낼 것이기 때문이었다. 그래서 겉으로는 조조가 보낸 무위장군, 영녕향후라고 임명하는 인수를 받고는 무기고에 감추어버린 것이다. 그럼 공손도가 장악했다는 평주(平州)가 어디인지 『진서』 「지리지」 평주 조에서 찾아보자.

"위(魏)나라에서 동이교위(東夷校尉)라는 관직을 설치해서 양평(襄平)에 거주하게 하고, 요동, 창려, 현도, 대방, 낙랑의 5군(郡)을 나누어서 평주로 삼았다가 후에 다시 유주(幽州)에 합했다. 공손문의(公孫文懿·공손연)가 멸망한 후 동이교위(護東夷校尉)에게 통솔하게 하고 양평에 거주하게 했다. 함녕(咸寧) 2년(276) 10월 창려, 요동, 현도, 대방, 낙랑 등 군국 다섯을 나누어 평주를 설치했

---

236 "太祖表度爲武威將軍, 封永寧鄕侯, 度曰, '我王遼東, 何永寧也' 藏印綬武庫" (『三國志』 「魏書」 공손도 열전)

다. 다스리는 현은 26개이고, 호수는 1만8천1백호였다.(『진서』「지
리지」평주)" 237

위(魏)나라에서 설치한 평주(平州)는 요동, 창려, 현도, 대방, 낙랑의 5군
(郡)이었다. 직접 다스렸다기보다는 공손도 가문이 장악한 것을 인정했다는
뜻일 것이다. 평주로 삼았다가 다시 유주에 붙였다는 것은 유주와 가까운 지
역이란 뜻이다. 창려는 현재 갈석산이 있는 하북성 지역이고, 고대 요동도 그
부근이었다.

현도, 낙랑, 대방이 한반도 서북부라는 논리에 따르면 위나라는 하북성
에 창려, 요동군을 설치하고 수천 리 고구려 지배강역을 건너뛰어서 한반도
동북부에 현도, 대방, 낙랑군을 설치해서 다스렸다는 이야기가 된다. 위나라
가 중원을 통일한 통일왕조라고 해도 불가능한 상황이다. 게다가 북경부터 황
해도까지 그 광활한 평주에 거주하는 인구는 1만8천1백호에 불과하다. 한 호
당 6명씩 잡으면 모두 10만8천명 정도 된다. 이 소수 인구로 북경 부근부터 한
반도 북부까지 다스리는 것이 가능할 수 없다. 그러나 중국의 「중국역사지도
집」은 진(晉)나라의 낙랑군과 대방군이 한강 이북 거의 전체를 지배하고 있는
것으로 그렸고, 대한민국 국고 47억을 들인 「동북아역사지도」도 조조의 위나
라가 경기도까지 지배했다고 그려놨다. 이때의 인구 10만8천여 명 중에서 여
성을 빼면 5만4천여 명 정도가 남는다. 이중 아동과 노인을 빼면 많아야 노동
력 있는 남성 장정들은 2만여 명 정도가 될 것이다. 이 2만여 명이 광대한 지
역의 행정일도 보고, 농사도 지어서 세금도 내고 가족들을 부양하면서 군역
에 종사해 북경 부근에서 한강 이북까지 수천 km에 달하는 만리장성도 지켰

---

237 "魏置東夷校尉, 居襄平, 而分遼東, 昌黎, 玄菟, 帶方, 樂浪五郡爲平州, 後還合爲幽州及文懿滅後, 有護東
夷校尉, 居襄平咸寧二年十月, 分 昌黎,遼東,玄菟,帶方,樂浪等郡國五置平州統縣二十六, 戶一萬八千一百."
(『晉書』「地理志」平州)

다는 주장이다. 지금 요녕성(遼寧省)의 인구는 4천4백만, 하북성(河北省)은 7천3백만으로 모두 1억2천만 명 가량이고, 여기에 북한 인구 2천5백만 정도를 추가하면 1억5천만 명 이상이 거주하는 이 광대한 지역을 10만8천여 명 정도의 인구로, 그것도 2만여 명 정도의 장정으로 농사 지어 세금도 내고 가족도 먹여 살리면서 만리장성을 지키는 것이 가능하겠는가? 머릿속 공상이라면 몰라도 현실역사에서는 있을 수 없는 일이다.

평주를 둘러싸고 전개되는 역사적 상황을 이해하면 현도, 낙랑, 대방군의 위치를 알 수 있다. 이 지역을 두고 공손도 집안과 위나라, 그리고 고구려가 물고물리는 싸움을 계속하는 것이다.

공손도 일가의 최대 숙원사업은 고대 요동을 차지해서 왕이 되는 것이었다. 문제는 중원 북쪽을 장악한 조조의 위(魏)나라가 이를 용인할 것인가 하는 문제였다. 위나라 동북쪽의 공손도 일가의 영역을 독립국가로 인정할 경우 남방의 오·촉과 싸우는 위나라로서는 포위되는 셈이었다. 공손씨 왕국이 오·촉과 손잡고 포위공격 할 경우 위나라는 절체절명의 위기에 빠질 것이었다. 그래서 위나라는 자신의 동북쪽 영역에 공손씨가 독립국가를 세우는 것을 절대 용인할 수 없었다. 공손씨가 고대 요동지역에 독립국가를 세우려는 계획에는 그 동쪽의 고구려도 문제였다. 고조선 옛 강역을 되찾겠다는 다물(多勿)이란 국시를 갖고 있는 동쪽 고구려는 틈만 나면 공손씨를 공격하면서 서쪽으로 진출했다. 그래서 공손도는 조조가 보낸 인수는 무기고에 쳐 박아 뒀지만 왕을 칭하지는 못하고 기회만 노리고 있었다.

공손연의 연(燕)건국과 멸망

서기 204년 공손도가 죽고 그 아들 공손강(公孫康)이 자리를 이었어도 상황은 마찬가지였다. 공손씨 일가는 요동을 지배했지만 왕은 아니었다. 그런데 그 아들 공손강이 대방군을 설치했다는 인물이다. 대방은 한나라 때는 낙랑 군에 속했던 현이었다. 그런데 『삼국지(三國志)』 「위서(魏書)」 동이열전(東夷列 傳) 한(韓)조는 "건안(建安) 중에 공손강이 둔유현 남쪽 황무지를 대방군(帶方 郡)으로 삼았다" [238] 고 기록하고 있다. 둔유현 역시 한나라 때는 낙랑군에 속 했던 현이었다. 그러니 낙랑군 둔유현 남쪽에 있던 대방현을 공손강이 대방 군으로 승격시켰음을 말해준다. 건안은 후한 헌제(獻帝)의 연호로서 서기 196 년부터 220년까지이다. 공손강이 부친의 직위를 계승한 것이 204년이니까 그 때부터 220년 사이에 대방군을 설치한 것이다. 현재 학계 일각에서 이병도가 둔유현을 황해도 황주(黃州)로 비정한 것을 따라서 대방군을 그 아래 황해도 지역이라고 비정하고 있다. [239] 그러나 황해도는 황무지가 아니라 곡창지대라 는 사실은 차치하고라도 고대 요동지역을 자신 집안의 독립영역으로 유지하 는 것이 최대 현안이었던 공손씨의 군사력으로 고구려 강역 수천 리를 뛰어넘 어 한반도 황해도에 대방군을 설치할 수는 없었다. 고대 요동이 본거지였던 공손씨 일가로서 수천 리 떨어진 황해도 지역에 '군'을 설치해서 행정력과 군 사력을 낭비해야 할 이유가 없었다. 황해도에서 금은보화가 쏟아지지 않는 이 상 황해도 지역에 대방군을 설치해야 할 경제적 이유도 전혀 없었다. 둔유현 남쪽의 황무지에 대방군을 설치했다고 했으니 농산물도 거의 생산할 수 없는 지역이란 뜻인데 왜 농사도 지을 수 없는 머나먼 황무지에 군을 설치해서 재 용을 낭비하겠는가?

공손강이 죽었을 때 두 아들이 나이가 어려서 동생 공손공(公孫恭)이 직 위를 계승했다. 공손공도 독립국가를 세워서 왕이 되고 싶었지만 그렇게 하지 못하고 황초(黃初) 원년(元年: 220) 위(魏) 문제(文帝) 조비(曹丕)로부터 거기장 군(車騎將軍)과 평곽후(平郭侯)의 직위를 받는데 그쳐야 했다. 공손공도 형식

---

238 "建安中, 公孫康分屯有縣以南荒地爲帶方郡"(『三國志』 「魏書」 東夷列傳 韓)
239 대방군과 둔유현의 위치에 대해서는 필자의 『한국사, 그들이 숨긴 진실』, 112~117쪽을 참조할 것

적으로는 여전히 위(魏)나라의 신하이자 제후였다. 게다가 공손강의 아들들이 성장하면서 공손공은 제후 자리에서 쫓겨나게 되었다. 서기 228년 성장한 조카 공손연(公孫淵)이 삼촌 공손공을 구금하고 공손연 시대를 열었다. 위나라는 공손씨 일가 내의 패권다툼에는 개입하지 않았다 위나라가 오·촉을 멸망시키고 중원을 통일했을 경우는 사정이 달라지겠지만 그렇지 못한 경우에는 형식상으로 위나라의 강역으로 유지하면 되는 것이었다.

그래서 위나라는 공손연을 대사마(大司馬), 낙랑공(樂浪公)으로 삼았다. 그러나 공손연은 요동왕이 되는 집안의 숙원사업을 달성하고 싶었다. 227년 촉(蜀)의 제갈량(諸葛亮)이 출사표를 올리면서 위나라를 공격했고, 이듬해에도 다시 위나라를 공격하자 기회가 왔다고 생각했다. 오나라도 석정(石亭)에서 위나라를 협공했다. 두 나라의 협공으로 위나라가 몰린다고 생각한 공손연은 때가 되었다고 여겼다.

공손연이 독립할 움직임을 보이자 위(魏) 명제(明帝) 조예(曹叡)는 경초(景初) 원년(237) 즉각 유주자사 관구검(毌丘儉)을 보내 공격했다. 그만큼 위나라는 공손씨의 영역을 형식적으로나마 자국의 강역으로 묶어두어야 했다. 그러나 관구검은 공손연의 세력을 꺾지 못한 채 퇴각했다. 이에 고무된 공손연은 연(燕)나라를 세워서 연왕(燕王)을 자칭하고 소한(紹漢)을 연호로 삼았다. 공손씨 일가의 숙원사업을 달성하기 위한 승부수를 던진 것이었다. 위나라는 촉과 오의 협공을 받고 있는 처지지만 공손연이 연왕으로 자립한 것을 방관하지 않았다. 연나라를 인정할 경우 사방에서 포위되기 때문이다. 그래서 이번에는 관구검보다 급이 높은 사마선왕(司馬宣王) 사마의(司馬懿)를 보내 공손연을 다시 공격했는데 이때의 공격은 관구검의 공격 때와 달랐다.

『삼국지』「위서(魏書)」 '공손연 열전'은 "경초(景初) 2년(238) 봄 태위 사마선왕(司馬宣王: 사마의)을 보내서 공손연을 정벌하게 했는데, 6월에 요동에 도착

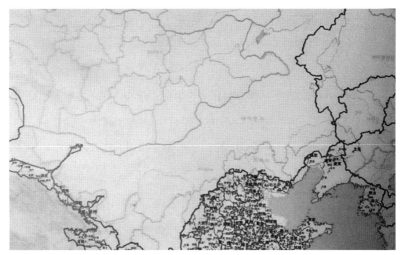

위촉오 지도. 동북아역사재단에서 대한민국 국고 47억원을 들여 만든 동북아역사지도에 조조의 위나라가 경기도까지 차지했다고 그려놓고 있다.

했다."라고 전한다. 이 문장의 주석은 "『한진춘추(漢晉春秋)』에서 말하기를, '공손연이 자립해서 소한(紹漢) 원년이라고 칭하자 위나라 사람들이 듣고 토벌하려 했다. 공손연은 다시 오나라에 신하라고 칭하면서 군사를 북으로 보내 자신을 구해달라고 애걸했다'고 말했다" [240]고 설명하고 있다. 위나라가 군사를 보내자 남방의 오나라에 신하라고 비칭(卑稱)하면서 군사를 보내달라고 애걸했다는 것이다. 고대 요동은 물론 수천 리 고구려 강역을 뛰어건너 황해도까지 군사를 나누어 지배할 정도의 실력자인 공손씨 일가가 왜 오나라에 칭신까지 해 가면서 명맥을 유지하려 했겠는가? 관구검의 군사가 경고적 의미였다면 사마의의 군사는 공손연을 멸망시키고야 말겠다는 위나라의 강한 의지를 담고 있었다. 이런 공손씨가 고대 요동의 전력을 분산해 한반도 동북부에 현도, 낙랑, 대방군을 유지한다는 것은 몽상 속에서나 가능한 일이었다. 그것도 중간에 고구려가 버티고 있는 상황에서.

---

240 "漢晉春秋曰: 公孫淵自立, 稱紹漢元年.聞魏人將討, 復稱臣於吳, 乞兵北伐以自救"(『三國志』「魏書」公孫淵 列傳 주석)

드디어 사마의는 공손연의 수비군을 공격했다. 『삼국지』「위서」를 통해 전
쟁 상황을 상세히 살펴보자.

"(사마의가 요동으로 진격하자) 공손연은 장군 비연(卑衍), 양조(楊
祚) 등에게 보병과 기병 수만 명을 주어 요대(遼隧)에 주둔하게 하
고, 20여리에 참호를 둘러 팠다. 사마선왕(사마의)이 도착하자 비
연에게 명을 내려 싸우게 했는데, 사마선왕이 장군 호준(胡遵) 등
을 파견해 격파했다. 선왕은 포위망을 뚫고 군사를 동남쪽으로 이
끌다가 급히 동북쪽으로 바꾸어 양평(襄平)까지 달려갔다. 비연
등은 양평에 수비가 없기 때문에 두려워 밤중에 도주했다. 여러
군사들이 수산(首山)에 이르자 공손연이 다시 비연 등을 파견해
서 죽음을 각오하고 맞아 싸우게 했다. (사마의가) 다시 공격해서
대파하고, 비로소 군사를 진군시켜 성 아래에 참호를 만들었다.
때마침 장맛비가 30여일이나 계속되었기 때문에 요수(遼水)가 갑
자기 불어서 배가 요수(遼水) 입구에서 곧바로 성 아래에 이를 수
있었다. 비가 그치자 토산(土山)을 쌓고 망루를 수리해서 연노(連
弩)를 가지고 돌을 성 안으로 쏘니 공손연이 아주 다급해졌다. 식
량이 다해서 사람들이 서로 잡아먹어서 죽은 자가 아주 많았다.
장군 양조(楊祚) 등이 항복했다.(『삼국지』「위서」'공손연 열전')" [241]

공손연은 연나라를 세우고 자립했지만 독립국가를 유지할만한 군사력이
부족했다. 사마의가 한 번 공격하자 공손연의 장군 비연, 양조 등은 대응한번

---

241 "淵遣將軍卑衍,楊祚等步騎數萬屯遼隧, 圍塹二十餘里.宣王軍至, 令衍逆戰.宣王遣將軍胡遵等擊破之.宣
王令軍穿圍, 引兵東南向, 而急東北, 卽趨襄平.衍等恐襄平無守, 夜走.諸軍進至首山, 淵復遣衍等迎軍殊死
戰.復擊, 大破之, 遂進軍造城下, 爲圍塹.會霖雨三十餘日, 遼水暴長, 運船自遼口徑至城下.雨霽, 起土山,脩
櫓, 爲發石連弩射城中.淵窘急糧盡, 人相食, 死者甚多.將軍楊祚等降"(『三國志』「魏書」公孫淵 列傳)

제대로 하지 못하고 속수무책으로 무너졌다. 그런데 그 전투 현장은 요수(遼水) 부근이었다. 이 요수는 지금의 요녕성 요하보다 훨씬 서쪽에 있던 강이지만 지금의 요하라고 쳐도 한반도 서북부에서는 너무 먼 지역이었다. 공손씨가 한반도 동북쪽의 현도, 낙랑, 대방군을 유지할 수 있는 군사력이 있었다면 고대 요동을 독립국가로 만드는 데 사용했을 것이다. 공손연의 장군들이 모두 무너진 다음의 상황을 『삼국지』「위서(魏書)」'공손연 열전'은 이렇게 설명하고 있다.

> "(238년) 8월 병인 밤, 큰 유성이 길이가 10장(丈)인데, 수산(首山) 동북쪽으로 따라가다가 양평성(襄平城) 동남쪽으로 떨어졌다. 임오일에 공손연의 군중이 무너졌다. 공손연이 아들 공손수(公孫脩)와 수백 기(騎)로 포위를 뚫고 동남쪽으로 도주하자 많은 군사가 급하게 추격했다. 마침 유성이 떨어진 곳을 만나서 공손연 부자의 목을 벴다. 성을 격파하고 상국(相國) 이하 천여 명의 목을 벴는데, 공손연의 머리는 낙양으로 보냈다. 이렇게 요동, 대방, 낙랑, 현도를 모두 평정했다.(『삼국지』「위서」'공손연 열전')" [242]

사마의의 위나라와 공손씨 일가의 군사가 충돌했던 요대(遼隧)나 양평(襄平)은 모두 고대 요동지역이었다. 사마의와 공손연이 목숨 걸고 싸웠던 현장은 평안도나 황해도가 아니라 고대 요동이라는 뜻이다. 공손연은 고대 요동지역에 있던 낙랑군 둔유현 남쪽 황무지에 대방군을 세우고는 기회를 연나라를 세워서 연왕을 자칭했다가 위나라 사마의의 공격 한 번에 부자가 함께 목

---

242 "八月丙寅夜, 大流星長數十丈, 從首山東北墜襄平城東南. 壬午, 淵衆潰, 與其子脩將數百騎突圍東南走, 大兵急擊之, 當流星所墜處, 斬淵父子城破, 斬相國以下首級以千數, 傳淵首洛陽, 遼東,帶方, 樂浪, 玄菟悉平" (『三國志』「魏書」公孫淵 列傳)

이 베어지는 신세가 된 것이다. 이때 사마의가 공손연 부자의 목을 벤 곳 역시 고대 요동이었다. 『삼국지』는 사마의가 요동에서 공손연 부자의 목을 벤 것을 "요동, 대방, 낙랑, 현도를 모두 평정했다(遼東, 帶方, 樂浪, 玄菟悉平)"고 설명하고 있다. 고대 요동에서 공손연 부자의 목을 벴는데 왜 고구려 강역 건너편의 한반도 서북부에 있던 대방, 낙랑, 현도가 항복했겠는가? 한반도 서북쪽에 있던 대방, 낙랑, 현도가 고구려 강역 지나 머나먼 요동에서 공손씨가 패했다는 풍문을 듣고 부랴부랴 항복했다는 뜻이겠는가? 요동은 물론 대방, 낙랑, 현도도 모두 한반도 서북부가 아니라 고대 요동에 있었다는 뜻이다. 현도, 낙랑, 대방이 한반도 서북부라면 공손연은 고대요동인 양평에서 고립된 채 죽지 않고 한반도까지 도주했을 것이다.

그러나 공손연은 한반도로 도주할 수 없었다. 그 동쪽은 고구려가 차지하고 있었기 때문이다. 사마의가 공손연을 공격할 때 고구려가 가세하면서 공손연은 위나라와 고구려에 협공당하는 상황이 되었다. 『삼국사기』 고구려 동천왕 12년(238)조에는, "위(魏)나라 태부(太傅) 사마선왕(司馬宣王: 사마의)이 군사를 거느리고 공손연을 토벌하자 동천왕이 주부(主簿), 대가(大加)를 보내 군사 1천 명을 거느리고 가서 돕게 했다."[243]라고 기록하고 있다. 공손씨의 영토 서쪽에서는 위나라가 공격하고 동쪽에서는 고구려가 공격했다. 이때 동천왕이 고구려 군사를 보낸 지역이 고대 요동이 아니라 평안도나 황해도이겠는가? 그러면 이 지역의 현도, 낙랑, 대방은 고구려에 항복해야지 왜 위나라에 항복하겠는가? 고구려가 평안도, 황해도의 현도, 낙랑, 대방군을 빼앗아서 위나라에 갖다 바쳤다는 뜻인가? 고구려는 자국의 서쪽 고대 요동을 두고 경쟁하던 공손씨를 멸망시키기 위해 군사를 서쪽으로 보내 위나라와 협공한 것이다.

---

243 "十二年 魏 大傳 司馬宣王 率衆討 公孫淵 王遣主簿大加將兵千人助之"(『三國史記』「高句麗 本紀」東川王)

이때가 고구려 동천왕 재위 12년(238)으로 조선총독부가 편찬한『조선반도사』에서 한반도에 있던 낙랑·대방군이 요서 및 하북성 일대로 교치(僑置)했다는 313년보다 75년 전이다.『조선반도사』의 시각처럼 낙랑군과 대방군이 평안남도와 황해도에 있었다면 사마의는 위나라 군사를 이끌고 고구려 강역 수천 리를 통과해서 평안도와 황해도까지 와서 싸워야 했다. 그러나 그런 일은 있을 수 없었다. '현도, 낙랑, 대방'은 모두 한반도 서북부에 있지 않았기 때문이다.

고구려가 사마의를 도운 것은 자국의 이익을 위한 전략적 판단에 따른 것이었다. 그 4년 후에 고구려는 위나라를 공격한다. 동천왕이 재위 16년(242) "장수를 보내 요동 서안평을 공격"²⁴⁴했다. 동천왕이 공격한 '요동 서안평'은 어디일까? '요동 서안평'을 압록강 대안 단동(丹東)이라고 비정하는 일부의 주장이 있지만 이를 입증해주는 1차 사료적 근거는 없다. 반면『요사(遼史)』「지리지」는 요나라의 수도 상경성 자리였던 현재의 내몽골 파림좌기 지역이 한(漢)나라 때 요동 서안평(西安平)이라고 전하고 있다. 갈석산이 있는 현재의 하북성 창려(昌黎)에서 북쪽으로 500km 정도 북쪽으로 가면 나오는 곳이다.『한서』「지리지」요동군 서안평 조에서 신나라의 '왕망이 북안평(北安平)이라고 불렀다(莽曰北安平)'고 말하는 이유를 알 수 있다.

공손씨가 등장하기 이전 고구려는 위나라와 고대 요동 지역을 두고 자주 충돌했다.『후한서(後漢書)』「동이 열전」고구려 조는 "질환지간(質桓之間: 146~167)에 고구려가 서안평을 다시 공격해서 대방령을 죽이고, 낙랑태수의 처자를 잡아갔다"²⁴⁵고 전하고 있다.『삼국사기』「고구려 본기」태조왕 94년(146)조는 "가을 8월에 왕은 장수를 보내어 한나라 요동 서쪽 서안평을 습격

---

244 "十六年王遣將襲破 遼東 西安平"(『三國史記』「高句麗 本紀」東川王)

245 "質, 桓之間, 復犯遼東西安平, 殺帶方令, 掠得樂浪太守妻子"(『後漢書』「東夷列傳」高句麗)

해서 대방령을 죽이고 낙랑태수의 처자를 잡아왔다"[246]고 전하는 그 사건이다. 그런데『후한서』는 이 대방령(帶方令)에 대한 주석에서 "『군국지』는 '서안평과 대방현은 모두 요동군에 속해 있다'고 했다"[247]고 덧붙이고 있다. 요동군에 속해 있는 대방현이 황해도 황주 이남일 수는 없다.

서안평은 만주 서쪽 고대 요동에 있었다. 그래서 태조왕이 고조선 고토 회복 차원에서 공격한 것이고, 동천왕도 공손씨가 멸망함으로써 발생한 빈 공간을 차지하기 위해서 서안평을 공격한 것이다. 위나라는 공손씨가 차지했던 고대 요동을 위나라 영토라고 생각했고 고구려는 고구려 강역으로 생각했다. 더 이상 사료가 전하지 않으므로 고구려가 이때 서안평을 차지하고 주둔까지 했는지는 확실히 알 수 없다. 그러나 현재도 파림좌기에 남아 있는 거대한 고구려 토성은 고구려가 이 지역을 장악하고 영구히 영유하기 위해서 성을 쌓았다는 사실을 웅변하고 있다.

고구려 동천왕의 공격에 위나라도 반격했다. 위나라 제왕(齊王)은 정시(正始) 7년, 고구려 동천왕 20년(246) 가을 8월에 유주자사 관구검에게 군사를 주어서 고구려를 공격했다. 이때『삼국사기』는 관구검이 현도로 나와서 낙랑으로 퇴각했다고 말하고 있다. 8년 전인 238년 위나라 사마의는 공손연을 죽이고 낙랑군을 빼앗았다. 이때 위나라 관구검이 고구려에 쫓겨 퇴각한 낙랑군이 평양일 수 있겠는가? 그후 관구검은 중국 남방 오나라와 싸움터에 나타난다. 평양에서 부하들과 배를 주조하고 중국 남방으로 갔는가? 낙랑군을 평양일대로 비정하는 한 풀 수 없는 모순들이다. 이듬해 동천왕이 수도를 옮겼는데『삼국사기』「동천왕 본기 21년(247)」조는 동천왕이 옮겼던 도읍지가 평양성이며, '선인(仙人) 왕검(王儉)이 살던 곳'이라고 말했다는 사실은 이미 언급했

246 "(九十四年)秋八月王遣將襲 漢 遼東 西安平縣 殺 帶方 令掠得 樂浪 大守妻子"(『三國史記』「高句麗 本紀」太祖大王)

247 "郡國志 西安平,帶方, 縣, 並屬遼東郡"(『後漢書』「東夷列傳」高句麗)

다. 또한 "혹은 '왕이 왕험(王險)성에 가서 도읍했다'고 했다." [248]는 사실도 언급했다. 이때 동천왕이 천도한 평양성은 평안도 평양성이 아니다. 중국의 여러 사료 및 『삼국사기』는 위나라와 공손씨 일가 및 고구려가 격전을 벌인 지역은 고대 요동이라고 일치해서 말하고 있다. 또한 그래야 모든 사료가 무리없이 이해된다.

2. 중국 사료에 남은 한사군의 지명들

요서군, 요동군, 요동속국, 낙랑군

낙랑군의 정확한 위치를 찾는 것이 쉽지 않은 이유는 한나라에서 위만조선을 멸망시키고 낙랑군을 설치한 이후 그 크기가 고정되어 있는 것이 아니라 정치상황에 따라서 축소되기 때문이다. 그런데 『한서』에서 『진서』까지 중국 역대 사서의 지리지를 분석하면 낙랑군·대방군 등은 확대되는 경우는 없고 계속 축소되었다. 중국 역대 왕조의 정치적 상황도 불안했을 뿐만 아니라 고구려가 국시 '다물(多勿)'에 따라 단군 조선의 강역을 되찾기 위해 서쪽의 낙랑·대방군 등을 공격했기 때문이다.

이런 정치적 상황을 가정하고 낙랑군의 위치를 찾아보자. 낙랑군의 정확한 위치를 찾으려면 낙랑군 근처에 있었던 요동군, 요동속국, 요서군의 위치를 함께 살펴봐야 한다. 먼저 낙랑군 조선현의 위치를 찾는데도 중요한 기준이 되는 고대 국가가 고죽국(孤竹國)이다. 고죽국은 은(殷: 상)나라의 제후국인 주나라의 무왕이 황제국이었던 은나라 주왕을 치는 것을 반대하다가 수양산으로 들어가 굶어죽었다는 백이(伯夷) 숙제(叔齊)의 고사로 유명하다. 고

---

248 "二十一年春二月 王以丸都城經亂 不可復都 築平壤城 移民及廟社 平壤者 本仙人王儉 之宅也 或云 '王之都王險'"(『三國史記』「高句麗 本紀」東川王)

죽국은 서기전 664년에 제나라와 연나라에 소멸되는데, 그 수도 자리로 둘을 꼽는다.

하나는 하북성 노룡현(盧龍縣)인데, 후술하겠지만 이 지역을 역대 중국 지식인들은 낙랑군 조선현으로 비정해왔다. 또 하나는 『한서』「지리지」 요서군 영지현(令支縣)조에 "고죽성(孤竹城)이 있다. 왕망은 영씨정(令氏亭)이라고 불렀다"[249]는 기록에서 알 수 있는 것처럼 한나라 때 요서군 영지현 지역이다. 이 구절은 한나라 때 요서군의 위치비정에 중요한 구실을 한다. 현재 중국 역사학계는 물론 지리학계의 위치비정도 북경 서쪽, 특히 갈석산 동쪽으로 가면 엉망이 되는 것을 감안해 고대 군현의 위치를 비정해야 한다. 중국 학계에서는 고죽국의 서쪽 경계를 현재의 하북성 당산(唐山)시, 동쪽은 발해(渤海)라고 보고 있다. 당산시는 갈석산이 있는 창려(昌黎)현에서 서남쪽으로 100여 km 떨어져 있다. 한나라 요서군 영지현에 고죽성이 있다고 했으니 하북성 당산시에서 발해 지역의 일부가 한나라 때 요서군 지역이었다는 뜻이 된다. 당산은 전국 때는 연(燕)나라 강역이었고, 진·한(秦漢)과 남북조 때는 우북평군과 요서군에 속해 있었는데 유주(幽州) 관할이었다. 수나라 때는 현재의 당산시 동쪽이 북평군(北平郡)에 속해 있었다.

당산 지역이 한나라 요서군 지역에 포함되었다면 요동은 어디인가? 『사기』「몽염 열전」에는, "장성을 쌓는 데 지형이 험한 곳을 이용해 요새로 삼았으며 임조(臨洮)에서 시작해 요동(遼東)까지 길이가 만 리에 이르렀다."[250]라고 말하고 있고, 『수경주』「하수(河水)」조는, "진시황이 태자 부소와 몽염에게 명하여 장성을 쌓게 하였는데 임조에서 시작해 갈석에 이르렀는데, 곧 이 성이다"[251]라고 말하고 있다. '고대 요동=갈석산'이라는 이야기다. 현재의 당산시

---

249 "令支: 有孤竹 城莽曰令氏亭"(『漢書』「地理志」遼西郡)

250 "築長城, 因地形, 用制險塞, 起臨洮, 至遼東, 延袤萬餘里"(『史記』「蒙恬列傳」)

251 "始皇令太子扶蘇與蒙恬築長城, 起自臨洮, 至于碣石, 卽是城也"(『水經注』卷 3, 河水)

부근이 한나라 때 요서군이라면 현재 갈석산이 있는 창려현 부근은 한나라 때 요동군 지역이었다. 한나라 때 요서군과 요동군의 위치는 대략 이렇게 비정할 수 있다.

고죽국과 함께 낙랑군 및 고대 요동군의 위치를 비정하는데 중요한 지명이 '창려(昌黎)'이다. 『사기』「조선열전」의 연나라 사람 위만이 패수를 건너 동쪽으로 와서 "왕험성에 도읍했다〔都王險〕"는 구절에 여러 주석들이 달려 있는데 그 중에 창려가 있다.

> "『사기집해(史記集解)』: 서광(徐廣)은 '창려(昌黎)에 험독현이 있다'
> 고 말했다. 『사기색은(史記索隱)』: 위소(韋昭)는 '옛 (현) 이름이다'
> 라고 말했다. 서광은 '창려에 험독현이 있다'고 말했다. 응소(應邵)
> 가 주석하기를, 『지리지』에는 요동 험독현은 조선왕 위만의 옛 도
> 읍이다'라고 말했다. 신찬(臣瓚)은 '왕험성은 낙랑군 패수의 동쪽
> 에 있다'고 말했다." [252]

서광(徐廣: 352~425)[253]은 진(晋) 효무제(孝武帝) 때 비서랑(秘書郎)이 되어 궁중의 많은 서적을 열람하고 『사기음의(史記音義)』13권을 편찬한 역사학자다. 여기 나오는 주석자들이 살던 시대를 일별해보면 응소는 2세기 후반, 신찬은 3세기 후반, 서광은 4세기 후반에서 5세기 초반, 안사고는 7세기 초반의 인물들이다.

---

252 "『集解』: 徐廣曰, '昌黎有險瀆縣也' 『索隱』: 韋昭云, '古邑名' 徐廣曰, '昌黎有險瀆縣' 應劭注, '地理志遼東險瀆縣, 朝鮮王舊都' 臣瓚云, 王險城在樂浪郡浿水之東'也" (『史記』「朝鮮列傳」 注釋)

253 서광(徐廣:352~425)은 동진(東晉) 때 사람으로서 현재 강소(江蘇)성 상주(常州)인 동완(東莞) 고막(姑幕) 출신이다. 그의 집안은 대대로 학자 집안인데, 사현(謝玄)이 연주자사(兗州刺史)로 있을 때 여러 차례 청해서 관직에 나갔는데, 진 효무제(孝武帝)의 마음에 들어 비서랑(秘書郎)이 되었다. 이때 서광은 궁중에 비장된 수많은 서적들을 열람하는데, 진나라 때 이미 『사기(史記)』의 여러 판본이 뒤섞여 있는 것을 보고 『사기음의(史記音義)』13권을 저술해 정리했다.

서광이 '창려(昌黎)에 험독현이 있다'고 말한 창려 지역이 어딘지 살펴보자. 창려(昌黎)는 한(漢)·신(新)·후한(後漢) 때는 없던 지명이므로 서광은 그 후에 생긴 창려를 말한 것이 틀림없을 것이다. 창려는 삼국 위(魏)나라 때 처음 설립했다. 『삼국지』위나라 제왕(齊王) 조방(曹芳) 정시(正始) 5년(244)조에는 "9월, 선비족이 내부(內附)했는데, 요동(遼東) 속국(屬國)에 두고 창려현(昌黎縣)을 세워서 거주하게 했다"[254]는 기록이 있다. 3세기 중반에 창려(昌黎)라는 이름의 현이 생긴 것이다. 려(黎)자에는 백성이란 뜻도 있는데, 선비족이 와서 내부했으므로 백성들이 번성한다는 뜻으로 창려(昌黎)라고 한 것이다.

그런데 중국 고대사에서 새로운 현의 이름이 등장할 경우 새로 생긴 곳이라기보다는 전에 있던 지명을 바꾸는 경우가 대부분이다. 창려현과 관련해서는 『한서』·「지리지」 요서군 교려(交黎)현이 주목된다. 교려현에 대해서 『한서』·「지리지」 요서군 조는 "유수(渝水)가 새외에서 머리로 물을 받아 남쪽으로 바다로 들어가는데, 동부도위(東部都尉)가 다스린다. 왕망은 금로(禽虜)라고 했다"[255]고 말하고 있다. 그런데 그 주석에서 응소는 "(교려현이) 지금의 창려이다"[256]라고 말하고 있다. 위나라에서 요동속국에 세운 창려현은 한나라 때 요서군 교려현 지역에 세웠다는 것이다. 즉 한나라 때 요서군 지역과 위나라 때 요동속국의 일부는 같은 곳이라는 점에서 요서와 요동은 그리 멀지 않은 곳이었음을 다시 확인할 수 있다.

중원의 삼국시대(220~280)가 한창이던 3세기 중반 이 지역은 격변의 현장이었다. 앞서 설명한대로 238년 공손연이 연(燕)나라를 세우고 왕을 칭하자 위(魏)나라는 사마의를 보내 공손연 부자를 죽여 버렸다. 고구려 동천왕은 군사 1천명을 보내 공손연을 협공했다. 그러나 동천왕은 4년 후인 재위 16년(242

254 "九月, 鮮卑內附, 置遼東屬國, 立昌黎縣以居之"(『三國志』「魏書 三少帝紀」齊王 正始 5年)
255 "交黎: 渝水首受塞外, 南入海東部都尉治莽曰禽虜"(『漢書』「地理志」遼西郡)
256 "應劭曰:「今昌黎」(『漢書』「地理志」遼西郡)

년)에는 장수를 보내 요동 서안평(西安平)을 공격했다. 공손연이 사라진 지역을 차지하기 위한 공세였다. 그러자 위나라는 244년에는 내부해 온 선비족 일부를 받아들여 요동 속국의 창려현에 거주하게 했고, 246년에는 유주자사 관구검을 보내 고구려를 공격했다. 이 격변의 현장이 모두 고대 요동 지역이었다.

『한서』「지리지」에 위만조선의 도읍 자리에 세웠다는 험독현이 요동군 소속으로 되어 있는 점이나 서광이 '험독현은 창려에 있다'라고 말한 것이나, 『삼국지』244년조에서 창려현을 요동 속국에 소속시킨 것은 모두 험독현이 고대 요동지역에 있었다는 사실을 말해주고 있다. 이후 창려는 중국이 5호(五胡)16국시대(304~439)에 선비족들과 고구려 사이에 쟁탈 지역으로 변한다. 그중에서도 창려(昌黎) 극성(棘城)이 충돌의 현장이었다.

『삼국사기』「고구려 미천왕」20년(319)조에는 진(晉)나라 평주자사(平州刺史) 최비(崔毖)가 고구려로 망명해왔다고 전하고 있다. 최비는 고구려에게 선비족 단씨(段氏) 우문씨(宇文氏)와 함께 모용외(慕容廆)를 공격하자고 요청했던 인물이었다. 창려(昌黎) 극성(棘城)출신의 모용외는 전연(前燕)을 건국한 모용황(慕容皝)의 부친으로서 아직 나라를 세우지는 못하고 있었다. 이 모용외에게 미천왕과 싸움에서 밀린 요동 사람 장통이 1천 가구를 이끌고 도주하자 낙랑군을 설치해 살게 해 주었는데, 『조선반도사』는 이를 대동강 남쪽에 있던 낙랑군이 요서지역으로 이주한 것이라는 교치설을 주장했다. 아직 나라도 세우지 못한 모용외가 자신에게 도주해 온 1천 가구를 가지고 명목상 낙랑군을 설치한 것을 가지고 요서 낙랑군의 시작이라는 것이니 견강부회의 전형이라 할만하다.

모용외가 아직 나라를 세우지 못한 것은 선비족 내부의 갈등에다 고구려의 공세가 계속되었기 때문이다. 『삼국사기』미천왕 20년(319)조는 '고구려 단씨 우문씨 세 나라가 극성(棘城)을 공격했다'[257]고 전한다. 최비의 제안에 호응해 고구려가 창려 극성의 모용외를 공격한 것이다.

그럼 이때의 창려는 한나라 때 어느 지역이었을까? 앞에 인용한 『삼국지』 정시(正始) 5년(244)조에서 '선비족을 요동 속국의 창려현에 거주하게 했다'는 요동 속국(遼東屬國)에 중요한 단서가 있다.

요동속국이란 무엇이고 어느 지역일까? 요동속국은 후한 안제(安帝: 재위 106~125) 때 요서군과 요동군에서 약간의 지역을 떼어서 설치한 행정구역이다. 후한 말에 없어졌다가 삼국시대 정시 5년(244) 다시 설치되었는데, 오래지 않아 창려군으로 개칭된 지역이고, 유주(幽州)에 속해 있었다. 여러 지역명이 나와서 혼동되지만 모두 같은 지역에 있던 지명들의 변천과정을 설명하는 것이다.

『후한서』「지리지」는 요동속국에 대해 "낙양(雒陽) 동북쪽 3,260리에 있다"라고 설명하면서 요서군에 대해서는 "낙양(雒陽) 동북쪽 3,300리에 있다"라고 설명하고 있다. 요동군에 대해서는 "낙양(雒陽) 동북쪽 3,600리에 있다"라고 설명하고 있다. 그러니까 낙양에서 동북쪽으로 3,300리 지역에 요서군이 있고, 불과 40리 떨어진 곳에 요동속국이 있고, 340리 떨어진 곳에 요동군이 있다는 것이다. 요서군, 요동속국, 요동군의 3군을 모두 합쳐도 340리 정도의 면적에 불과한 것이다. 전한 때의 1리(里)는 362.84m이기 때문에 363m로 계산하면 모두 123km 정도의 작은 면적에 불과하다. 그런데 같은 유주(幽州) 소속의 상곡군(上谷郡)에 대해서『후한서』「지리지」는 "낙양(雒陽) 동북쪽 3,200리에 있다'라고 서술하고 있어서 요동속국과 불과 60리 떨어졌다고 말하고 있다. 불과 100여km 남짓한 지역에 요서군, 요동군, 요동속국, 상곡군 등이 다닥다닥 붙어 있는 것이다. 그런데『후한서』는 현도군은 "낙양(雒陽) 동북

257 "二十年冬十二月 晉平州刺史崔毖來奔, 初崔毖隂說, 我及段氏宇文氏, 使共攻慕容廆, 三國進攻棘城"(『三國史記』「高句麗 本紀」美川王 20년)

쪽 4,000리에 있다'라고 서술하고, 낙랑군은 "낙양(雒陽) 동북쪽 5,000리에 있다'라고 설명하고 있다. 400리 정도의 면적에 요서군, 요동속국, 요동군, 상곡군 등이 모두 포함되어 있는데, 갑자기 낙랑군과 현도군이 1천리, 2천리 단위로 건너 뛴다는 것은 실제 거리가 아니라는 사실을 쉽게 알 수 있다. 또한 『사기(史記)』 「조선열전」의 주석에서 신찬(臣瓚)은 "왕험성(王險城)은 낙랑군 패수 동쪽에 있다'라고 말했다. 요동군 험독현 자리인 왕험성이 낙랑군 패수 동쪽에 있다는 사실은 낙랑군이 요동군보다 더 서쪽에 있었다는 사실, 즉 한나라에 더 가까운 자리에 있었다는 뜻이다. 따라서 현도 4,000리, 낙랑 5,000리 운운은 실제 거리가 아니라 상상속의 거리에 불과했다.

그럼 이제 낙랑군 지역이 어디인지 검토해보자. 『후한서』 「동이열전」 '부여국(夫餘國)'조는 "부여국은 현도에서 북쪽으로 천리 떨어져 있는데, 남쪽은 고구려와 접해있고, 동쪽은 읍루와 접해 있고, 서쪽은 선비와 접해 있다. 북쪽으로 약수(弱水)가 있는데. 그 땅은 사방 2천리로서 본래는 예(濊)의 땅이었다."[258]고 말하고 있다. 부여국은 현도에서 북쪽으로 천리 떨어져 있는데, 남쪽은 고구려, 동쪽은 읍루, 서쪽은 선비와 접해 있는 사방 2천리의 나라라는 것이다.

그럼 부여국 남쪽에 있다는 고구려에 대해서 살펴보자. 『후한서』 「동이열전」은 "고구려는 요동 동쪽 천리에 있다. 남쪽은 조선, 예맥과 접해 있고, 동쪽은 옥저와, 북쪽은 부여와 접해 있는데, 땅은 사방 2천리이다"[259]라고 말하고 있다.

앞서 인용했듯이 『후한서』 「지리지」는 요동군은 '낙양 동북쪽 3,600리'이고, 현도군은 '낙양 동북쪽 4천리'라고 말했고, 낙랑군은 낙양 동북쪽 5천리라

---

258 "夫餘國, 在玄菟北千里. 南與高句驪, 東與挹婁, 西與鮮卑接, 北有弱水. 地方二千里, 本濊地也"(『後漢書』 「東夷列傳」, 夫餘)

259 "高句驪, 在遼東之東千里, 南與朝鮮,濊貊, 東與沃沮, 北與夫餘接. 地方二千里"(『後漢書』 「東夷列傳」, 高句麗)

고 말했다. 즉 요동군에서 낙랑군은 1천4백리 떨어져 있어야 하는데, 그 보다 4백리 앞서 고구려가 있는데 그 강역이 사방 2천리이다. 낙랑군이 있을 자리가 없는 것이다.

고구려 남쪽이 조선, 예맥이라는 구절에 대해서 살펴보자. 『후한서』는 예(濊)에 대해 "예는 북쪽은 고구려, 옥저와 접해 있고, 남쪽은 진한(辰韓)과 접해 있는데, 동쪽은 대해(大海)에서 마치고, 서쪽은 낙랑에 닿는다"[260]라고 설명하고 있다. 낙랑은 위만조선 왕실이 붕괴된 후인 서기전 108년에 설립되었는데, 고구려 남쪽이 조선과 예에 접해 있었다고 서술하고 있는 것이다. 고조선과 예를 혼동한 것으로도 볼 수 있는데 그 서쪽에 낙랑이 있다는 말은 위만조선 강역 서쪽에 낙랑군을 설치했음을 말해준다.

그런데 『후한서』 「지리지」와 『후한서』 「동이열전」의 내용을 분석해 보면 낙양 동북 5천리에 있다는 낙랑군 지역이 존재하지 않는다. 이 기술대로라면 낙랑군은 요동군 동북쪽 1400리에 있어야 하는데 그 땅 북쪽 안에는 부여가 있고, 동남쪽 안에는 고구려가 있기 때문이다. 즉 요서, 요동, 요동속국 등의 거리를 비정할 때는 십리 단위로 비정하던 『후한서』가 현도, 낙랑을 비정할 때는 천리 단위로 비정했다는 것은 실제 거리 측정이 아님을 다시 확인할 수 있다.

이런 현상을 이해하기 위해서는 『후한서』의 성격을 분석해야 한다. 『후한서』를 편찬한 범엽(范曄: 398~445)[261]은 남조(南朝) 유송(劉宋: 420~479)의

---

260 "濊北與高句驪,沃沮, 南與辰韓接, 東窮大海, 西至樂浪"(『後漢書』「東夷列傳」濊)

261 범엽(范曄:398~445)은 자(字)가 울종(蔚宗)으로서 남조(南朝) 유송(劉宋)의 정치가이자 『후한서(後漢書)』를 편찬한 역사학자이다. 범엽(范曄)은 지금의 하남성(河南省) 석천(淅川)현인 순양(順陽)에서 명가 후예로 태어났지만 어머니가 소실이었다. 유송(劉宋)에서 좌위장군(左衛將軍), 태자첨사(太子詹事) 등을 역임했는데, 문제(文帝)의 동생 팽성왕(彭城王) 유의강(劉義康:409~451)을 황제로 옹립하려다가 밀고를 당해 자식 범애(范藹),범요(范遙) 등과 함께 48세의 나이로 처형당했다. 무덤은 석천현 노현성(老縣城:노성진)의 '범씨구총(范氏九冢)' 중에 있다. 범엽은 『후한서』의 본기와 열전만을 남겼고 나머지 지(志) 등은 남조 양(梁:502~557)나라의 유소(劉昭)가 사마표(司馬彪)의 『속한서(續漢書)』 등을 보고 보충한 것이다. 그래서 북송(北宋:960~1126) 초까지 이 부분은 『후한서』에 포함되지 않고 『보주후한지(補

정치가이자 역사학자였는데, 445년 48세 때 팽성왕(彭城王) 유의강(劉義康: 409~451)을 옹립하려다 처형당했다. 그런데 이때 범엽은『후한서』의 본기와 열전만을 쓴 상태였다. 그래서 양(梁: 502~557)나라의 유소(劉昭)가 사마표(司馬彪)의『속한서(續漢書)』등을 보고 지(志) 등을 보충한 것이다. 그래서 북송 때까지는 유소의 저작은『후한서』에 포함되지 않고『보주후한지(補注後漢志)』란 제목으로 따로 유통되다가 북송(北宋) 진종(眞宗) 건흥(建興) 원년(1022년) 손석(孫奭)이 범엽과 유소의 저작을 합쳐『후한서』를 간행하면서 현재의 체제가 되었다. 그래서『후한서』에는 상호 모순된 내용들이 뒤섞여 있다. 또한 개인의 사찬들이기 때문에 광범한 내용을 정밀하게 정리하는데 한계도 있었다.

『후한서』「지리지」를 쓴 유소(劉昭)는 생몰연대가 불분명하지만 남조 양(梁: 502~557)나라 사람인데, 그가 활동할 때는 고구려가 평양성으로 천도한 427년에서 1백여년도 더 지난 때였다. 그래서 역도원(酈道元)이 그랬던 것처럼 그 역시 현도와 낙랑의 지리에 대해서는 혼동된 지식을 갖고 있었던 것으로 보인다. 또한 직선거리를 말한 것인지, 곡선 거리를 말한 것인지도 알 수 없다.

위만이 도읍했던 왕험성, 즉 험독현은 전한 때는 요동군에 속해 있다가 후한 때는 요동속국에 속하게 되었다. 요동속국은 낙양 동북쪽 3,260리에 있었고, 요서군은 낙양 동북쪽 3,300리에 있었으며, 요동군은 낙양 동북쪽 3,600리에 있었다. 요동속국이 요서군보다도 낙양에 더 가깝다는 것은 두 지역이 서로 얽혀 있다는 뜻이다.『후한서』「지리지」의 본문과 주석, 교정 등에 따르면 요동속국에는 6개 성이 속해 있는데 그 중 창려현은 옛날의 교려(交黎)현으로서 요서군에 속해 있었고, 빈도(賓徒)현과 도하(徒河)현도 요서군에 속해 있었다. 한마디로 요동속국은 요서군과 요동군의 일부 지역을 떼어내어

注後漢志)』란 제목으로 따로 간행되었다. 북송(北宋) 진종(眞宗) 건흥(建興) 원년(1022년) 손석(孫奭)이 범엽의 저작과 유소의 저작을 합쳐서 간행한 것이 현존하는『후한서(後漢書)』의 판본(板本)이다. 그래서『후한서』에는 여러 모순된 내용들이 있는데 여타 사료들을 종합적으로 비교, 고찰해서 해석해야 한다.

설치했는데 그중 험독현이 있었는 것이다. 이 지역에 위나라와 진(晋)나라 때 창려가 설치되었으니 고조선 왕험성은 위나라 및 진(晋)나라 때 창려 부근에 있었다고 볼 수 있다. 『진서』「지리지」평주(平州)조는, "요동, 창려, 현도, 대방, 낙랑의 5군을 나누어 평주로 만들었다가 후에 다시 유주로 합했다"[262]고 설명하고 있다. 평주라는 독립된 주로 삼았지만 독립된 주를 계속 유지할만큼 큰 의미가 없어서 곧 유주로 환속시켰다는 것으로서 평주가 그리 크지 않았음을 시사한다. 진(晋)나라 때 이 평주 지역에 요동, 창려, 현도, 대방, 낙랑군이 있었는데 평주 산하 창려군에 창려(昌黎), 빈도(賓徒) 두 현이 있었고, 낙랑군 산하에 조선, 둔유, 혼미, 수성, 누방, 사망의 여섯 현이 있었다. 낙랑군 조선현이 주나라에서 기자를 봉했다는 지역이고, 이 수성현이 진 장성과 갈석산이 있었다는 곳이다. 『한서』·『후한서』·『진서』「지리지」를 비롯해 여러 사서와 지리지를 검토한 결과 고조선 험독성은 전한 때는 요동군, 후한과 위나라 때는 요동속국, 진 때는 평주 창려군에 속해 있었다고 볼 수 있다. 또한 기자조선 도읍지 자리에 세웠다는 낙랑군 조선현 역시 이 부근에 있었다는 뜻이다.

길 이름으로 남은 낙랑·현도·대방·임둔

요서, 요동, 낙랑, 현도 등지는 설립 후 계속 축소되어 왔다. 북방에서 선비족을 비롯한 북방민족들이 흥기하고, 고구려가 계속 공격했기 때문이다. 북방의 선비족 출신들이 남하해 건국한 수나라가 중원을 통일한 후 고구려와 격전을 치른 이유 중에는 이 지역에 대한 영유권 다툼도 강했다. 북방 민족들이 남하하거나 세력이 약화되면서 고구려가 이 지역을 대부분 장악했기 때문이다. 『당서』「배구 열전(裴矩傳)에서 배구가 "고려는 본래 고죽국(孤竹國)이다"라고 말한 것이 고죽국 자리까지 고구려가 차지했음을 말해준다.

---

262 "而分遼東, 昌黎, 玄菟, 帶方, 樂浪五郡爲平州, 後還合爲幽州"(『晉書』「地理志」平州))

그래서 『수서(隋書)』「지리지」 기주(冀州) 요서군(遼西郡)조를 보면 이런 사
정을 짐작할 수 있다.

> "요서군(遼西郡): 옛 영주(營州)에 설치했는데, 개황(開皇:수나라 고
> 조의 연호로서 581~600) 초에 총관부(總管府)를 설치했다가, 대
> 업(大業:605~618) 초에 총관부를 폐지했다. 거느린 현은 하나이며
> 호수는 751호이다.(『수서』「지리지」 '기주(冀州) 요서군(遼西郡)')"[263]

수나라가 중원을 통일하고 기주에 요서군을 설치했지만 거느리는 속현
은 유성(柳城)현 하나에 불과했다. 호수 751은 인구로 계산하면 3,755명이니
명목상으로 설치했다는 것을 알 수 있다. 중원에서 격전을 벌이는 동안 고구
려가 이 지역을 대부분 장악했음을 알 수 있는 것이다. 그런데 하나뿐인 요서
군의 속현인 유성현에 대한 설명에 낙랑, 대방 등이 선비족들이 북방을 장악
했던 시절에 어떻게 되었는지 드러난다.

> "유성(柳城): 후위(後魏)에서 화룡성(和龍城)에 영주(營州)를 설치
> 하고 건덕(建德), 기양(冀陽), 창려(昌黎), 요동(遼東), 낙랑(樂浪),
> 영구(營丘) 등의 군(郡)을 거느리게 했다. 그 아래 용성(龍城), 대흥
> (大興), 영락(永樂), 대방(帶方), 정황(定荒), 석성(石城), 광도(廣都),
> 양무(陽武), 양평(襄平), 신창(新昌), 평강(平剛), 유성(柳城), 부평(富
> 平) 등의 현(縣)이 있었다. (『수서』「지리지」 '기주 요서군')"[264]

---

263 "遼西郡舊置營州, 開皇初置總管府, 大業初府廢,統縣一, 戶七百五十一", (『隋書』「地理志」 冀州 遼西郡)
264 "柳城:後魏置營州於龍城, 領建德, 冀陽, 昌黎, 遼東, 樂浪, 營丘等郡, 龍城, 大興, 永樂, 帶方, 定荒, 石
城,廣都, 陽武, 襄平, 新昌, 平剛, 柳城, 富平等縣." (『隋書』「地理志」 冀州 遼西郡)

후위(後魏) 시절 화룡성에 설치한 영주(營州) 산하에 '창려, 요동, 낙랑군' 등이 있었고, 그 산하에 '대방현'이 있었다는 것이다. 후위는 사가(史家)들이 북위와 서위, 동위를 모두 합쳐 부르는 용어이다. 북위는 서기 386~534년까지, 동위는 534~550년까지, 서위는 535~557년까지 존속했다. 후위의 뒤를 이어 북제(北齊: 550~577)가 들어서는데 이를 후제(後齊)라고도 한다. 북제의 왕족 출신들이 나중 수나라를 세우게 된다. 노태돈이 "이치된 낙랑군 등은 몇 차례 설치와 폐지를 되풀이하다가 537년 당시 남영주(南營州)에 낙랑군이 설치되었다"라고 쓴 것은 이때를 의미해야 하지만 이것이 한반도 서북부에 있던 낙랑·대방을 이 지역에 옮긴 것이 아니라는 것은 이제 굳이 언급할 필요도 없다. 고대 요동에 있던 군현들도 사라져가는 판국에 선비족들이 한반도 서북부에 있던 낙랑·대방을 '고대 요동'으로 옮겨 설치했을 까닭은 없다. 또 그럴 이유도 없다. 『수서』 「지리지」 '기주 요서군'조는 후제 때에 대한 설명으로 이어진다.

> "후제(後齊)에서는 오직 건덕(建德), 기양(冀陽) 두 군과 영락, 대방, 용성, 대흥 등의 현(縣)만 두고 그 나머지는 모두 폐지했다. (『수서』 「지리지」 기주 요서군)" [265]

후제(後齊), 즉 북제(北齊)는 문선제(文宣帝) 고양(高洋)이 동위(東魏)를 취해서 세운 나라로서 550년에서 577년까지 짧은 기간 존속하다가 북주(北周)에 멸망당한 나라였다. 이 기간에 건덕군과 기양군만 남겨두고 낙랑, 요동군 등은 폐군(廢郡)시키고, 여러 현들도 4개현만 남겨두고 폐현(廢縣)시켜야 할 정도로 상황이 열악했는데 대방현은 이때도 살아남았다. 중국의 분열과 전쟁, 그리고 고구려의 공세로 이 지역 대부분에 대한 통제권을 상실한 것이다.

---

265 "後齊唯留建德, 冀陽二郡, 永樂, 帶方, 龍城, 大興等縣, 其餘並廢." (『隋書』「地理志」冀州 遼西郡)

바로 이 때문에 수나라는 고구려를 침략하게 되는데, 수 양제가 산하의 군사를 좌 12군, 우 12군으로 나누어서 각 군마다 침공로를 명령하는데, 여기에 낙랑, 대방 등의 이름이 다시 나타난다.

수 양제는 대업 8년(612) 정월 신사일에 113만 8천명의 대군을 탁군(涿郡)으로 모아서는 전군을 좌 12군, 우 12군의 24군으로 나누어 진격로를 지정해 주었다. 수 양제는 같은 달 임오일에 "천하대덕(天地大德)"으로 시작하는 조서를 내려 고구려를 강하게 비난했다.

> "고려 소추(小醜)들이 혼미하고 불공(不恭)하게도, 발해와 갈석산 사이에 모여들어서 요(遼),예(獩)의 경계를 줄곧 잠식했다. 비록 한(漢)나라가 다시 회복하고 위(魏)나라가 주륙해서 그 소굴이 잠시 기울어졌지만, (중국에) 난리가 자주 일어나는 것을 믿고 그 종족들이 그 울타리에 다시 모였다. 지난 시대에 하천과 늪에 성해지더니 그 퍼뜨린 것이 열매를 맺고 번성해져서 여기 이르렀다. 저 중화의 땅을 돌아보니 잘려나가 이족(夷族)의 것이 되었다. 여러 해를 지나면서 악이 쌓여서 가득 찼으니 천도(天道)는 음란한 것에 화를 내리니 망할 징조가 이미 시작되었도다. (『수서』「양제(煬帝) 본기」'대업 8년(大業八年)')" [266]

여기에서 중요한 대목이 '고려 소추들이 발해와 갈석산 사이에 모여들어서'라는 말이다. 앞서 『당서』「배구 열전」에서 "고구려는 고죽국의 땅이다"라는 말이나 "고구려가 발해와 갈석산 사이에 모여들어서"라는 『수서』의 말은 같

---

266 "而高麗小醜, 迷昏不恭, 崇聚勃,碣之間, 荐食遼,獩之境,雖復漢,魏誅翦, 巢窟暫傾, 亂離多阻, 種 落還集萃川藪於往代, 播實繁以迄今, 眷彼華壤, 翦爲夷類歷年永久, 惡稔既盈, 天道禍淫, 亡徵已兆." (『隋書』「煬帝本紀」大業八年)

은 뜻이다. 현재 고구려 강역을 일제 식민사학자은 현재의 요양시 동쪽에 국한된 것으로 왜곡하고 있지만 수 양제가 고구려 침략을 명하는 조서는 당시의 갈석산 지역까지 차지하고 있다고 말하고 있고, 『당서』「배구 열전」도 같은 말을 하고 있는 것이다. 수 양제는 진격로, 즉 침공로를 하달하기 전에 당부하는 말을 나열했다.

> "지금 마땅히 군률에 따라 행군을 시작하는데 군사를 나누어 행군로에 이르라. 발해를 덮칠 때는 천둥처럼 떨치고, 부여를 지날 때는 번개처럼 소탕하라. 창을 나란히 하고, 갑옷을 살피고, 군대에 맹서한 후 행군하는데, 세 번 호령을 받고 다섯 번 명령을 받을 것이며, 반드시 승리할 것을 안 후에 싸우라. (『수서』「양제 본기」대업 8년)" [267]

수나라 대군이 모인 탁군(涿郡)은 『수서』「지리지」에 따르면 기주(冀州)의 속군(屬郡)으로서 거느리는 현은 아홉이고, 호수는 8만4천59호였다. 탁군은 과거 유주(幽州)에 속해있던 지역으로서 중국에서는 현재 하북성 탁주(涿州)시 부근으로 비정하면서, 수나라 때 탁군의 치소는 지금의 북경시 방산(房山)구 남쪽으로 보고 있다. 탁군 산하의 창평(昌平)현에는 관관(關官)과 장성(長城)이 있는데, 북경 북쪽 가까이에 있는 만리장성과 그를 지키는 관문을 뜻한다.[268] 수 양제는 대군들을 평양으로 집결하게 했는데, 탁군에서 출발하는 수 대군이 어느 경로를 거쳐서 고구려의 평양성으로 집결하라는 명령을 받았는지 살펴보자. 이때의 평양에 대해서 현재 북한의 평양이 아니라 요녕성 요양

---

267 "今宜授律啓行, 分麾屈路, 掩勃澥而雷震, 歷夫餘以電掃. 比戈按甲, 誓旅而後行, 三令五申, 必勝而後戰." (『隋書』「煬帝本紀」大業八年)

268 "昌平: 舊置東燕州及平昌郡. 後周州郡並廢, 後又置平昌郡. 開皇初郡廢, 又省萬年縣入焉. 有關官. 有長城."(『隋書』「地理志」冀州 涿郡 昌平縣)

시라는 연구들이 나오고 있는데, 고대 낙랑군, 대방군의 위치를 찾으려는 논의와는 큰 관계가 없다. 괄호 안은 필자가 한(漢)나라 때 어느 군(郡)의 속현이었는지를 표기한 것이다.

「좌군: 제1군 누방도(鏤方道: 낙랑), 제2군 장잠도(長岑道: 낙랑), 제3군 해명도(海冥道: 낙랑), 제4군 개마도(蓋馬道: 현도: 서개마), 제5군 건안도(建安道), 제6군 남소도(南蘇道), 제7군 요동도(遼東道: 요동), 제8군 현도도(玄菟道: 현도), 제9군 부여도(扶餘道), 제10군 조선도(朝鮮道: 낙랑), 제11군 옥저도(沃沮道), 제12군 낙랑도(樂浪道: 낙랑) (『수서』「양제 본기」 대업 8년)[269]」

우군이 명령 받은 행군로를 살펴보자.

「우군: 제1군 점제도(黏蟬道: 낙랑), 제2군 함자도(含資道: 낙랑), 제3군 혼미도(渾彌道: 낙랑), 제4군 임둔도(臨屯道: 임둔), 제5군 후성도(候城道: 요동), 제6군 제해도(提奚道: 낙랑), 제7군 답돈도(踏頓道), 제8군 숙신도(肅愼道), 제9군 갈석도(碣石道), 제 10군 동이도(東暆道: 낙랑) 제11군 대방도(帶方道: 낙랑), 제12군 양평도(襄平道: 요동군) (『수서』「양제 본기」 대업 8년)[270]」

---

269 "左第一軍可鏤方道, 第二軍可長岑道, 第三軍可海冥 道, 第四軍可蓋馬道, 第五軍可建安道, 第六軍可南蘇道, 第七軍可遼東道, 第八軍 可玄菟道, 第九軍可扶餘道, 第十軍可朝鮮道, 第十一軍可沃沮道, 第十二軍可樂浪道"(『隋書』「煬帝本紀」大業八年)

270 "右第一軍可黏蟬道, 第二軍可含資道, 第三軍可渾彌道, 第四軍可臨屯道, 第五軍 可候城道, 第六軍可提奚道, 第七軍可踏頓道, 第八軍可肅愼道, 第九軍可碣石道, 第十軍可東暆道, 第十一軍可帶方道, 第十二軍可襄平道"(『隋書』「煬帝本紀」大業八年)

좌12군 중에서 '1군 누방, 2군 장잠, 3군 해명, 10군 조선, 12군 낙랑'의 5개 군의 진격로는 옛 낙랑 지역이었다. 우 12군 중에서는 '제1군 점제, 제2군 함자, 제3군 혼미, 제6군 제해, 제 10군 동이, 제11군 대방'의 5개 군의 진격로가 옛 낙랑지역으로서 낙랑지역은 모두 11개였다.

좌군의 '제4군 개마, 제8군 현도'가 옛 현도군 지역인데, 좌군 제6군 남소도(南蘇道)도 현도군 지역일 것이다. 또한 '좌군의 7군 요동(遼東), 우군 5군 후성, 제12군 양평'의 세 곳이 요동군 지역이었다. 수 양제가 지정한 24개의 진격로 중에서 한나라 때의 낙랑군 소속이 11개, 현도군 소속이 3개, 요동군 소속이 3개로서 모두 유주(幽州) 관할 지역이었다.

수 양제의 진격로가 말해주는 것은 요동, 낙랑, 현도, 임둔군은 모두 탁군에서 그리 멀지 않은 지역에 있었다는 뜻이다.

현도군의 위치에 대해서 잠깐 살펴보자. 『한서』「지리지」 현도군 고구려현 조에는 "요산(遼山)에서 요수가 나오는데, 서남쪽으로 요대(遼隊)에 이르러 대요수(大遼水)로 들어간다. 또 남소수(南蘇水)가 있는데, 서북으로 새외(塞外)를 지나간다" [271]라는 설명이 있다. 한나라 때 현도군 고구려현에 남소수라는 강이 있었는데, 그 후 고구려라는 현명(縣名)을 쓰기가 어려워지자 강 이름을 따라서 남소(南蘇)로 바꾼 것으로 추측된다. 남소수가 서북으로 흘러서 새외(塞外)로 들어간다는 말은 고조선과 한나라의 국경 부근에 있었다는 뜻이다.

『사기』「조선열전」 주석에서 응소(應邵)는 '현도는 원래 진번국이었다'라고 말했다.[272] 현도와 진번은 사실상 같은 지역인데, 한나라에서 갈라서 두 군으로 만들었다는 뜻이다. 나머지 진공로 중 부여, 옥저, 숙신, 갈석의 4곳은 모두 만주 서쪽이나 북쪽에 있는 지역들이다. 낙랑 부근에 있었을 임둔도 마찬

---

271 "遼山, 遼水所出, 西南至遼隊入大遼水, 又有南蘇水, 西北經塞外" (『漢書』「地理志」玄菟郡 高句驪縣)

272 "應劭云, '玄菟本眞番國'" (『史記』「朝鮮列傳」註釋)

가지다. '좌5군 건안과 우7군 답돈'은 현재 어디인지 알 수 없지만 한반도 내는 아님이 분명하다.

수 양제의 진격로 24곳은 모두 만주 서쪽이거나 북쪽에 있는 지역들이었다. 현재 학계 일부에서는 누방현을 평안남도 강동군, 장잠현을 황해도 풍천, 점제현을 평안남도 용강군, 조선현을 평양시 대동면 토성리, 대방현을 황해도 봉산 등으로 비정하고 있다. 임둔군은 함경도 남부와 강원도 지역으로 비정하고 있다. 좌군 제10군의 행군로는 조선도(朝鮮道)인데, 낙랑군 조선현의 위치가 대동강 남쪽의 대동면 토성리라면 수나라 군사는 중간에 대동강 남쪽을 거쳐 북쪽으로 올라오라는 것이니 해군이 아닌 한 불가능한 진격명령로다.

수 양제가 내린 진격명령로는 『조선반도사』에서 비정한 한사군의 위치가 맞을 수 없음을 잘 말해준다. 『조선반도사』는 수 양제가 점령을 명령한 고구려 평양성을 지금의 북한 평양으로 보고 있는데, 이는 차치하고라도 북경 부근의 탁군에서 출발한 군사들이 황해도(대방, 잠장 등)과 강원도(임둔) 등을 거쳐 평양으로 집결할 수는 없는 것이다. 더구나 대동강 남쪽에 있다는 조선현을 거쳐 평양으로 집결하라는 명령이 가능하겠는가? 낙랑군, 대동군 등을 한반도 내에서 찾는 것은 무의미한 노릇이다.

그래서 성호 이익은 『성호사설』 「조선사군」조에서 수 양제의 진격로를 분석하고는 "모두 압록 이동(以東)과 상관없다."라고 분석해서 한사군이 압록강 동쪽으로 오지 못했다고 보았다.

3. 낙랑군 조선현과 요동군 험독현의 위치

한나라 때 고조선의 서쪽 국경

낙랑군 조선현과 요동군 험독현의 위치를 찾아보자. 먼저『한서』「지리지」
는 조선현을 낙랑군 산하 스물 다섯 속현 중의 하나로 설명하고 있고, 험독현
을 요동군 산하 열여덟 속현 중의 하나로 설명하고 있다. 그 주석에서 후한 때
의 학자인 응소(應劭)는 조선현에 대해서는 '무왕이 기자(箕子)를 조선(朝鮮)에
봉했다'고 말하고, 험독현에 대해서는, '조선왕 위만의 옛 도읍이다'라고 말했
다. 20세기 초에 조선총독부에서 편찬한『조선반도사』는 '기자조선=위만조선
=낙랑군'이라고 설명하고 있지만 2세기 후반 때의 학자인 응소는 기자조선의
도읍지에 세운 것은 낙랑군 조선현이고, 위만조선의 도읍지에 세운 것은 요동
군 험독현이라고 달리 설명하고 있는 것이다. 응소의 말이 맞는 것임은 설명
할 필요도 없다.

그럼 왜 '기자조선=위만조선=낙랑군'이란 도식이 나타난 이유에 대해서
는 앞서 이미 설명했다. 즉 고려 숙종 7년(1102) 평양에서 기자의 무덤을 찾았
지만 찾지 못하자 충숙왕 12년(1325)에 가짜로 무덤을 조성하고 사당을 세웠
던 것이다. 이후 유학자들이 득세하면서 은나라에서 왔다는 기자존숭 사상
이 더욱 강해져서 기자가 온 곳을 평양이라고 믿어서 기자전, 즉 정전(井田)까
지 만들어놨으며 평양을 기성(箕城)이라고까지 불렀다. 이후 일본인 식민사학
자들이 이를 식민사학 창조에 악용해 '기자조선=위만조선=낙랑군=평양일대'
라는 등식을 만들어 냈던 것이다.

이런 등식은 기자(箕子)의 생애를 일별해보면 진위여부를 쉽게 알 수 있
다. 기자는 성(姓)이 자(子)씨로서 상(商: 은)나라 종실 사람이었다. 제문정(帝
文丁)의 아들이자 제을(帝乙)의 동생이고 은의 마지막 임금 주(紂)왕의 숙부였
다. 기자가 봉해진 곳은 지금의 산서성 태곡(太谷) 유사(楡社)일대를 비롯해
여러 곳이 전해지는데 평양이 아닌 것은 분명하다. 태사(太師)이던 기자는 주
왕의 무도함을 간쟁하다가 투옥되는데, 주(周)나라 무왕(武王)이 은나라를 무

너뜨린 후 석방시켰다. 그런데『상서정의(尚書正義)』는『서전(書傳)』을 인용해서 이렇게 설명하고 있다.

> "무왕이 기자를 감옥에서 석방했는데, 기자는 주나라에서 석방시켜준 것을 참을 수가 없어서, 조선으로 갔다〔走之朝鮮〕. 무왕이 이를 듣고 조선에 봉해주자 기자는 주나라의 책봉을 받아들였다. 기자는 신하의 예를 하지 않을 수 없어서 13년 되는 해에 와서 내조하자 무왕이 조례 때 기자에게 홍범(洪範)에 대해 물었다(『상서정의(尚書正義)』)" [273]

이 당시 은나라는 황제국이고, 주나라는 제후국이었다. 기자는 비록 주왕의 정치에 간쟁하다가 투옥되었지만 신하인 주나라가 은나라를 멸망시킨 것을 참을 수가 없었던 것이다. 그래서 석방 후 조선으로 간 것이다. 『상서정의』에서 '조선을 세웠다'라고 쓰지 않고, '조선으로 갔다'라고 쓴 것은 이미 조선이란 나라가 있었다는 뜻이다. 기자 이전에 있었던 조선은 단군 조선일 수밖에 없다. 주나라의 영향력이 미치지 않는 나라였으므로 형식상 책봉이었다. 단군 조선은 위만에게 그랬던 것처럼 나라의 서쪽 땅에 거주하게 했을 가능성이 있다.

『사기』에서 기자 후손들에 대한 기록인『사기』「송 미자 세가」에는 "기자(箕子)는 주왕의 친척이다"라는 글이 있는데 많은 주석이 달려 있다.

> 『사기집해』: 마융(馬融)은 '기(箕)는 나라이름이다. 자(子)는 작위다'라고 말했다. 『사기색은』: 기는 나라이고, 자는 작위다. 사마

---

[273] "『書傳』云, '武王釋箕子之囚, 箕子不忍周之釋, 走之朝鮮. 武王聞之, 因以朝解封之. 箕子既受周之封, 不得無臣禮, 故於十三祀來朝, 武王因其朝而問洪範'(『尚書正義』卷十二, 洪範第六)

표(司馬彪)는 '기자는 이름이 서여(胥餘)이다'라고 말했다. 마융과 왕숙(王肅)은 기자(箕子)는 주(紂)의 제부(諸父:여러 숙부 중의 한 명)라고 했다. 복건(服虔)과 두예(杜預)는 주(紂)의 서형(庶兄)이라고 했다. 두예는 "양국(梁國)의 몽현(蒙縣)에 기자의 무덤(箕子冢)이 있다."고 했다.(『사기』「송 미자 세가」)[274]

여기에서 주목되는 것은 "양국 몽현에 기자의 무덤이 있다"는 두예(杜預)의 말이다. 두예(杜預: 222~285)[275]는 서진(西晉)의 정치가이자 학자이자 군사가였다. 『중국 역사지도집』 제3책에 따르면 서진 시대의 양국은 현재의 하남성 동부 상구(商丘)시 부근으로서 상구시 조금 동북쪽에 몽현(蒙縣)이 있다. 상구(商丘)는 글자 그대로 상나라 언덕이란 뜻으로서 은나라 때 상구읍(商丘邑)이 있던 지역이었다. 지금은 하남성과 산동성의 경제 지역인 산동성 조현(曹縣)에 있다. 『수경주(水經注)』에는 "두예가 말하기를, ' 양국 몽현 북쪽에 박벌성(薄伐城)이 있는데, 성 안에 성탕(成湯)의 무덤이 있고, 그 서쪽에 기자의 무덤이 있다고 말했다[276]고 전하고 있다. 『수경주』도 이에 동의한다는 뜻이다. 성탕은 은나라 탕임금을 뜻하니 은나라 탕임금과 은나라 기자가 가까운 곳에 묻혔다는 『사기』 주석과 『수경주』의 논리는 일관성이 있다.

『후한서』「광무제 본기」건무(建武) 6년(서기 30)조에는 "처음에 낙랑사람 왕조(王調)가 낙랑군을 근거로 불복했다. 가을에 낙랑태수 왕준(王遵)을 보내

274 "『集解』:馬融曰, '箕, 國名也.子, 爵也'『索隱』:箕, 國;子, 爵也.司馬彪曰, '箕子 名胥餘' 馬融, 王肅 以 箕子爲 紂之諸父, 服虔, 杜預以爲紂之庶兄, 杜預云, '梁國蒙縣有箕子冢'"(『史記』「宋微子世家」注釋)

275 두예(杜預:222~285)는 자(字)가 원개(元凱)로서 지금 섬서성 서안인 경조(京兆) 두릉(杜陵) 사람이었다. 서진(西晉)의 저명한 학자이자 정치가이자 군사가로서 동오(東吳)를 멸망시킨 것을 최대 공적으로 꼽는다. 그는 스스로 '좌전벽(左傳癖)'이라고 부를 정도로 『춘추좌전』에 몰두한 역사가이기도 했는데, 『춘추경전집해(春秋經傳集解)』, 『춘추맹회도(春秋盟會圖)』, 『춘추장력(春秋長曆)』, 『여기찬(女記讚)』 등의 저서가 있다.

276 "杜預曰, '梁國蒙縣北有薄伐城, 城中有成湯塚, 其西有箕子塚'"(『水經注』)

공격하자 낙랑군의 군리(群吏)들이 왕조를 살해하고 항복했다”[277]고 설명하고 있다. 그런데 이 서술에 대한 주석에 “낙랑군은 옛 조선국인데 요동에 있다”[278]고 설명하고 있다. 중국 고대 사료를 보면 낙랑군이 한반도 서북부에 있었다는 기술은 단 하나도 나오지 않는 대신 요동에 있었다는 기술은 무수히 나온다. 한(漢)나라 사람들의 지리 지식 속에는 한반도 자체가 없었다.

『삼국지』「동이열전」예(濊)조에는 “진승(陳勝) 등이 일어나고, 천하가 진(秦)나라에 반기를 들자 연(燕), 제(齊), 조(趙)나라 백성이 조선땅으로 피신한 자 수만 명이었다.”[279]라고 전하고 있다. 이 대목은 고조선의 위치에 대해 중요한 사실을 시사한다. 연·제·조(燕齊趙)란 전국시대 연, 제, 조나라 지역을 뜻하는데, 고조선은 이 지역에서 난리를 피해 도피할 수 있는 거리에 있었다는 뜻이 되기 때문이다. 연나라는 지금의 북경 지역이라는 설이 다수이고 태항산맥 서쪽에 있었다는 설도 있다. 제나라는 지금의 산동반도 북부에 있었고, 조나라는 지금의 산서성과 하남성 등지에 있던 나라였다. 이들 지역에서 난리를 피해 수 천리 동북쪽의 한반도 서북부로 온다는 것은 불가능한 일이었다. 고조선은 연(燕)나라와 몇 번의 격전을 치르는데, 앞에서 인용했지만『삼국지』「동이열전」한(韓)조에 인용한『위략(魏略)』은 이와 관련해 중요한 시사점을 던져주고 있다.

> 「『위략』에서 말하기를, “옛날 기자의 후손인 조선후(朝鮮侯)는 주(周)나라가 쇠약해지는 것을 보고 연(燕)나라가 스스로 왕이 되어 동쪽을 침략하려 하자 조선후도 역시 왕이라고 자칭하면서 군사를 일으켜, 주나라 왕실을 높인다는 명분으로 연나라를 역습하려

---

277 “初, 樂浪人王調據郡不服秋, 遣樂浪太守王遵擊之, 郡吏殺調降”(『後漢書』「光武帝」建武六年)
278 “樂浪郡, 故朝鮮國也, 在遼東”(『後漢書』「光武帝」建武六年 注釋)
279 “陳勝等起, 天下叛秦, 燕,齊,趙民避地 朝鮮 數萬口”(『三國志』「東夷列傳」濊)

했는데, 그 대부 예(禮)가 간해서 그만 두었다. 조선후가 예를 서쪽으로 보내서 연나라를 설득하자 연나라도 그만 두고 공격하지 않았다. 그 후 자손들이 점차 교만해지고 포악해지자 연나라는 장수 진개(秦開)를 보내 그 서쪽 지역을 공격해 그 땅 2천리를 탈취해서 만번한(滿番汗)을 경계로 삼았고, 조선은 마침내 쇠약해졌다. 진나라가 천하를 겸병한 후 몽염을 시켜서 장성을 쌓게 했는데, 요동까지 이르렀다. 이때 조선왕 부(否)가 섰는데 진나라가 습격할 것을 두려워해서 꾀로써 진나라에 복속했지만 조회(朝會)는 하지 않았다." (『삼국지』「동이열전」 한(韓)) [280]

『위략』은 '기자의 후손인 조선후'라고 말한 것은 주위 다른 민족들의 계보를 모두 자신들의 후예로 서술하는 한족(漢族)들의 전통적 서술방식에 따른 것이다. 『사기』「흉노열전」에서 "흉노(匈奴)의 선조는 하후씨(夏后氏)의 후손인데, 이름은 순유(淳維)이다" [281]라면서 흉노를 하나라의 후예로 만든 것이나 같은 책 「동월(東越)열전」에서 "그 선조는 월왕(越王) 구천(句踐)의 후예로서 성은 추씨(騶氏)이다" [282]라고 서술한 것 등이 이를 말해준다. 윗글은 연나라와 갈등을 겪던 조선후가 "예를 서쪽으로 보내서 연나라를 설득"했다고 말하고 있다. 기자조선이 평양에 있었으면 북서쪽으로 가야지 서쪽으로 갈 수는 없었다. 앞서 말한 것처럼 『삼국지』「동이열전」 한(韓)조는 고조선이 연나라에 서쪽 땅 2천리를 내주고 만번한(滿番汗)을 경계로 삼았다고 말했는데, 만번한은

---

280 "魏略曰:昔箕子之後朝鮮 侯, 見周衰, 燕自尊爲王, 欲東略地, 朝鮮 侯亦自稱爲王, 欲興兵逆擊燕以尊周室其大夫禮諫之, 乃止使禮西說燕, 燕止之, 不攻後子孫稍驕虐, 燕乃遣將秦開攻其西方, 取地二千餘里, 至滿番汗爲界, 朝鮮 遂弱及秦幷天下, 使蒙恬築長城, 到遼東. 時朝鮮 王否立畏秦襲之, 略服屬秦, 不肯朝會"(『三國志』「東夷列傳」韓)

281 "匈奴, 其先祖夏后氏之苗裔也, 曰淳維"(『史記』「匈奴列傳」)

282 "其先皆越王句踐之後也, 姓騶氏"(『史記』「東越列傳」)

고대 요동지역이었다. 즉 기자조선도 고대 요동에 있었던 것이다.『삼국지』「동이열전」한(韓)조의 내용을 계속 검토해보자.

> "조선후 부(否)가 죽고 그 아들 준(準)이 섰다. 20여년 후에 진승(陳勝)과 항우(項羽)가 일어나서 천하가 어지러워지자 연·제·조(燕齊趙)나라의 백성들이 근심과 괴로움에 점차 준왕에게 와서 망명했는데, 준왕은 이들을 서쪽 지역에 두어 살게 했다. 한나라 때에 이르러 노관(盧綰)이 연왕(燕王)이 되어서 조선은 연과 패수를 경계로 삼았다. 노관이 한나라를 배반하고 흉노로 들어가자 연나라 사람 위만(衛滿)이 망명했는데, 호복(胡服)을 입고 동쪽으로 패수를 건너서 준왕에게 항복했다."[283]

노관(盧綰: 서기전 256~서기전 194)은 한나라의 개국 공신 중의 한 명이자 유(劉)씨가 아닌 이성(異姓) 제후였다. 한 고조 유방을 도와 공을 세운 후 유방에 의해 장안후(長安侯)에 봉해졌다. 그후 연왕 장도(臧荼)가 유방에게 반기를 들었다가 진압된 후 연왕으로 임명되었다. 그러나 조(趙)나라 국상(國相) 진희(陳豨)가 유방에 반기를 들고 대국(代國)을 건국하자 노관은 진희 및 흉노와 내통했다가 흉노로 망명했는데, 이때가 서기 전 195년의 일이다.『사기』「흉노열전」에는 "그 뒤 연왕(燕王) 노관(盧綰)이 그의 무리 수천 명을 인솔하고 흉노에 투항해 왕래하면서 상곡군(上谷郡) 동쪽 지역을 괴롭혔다."[284]라고 기록하고 있다.

---

283 "否死, 其子準立.二十餘年而陳,項起, 天下亂, 燕,齊,趙民愁苦, 稍稍亡往準, 準乃置之於西方.及漢以盧綰爲燕王, 朝鮮 與燕界於浿水及綰反, 入匈奴, 燕人衛滿亡命, 爲胡服, 東度浿水, 詣準降"(『三國志』「東夷列傳」韓)

284 "後燕王盧綰反, 率其黨數千人降匈奴, 往來苦上谷以東"(『史記』「匈奴列傳」)

자신이 연왕으로 봉해준 노관이 반기를 들자 유방은 장수 번쾌(樊噲)와 주발(周勃) 등을 보내 연나라 정벌에 나선다. 이때 한나라 군사들이 공격하는 연나라 지역을 보면 고조선의 서쪽 국경이 어디인지 대략 짐작할 수 있다. 고조선은 연나라와 패수를 경계로 국경을 나누고 있었다. 『사기』「강후주발세가(絳侯周勃世家)」에서 노관과 한나라의 전투기사를 보자.

> "연왕(燕王) 노관(盧綰)이 배반하자 주발(周勃)이 상국(相國)으로써 번쾌를 대신해 장수가 되어 계(薊:연나라 수도)를 공격해 함락시키고 노관의 대장인 지(抵)와 승상 언(偃)과 태수 형(陘)과 태위 약(弱)과 어사대부 시(施)를 포로로 얻고 혼도(渾都)를 도륙했다. 노관의 군사를 상란(上蘭)에서 쳐부수고 다시 노관의 군대를 저양(沮陽)에서 공격해 깨부수었다. 이들을 추격해 장성에 이르러 상곡(上谷)의 12개 현을 평정하고 우북평의 16개 현과 요서(遼西)와 요동(遼東)의 29개 현과 어양(漁陽)의 22개 현을 평정했다.(『사기(史記)』「강후주발세가(絳侯周勃世家)」)"

흉노에 망명한 노관을 정벌하기 위해서 유방은 주발을 보내 연나라 수도 계를 공격해 함락시켰다. 그리고 노관의 장수들을 포로로 잡고 혼도를 도륙했다. 또한 상란, 저양을 공격하고 장성에 이르러 상곡의 12개 현을 평정하고, 우북평, 요서, 요동, 어양의 수십 개 현을 평정했다는 것이다.

이때 한나라 군사가 정벌한 연나라 지역을 보면 위만조선의 서쪽 경계가 드러난다. 연나라 수도 계(薊)에 대해 중국 학계에서는 북경 서쪽 지역으로 비정하고, 도륙시켰다는 혼도(渾都)에 대해서 『사기집해(史記集解)』는 서광이 "상곡(上谷)에 있다"고 말했다고 적고 있다. 또한 상란(上蘭)에 대해서 『사기정의』

는『괄지지』를 인용해 '규주(嬀州) 회융현(懷戎縣)' 부근이라고 말하고 있고, 저양(沮陽)에 대해서『사기집해』는 서광은 "상곡(上谷)에 있다."고 했다는 말을 인용하고 있다. 또한『사기정의』는 저양에 대한 주석에서『괄지지』에는 "상곡군의 고성은 규주(嬀州) 회융현(懷戎縣) 동북쪽 1백20리에 있다. 연(燕)나라의 상곡(上谷)이다"라고 설명하고 있다. 여기에서 규주(嬀州)가 중요한데, 한나라 때 저양현은 지금의 북경 서북쪽 만리장성의 거용관(居庸關) 부근이다. 그래서 거양을 공격하고 장성에 이르렀다는 말이 나오는 것이다. 이때의 '추격해서 장성에 이르렀다(追至長城)'는 구절에 대해서『사기정의』는 "곧 마읍(馬邑) 장성인데, 또한 이름을 연(燕) 장성이라고도 한다. 규주(嬀州)의 북쪽에 있는 데 지금 이곳이다." [285]라고 설명하고 있다.

연나라는 한나라 강역 중 가장 동북쪽에 있었다. 마찬가지로 연나라 수도 계 등의 지역을 함락시키고 도달한 장성이 진·한 장성의 가장 동북쪽이었다. 이때 한나라가 노관의 군사를 추격한 연나라 장성은 현재의 거용관 부근에 있는 장성을 뜻하니 이 지역이 연 장성의 동북쪽 끝일 것이다. 이때 한나라에서 평정한 연나라 군현들은 상곡군 12개현, 우북평 16개현, 요서·요동의 29개 현, 어양의 22개현이었다. 모두 북경 인근에 있었던 고대 요동이었다. 그 동쪽은 위만조선 강역이었다.

한 무제가 고조선을 침략하기 13년 전까지 생존했던 회남왕 유안(劉安: 서기전 179~서기전 122)이『회남자』「시측훈」에서 "동방의 끝, 갈석산을 지나면 조선(朝鮮)인데 너그러운 대인(大人)의 나라이다."라고 말한 것이 자연스레 이해가 된다. 또한『한서(漢書)』「가연지(賈捐之)열전」에서, 한무제가 넓힌 한나라 강역이 "동쪽으로는 갈석을 지나 현도, 낙랑으로써 군을 삼았습니다."라고 말한 것도 자연히 이해가 간다. 위만조선과 한나라의 국경은 갈석산이었던 것이

---

285 "卽馬邑長城, 亦名燕長城, 在嬀州北, 今是"(『史記』「絳侯周勃世家」)

다. 갈석산은 연산(燕山)산맥의 일부인데 연산산맥은 동이족과 한족을 구분 짓는 자연스런 경계였다.

낙랑군 조선현의 위치

마지막으로 낙랑군 조선현과 요동군 험독현을 찾아보자. 두 지역을 분리 해서 서술하고 있는 사서가 『한서』「지리지(地理志)」인데, 여기에서 우리가 주 목해야 하는 지역은 유주(幽州) 산하의 군(郡)들이다. 고대 지명을 찾을 때 군 (郡) 하나만 독립적으로 찾으면 실수하기 쉽다. 그 상급 행정구역까지 겸해서 찾아야 실수 가능성이 줄어든다. 주(州)는 도(道) 단위 행정기관이고 군(郡)은 그 산하 행정기관인데, 유주는 현재의 북경 부근이고, 산하에 거느리는 군은 여덟 개다. 대군(代郡), 상곡군(上谷郡), 어양군(漁陽郡), 우북평군(右北平郡), 요서군(遼西郡), 요동군(遼東郡), 현토군(玄菟郡), 낙랑군(樂浪郡)이 그것이다. 서기 전 1세기 경의 행정능력으로 관리 가능한 지역에 있는 군들임은 물론이 다. 낙랑군이 평양에 있었다면 서기전 1세기의 행정능력이나 교통능력으로 북경에서 평양의 하급 행정관청을 일상적으로 관리하는 것이 불가능할 것임 은 말할 것도 없다.

『한서(漢書)』「지리지(地理志)」에서 유주에 속한 군 중에 주목해야 할 군은 요서·요동·현도·낙랑군이다. 그 중에서도 왕험성과 조선현을 찾기 위해서 주 목해야 할 군은 요동군과 낙랑군이다. 각 군에는 산하에 현(縣)들이 있는데, 요동군에는 18개의 현(縣)이 있고 낙랑군은 25개 현이 있다. 상당수가 고조선 옛 강역에 설치된 현(縣)들이다.

낙랑군의 25개 속현 중에는 조선현(朝鮮縣)을 비롯해서 패수(浿水), 점제 (黏蟬), 수성(遂城), 대방(帶方), 사망(駟望), 열구(列口), 장잠(長岑), 둔유(屯有), 루방(鏤方), 탄열(呑列) 등이 한국 고대사와 관계가 깊은 현들이다.

기자묘. 하남성 상구시에 있는 기자묘. 14세기 고려 후기 유학자들이 평양에
가짜 기자묘를 만들었고 조선의 사대주의 유학자들이 사실인 것처럼 신봉했다.

요동군의 18개 속현 중에는 험독현(險瀆縣)을 비롯해서 양평(襄平), 신창
(新昌), 무려(無慮), 요양(遼陽), 안시(安市), 서안평(西安平), 번한(番汗)현 등이
한국 고대사와 밀접한 관련을 갖고 있는 지역들이다.

이중 핵심은 낙랑군 조선현과 요동군 험독현이다. 낙랑군 조선현은 기자
조선의 도읍지에 세운 것이고, 요동군 험독현은 위만조선의 도읍지 자리에 세
운 것이다. 낙랑군 조선현에 대해서 후한 때인 2세기 중후반의 학자인 응소
(應邵: ?~196)는 '주나라 무왕이 기자를 봉한 곳'이라고 말했고, 요동군 험독현
에 대해서는 '위만조선의 도읍지'라고 말했는데, 이는 왕험성 자리에 세웠다는
뜻이다. 신찬(臣瓚)과 안사고(顔師古)는 '위만조선의 수도 왕험성은 낙랑군 패
수 동쪽에 있다'고 말했다. 신찬(臣瓚)은 서진(西晉: 265~316) 때의 저명한 학
자이고, 안사고(顔師古: 581~645)는 당나라 때의 저명한 학자이다. 이 학자들
의 인식은 낙랑군은 요동군 서쪽에 있다는 것이다. 낙랑군이 요동군 동쪽에
있다고 보는 견해는 요동군과 낙랑군이 실제로 있었던 학자들의 견해와는 근
본적으로 배치된다는 사실을 알 수 있다.

낙랑군 조선현의 위치는 중국 사료로 비교적 정확하게 비정할 수 있다. 앞서 인용한 것처럼 낙랑군 설치 50년 후까지 살았던 가연지(賈捐之: ?~서기 전 43년)는 무제가 넓힌 한나라 강역에 대해서 "동쪽으로는 갈석을 지나 현도, 낙랑으로써 군을 삼았습니다."라고 말했다. 갈석산 인근에 낙랑군을 설치했다는 뜻이다.

『후한서』의 지리지인 「군국지(郡國志)」는 유주 산하에 11개 군을 두고 있는데, 탁군, 상곡군, 어양군, 우북평군, 요서군, 요동군, 현도군, 낙랑군, 요동속국 등이다. 이중 낙랑군 산하에 열여덟 현을 두고 있는데, 조선현도 여기에 포함되어 있다. 『후한서』「군국지」 낙랑군 조에는 지리를 비정할 수 있는 주석이 열구(列口)현에 달려 있다. "곽박(郭璞)이 『산해경』에서, '열(列)'은 강이름이다. 요동에 있다라고 말했다"[286]는 내용이다. 낙랑군 산하의 열구현은 열수라는 강의 입구에 있기 때문에 생긴 이름인데, 열구는 요동에 있다는 것이다. 즉 이때의 낙랑군은 요동에 있었다는 뜻이다. 그 후 삼국시대 때도 공손연이 고대 요동에 연나라를 세웠다가 위나라 사마의에게 요동에서 죽임을 당하고 "요동, 대방, 낙랑, 현도가 모두 평정되었다"는 『삼국지』「공손도 열전」처럼 고대 요동에 있었다.

그후 진(晉)나라가 들어서는데, 『진서』「유요(劉曜) 열전」에는 "유요가 약관의 나이에 어떤 사건에 연좌되어서 죽임을 당하게 되자 조선으로 도망가서 숨어 있다가 사면을 맞아서 돌아왔다"[287]는 구절이 나온다. 유요(劉曜: ?~329)는 흉노족 출신인데 진나라 수도 낙양에서 고구려 수천 리 강토를 통과해서 한반도 서북부까지 도망가서 숨었다고 볼 수는 없으므로 이때의 조선 역시 고대 요동에 있던 낙랑군 조선현을 말하는 것이다. 『진서』「지리지」는 평주(平州) 산하 낙랑의 6개 속현 중에 하나가 조선현으로써 "주(周)나라에서 기자

286 "郭璞注山經經曰, "列, 水名. 列水在遼東"(『後漢書』「郡國志」 낙랑군)
287 "弱冠游于洛陽, 坐事當誅, 亡匿朝鮮, 遇赦而歸"(『晉書』「劉曜列傳」)

를 봉한 곳이다"라고 설명하고 있고, "수성현은 진나라에서 쌓은 만리장성의 기점이다"라고 설명하고 있다.[288]

낙랑군 조선현의 위치는 이후 사서에도 많이 등장한다. 먼저 북송(北宋)의 낙사(樂史: 930~1007)가 편찬한『태평환우기(太平寰宇記)』는 이렇게 말하고 있다.

> "노룡현(盧龍縣): 조선성(朝鮮城)은 곧 기자가 은나라로 봉함을 받은 지역이다. 지금은 폐성이다."[289]

북송 때도 노룡현에 낙랑군 조선현이 폐성(廢城) 형태로 존재하고 있었다는 뜻이다. 그 노룡현이 지금의 하북성 노룡현이란 사실은 이미 살펴보았다. 다음으로 송나라 다음에 들어선 원나라의 정사인『원사』·「지리지」를 살펴보자.

당나라가 고구려를 멸망시키고 그 자리에 새로운 행정구역을 설치하지 않고, 요동군에 편입시키면서 한국고대사의 역사지리는 크게 왜곡되기 시작한다. 그럼에도 불구하고 조선이란 지명은 만주 지역에 남아 있었다.『원사(元史)』「지리지」는 요양등처 행중서성(遼陽等處行中書省) 산하의 동녕로(東寧路) 조는 이렇게 설명하고 있다.

> "동녕로는 본래 고구려 평양성인데, 또한 장안성(長安城)이라고도 불렀다. 한(漢)나라에서 조선을 멸망시키고 낙랑, 현도군을 설치했는데, 이것이 낙랑 땅이다. 진(晉)나라 의희(義熙: 405~419) 연간 이

---

288 "樂浪郡: 漢置. 統縣六, 戶三千七百. 朝鮮: 周封箕子地. 屯有. 渾彌. 遂城: 秦築長城之所起. 鏤方. 駟望"
289 "盧龍縣: 朝鮮城 卽箕子受殷封之地 今有廢城"『太平寰宇記』권70

후에 그 왕 고련(高璉:장수왕)이 평양성에 거주하기 시작했다. 당나라에서 고려를 정벌하고 평양을 뿌리 뽑자 그 나라는 동쪽으로 이주해서 압록수(鴨綠水) 동남쪽 천여 리에 있게 되었는데 옛 평양은 아니다. (『원사(元史)』「지리지」 '요양등처 행중서성(遼陽等處 行中書省) 동녕로(東寧路)')"[290]

여기에서 "당나라에서 고려를 정벌하고 평양을 뿌리 뽑자 그 나라는 동쪽으로 이주해서 압록수(鴨綠水) 동남쪽 천여 리에 있게 되었는데 옛 평양은 아니다."라는 말은 무슨 뜻일까? 아마도 왕건이 세운 고려를 뜻할 것이다. 송나라 서긍(徐兢)의 『고려도경(高麗圖經)』에서 이렇게 말했다.

「고려는, 당 나라 이전에는 대개 평양(平壤)에 있었으니, 본래 한무제가 설치했던 낙랑군(樂浪郡)이고, 당 고종이 세운 도호부(都護府)이다. 『당서 지리지[唐志]』를 상고해 보면, '평양성은 바로 압록강 동남쪽에 있다'고 했는데, 당 나라 말엽에 고려의 군장(君長)들이 여러 대에 전란을 겪은 것을 경계하여 점점 동쪽으로 옮겨갔다. 지금 왕성(王城)은 압록강의 동남쪽 천여 리에 있는데, 옛 평양은 아니다. (『고려도경』)」[291]

---

290 "東寧路, 本高句驪平壤城, 亦曰長安城. 漢滅朝鮮, 置樂浪, 玄菟郡, 此樂浪地也. 晉義熙 後, 其王高璉始居平壤城. 唐征高麗, 拔平壤, 其國東徙, 在鴨綠水之東南千餘里, 非平壤之舊"(『元史』「地理志」遼陽等處行中書省 東寧路)

291 "高麗,自唐以前,蓋居平壤,本漢武帝所置樂浪郡,而唐高宗所建都護府也,以唐志考之,平壤城乃在鴨綠水東南,唐末,高麗君長懲累世兵革之難,稍徙而東,今王城在鴨綠水之東南千餘里,非平壤之舊矣(徐兢, 『高麗圖經』, 國城)

여기에서 당나라 이전의 평양을 지금의 평안도 평양으로 보고나, 압록강을 지금의 압록강으로 보기는 어렵다. 지금의 평양은 압록강 서남쪽에 있지 동남쪽이 아닐뿐더러 지금의 평양에서 당나라 말엽에 점점 동쪽으로 옮겨가지도 않았기 때문이다. 서긍이 말하는 지금의 왕성, 즉 개경이 압록강 동남쪽 천여리에 있다는 말도 수수께끼다. 서긍은 고려의 국경에 대해 "서쪽은 요수(遼水)와 맞닿았다(西距遼水)"라고 말하고 있기 때문이다.

따라서 현재 중국 학계는 원나라 동녕로를 개성 조금 북쪽 전역으로 설정하고 있지만 이는 고려의 국경을 압록강 안쪽에서만 찾던 일본인 식민사학자들의 시각을 그대로 반영한 결과 일뿐이다.

그런데 『원사』는 같은 요양등처 행중서성(遼陽等處行中書省) 산하의 함평부(咸平府)조에서는 다른 설명을 하고 있다. 현재 중국 학계는 금나라에서 설치한 함평부(咸平府)를 현재의 요녕성 심양 북서쪽 철령(鐵嶺)시 산하의 현급(縣級)시인 개원(開原)으로 비정하면서, 원나라 때 개원로(開元路)를 다스린 곳으로 보고 있다.

> "함평부(咸平府)는 옛 조선 땅으로서 기자(箕子)를 봉했던 지역인데, 한(漢)나라 때는 낙랑군에 속했다가 그 후 고구려가 그 땅을 침략했다. 당나라에서 고구려를 멸망시킨 후 안동도호를 설치하고 다스리게 했는데, 발해 대씨(大氏: 대조영과 그 후예)가 계속 거주했다. 요(遼)나라에서 발해를 평정했지만 그 땅은 험애(險隘)한 곳이 많아서 성을 건립해서 유민(流民)들을 거주하게 하고 함주(咸州) 안동군(安東軍)이라 불렀는데, 다스리는 현은 함평(咸平)이었다. 금나라에서 함평부(咸平府)로 승격시키고 평곽(平郭), 안동(安東), 신흥(新興), 경운(慶雲), 청안(淸安), 귀인(歸仁)의 여섯 현

을 거느리게 했는데, 병란(兵亂)으로 다 폐지되었다. 원나라 초에 이로 인해서 개원로(開元路)에 소속시켰다가 후에 다시 나누어서 요동선위사(遼東宣慰司)에 소속시켰다. (『원사』「지리지」'요양등처 행중서성 함평부(咸平府)"[292]

중국 학계에서 지금의 심양 지역에 대해 설명하면서 "옛 조선 땅으로서 기자(箕子)를 봉했던 지역인데, 한나라 때는 낙랑군에 속했다"고 말하고 있는 것이다. 낙랑군은 한반도 서북부에 있지 않았다는 인식이다. 이처럼 중국의 여러 문적들에서는 낙랑군의 위치가 한반도 서북부가 아니라는 서술을 곳곳에서 찾을 수 있다.

다음으로 원나라를 대체한 명나라 때의 낙랑군에 대한 인식을 살펴보자. 명나라 고염무(顧炎武: 1613~1682)[293]가 편찬한 『일지록(日知錄)』의 조선현에 대한 내용이다.

"『한서』「지리지」에 '낙랑군은 25개 현을 가지고 있었는데 그 중 하나가 조선현이다'라고 말했다. 응소는 '옛 조선국인데, 무왕이 기자를 이곳에 봉했다'라고 말했다. 지(誌)에서는 '은(殷)나라의 도가 쇠하자 기자가 조선으로 갔다'라고 말했다. 『산해경』에는 '조선은 열양(列陽) 동쪽, 바다 북쪽, 산의 남쪽에 있다'고 했다. 주석하기를,

---

292 "咸平府, 古朝鮮地, 箕子所封, 漢屬樂浪郡, 後高麗侵有其地唐滅高麗, 置安東都護以統之, 繼爲渤海大氏所據,遼平渤海, 以其地多險隘, 建城以居流民, 號咸州安東軍, 領縣曰 咸平.金升咸平府,領平郭, 安東, 新興, 慶雲, 淸安, 歸仁六縣, 兵亂皆廢. 元初因之, 隸開元路, 後復割出, 隸遼東宣慰司"(『元史』「地理志」遼陽等處行中書省 咸平府)

293 고염무(顧炎武:1613~1682)는 명말청초의 학자 중 한 명으로 왕부지(王夫之)·황종희(黃宗羲)와 삼대유노(遺老)로 불린다. 강소성(江蘇省) 곤산(崑山) 출생으로 관직에 나가지 않고 평생 학문에 몰두해 청(淸)나라 고증학의 시조로도 평가 받는다. 『일지록(日知錄)』 및 『천하군국이병서(天下郡國利病書)』 등의 저서는 특히 유명하다.

'조선은 지금의 낙랑현으로서 기자를 봉한 곳이다. 지금 고(구)려
국 경내에 있다'라고 했다.(고염무 『일지록』 권31)" [294]

고염무는 조선 건국 후의 인물인데도 낙랑군이 '지금 고(구)려국의 경내
에 있다'라고 말하고 있다. 『일지록(日知錄)』을 조금 더 살펴보자.

"『일통지(一統誌)』에서, "조선성이 영평부(永平府) 경내에 있는데, 기자(箕
子)가 봉함을 받은 지역이다. "라고 말했다. 곧 이는 기자가 봉함을 받은 지역
이 지금의 영평부라는 뜻이다" [295]

명나라 때 영평부는 현재의 하북성 노룡현을 뜻하는데, 그가 인용한 『일
통지(一統誌)』는 13세기 작성된 『대원일통지(大元一統志)』를 뜻할 것이다. 하
북성 노룡현에 낙랑군 조선현이 있었다는 것이다.

청나라 고조우(顧祖禹)가 편찬한 『독사방여기요(讀史方輿紀要)』를 검토
해보자. 『독사방여기요』는 원 이름이 『21사(史) 방여기요(方輿紀要)』였다. 고
조우는 강희(康熙) 연간에 고염무의 사위였던 서건학(徐乾學: 1631~1694)의 초
청으로 『대청일통지(大淸一統志)』 편찬에 참가했던 저명한 역사 지리학자였
다. 고조우는 순치(順治) 16년(1659) 『독사방여기요』를 편찬하기 시작해서 강
희 31년(1692)까지 36년에 걸쳐 130권짜리 역사지리서를 완성한다. 『독사방여
기요』 17권 북직(北直) 8의 영평부(永平府)는 이 지역에 대한 종합적인 역사지
리 내용이 담겨 있다. 먼저 『독사방여기요』에서 영평부의 위치를 보자. 영평
부는 현재의 하북성 노룡(盧龍)현 일대이다.

---

294 "『漢書. 地理誌』, "樂浪郡之具二十五, 其一曰朝鮮" 應劭曰, "故朝鮮國, 武上封箕子於此誌曰:殷道衰, 箕
子去之朝鮮."『山海經』曰, "'朝鮮在列陽東, 海北山南.' 註 : "朝鮮, 今樂浪縣, 箕子所封也.在今高麗國境內"
(『日知錄』卷 31)

295 "『一統誌』乃曰, "朝鮮城在永平府境內, 箕子受封之地."則是箕子封於今之永平矣"『日知錄』권31

「영평부는 동쪽으로 산해관(山海關)까지 180리이고, 남쪽으로 해안까지 160리이고, 서쪽으로 순천부(順天府) 계주(薊州)까지 3백리이고, 북쪽으로 도림구(桃林口)까지 60리이고, 동북쪽으로 폐영주(廢營州)까지 690리이다. (영평)부에서 경사(京師:북경)까지는 550리이고, 남경까지는 3,150리이다. (『독사방여기요』권 17 영평부)」 [296]

그 다음이 영평부에 대한 역사적 지명 변천 사례이다.

「옛날에는 기주(冀州)지역이었다. 우(虞:순임금) 때는 나누어서 영주(營州) 땅으로 삼았다. 하(夏)나라는 이로 인해 기주 땅이었고, 상(商:은)나라 때는 고죽국이었다. 주나라 때 유주(幽州)에 속하게 했고, 춘추 때는 산융(山戎), 비자(肥子) 두 나라 땅이었다. 전국(戰國) 때는 연(燕)나라에 속했다가 진(秦)나라는 우북평, 요서(遼西) 두 군(郡) 땅이었다. 한나라 때는 『한서』「지리지」에 의하면 우북평군의 군치(郡治)는 평강도(平岡道)인데, 지금 계주(薊州) 북쪽 경계이고, 요서군의 군치는 차려현(且慮縣)인데, 지금 영평부의 동쪽 경계에 있었다. 후한(後漢)에서도 역시 요서군 등의 땅이었고, 진(晉)나라 때도 요서군이었다. (『독사방여기요』권 17 영평부)」 [297]

296 "府東至山海關一百八十裏, 南至海岸百六十裏, 西至順天府薊州三百裏, 北至桃林口六十裏, 東北至廢營州六百九十裏,自府治至京師五百五十裏, 至南京三千一百五十裏"(『讀史方輿紀要』卷17, 北直八, 永平府)

297 "古冀州地有虞時分爲營州地,夏仍爲冀州地,商時爲孤竹國,周屬幽州,春秋時爲山戎,肥子二國地,戰國屬燕,秦爲右北平,遼西二郡地,漢因之《漢誌》:右北平郡治平岡道, 在今薊州北境,遼西郡治且慮縣, 在今府東境,後漢亦爲遼西等郡地,嘗爲遼西郡"(『讀史方輿紀要』卷17, 北直八, 永平府)

하북성 노룡현. 명·청시대에 영평부였던 이 부근이 낙랑군 조선현 지역이었다고 여러 중국 사료에서 말하고 있다.

동북공정에서 현재의 요하를 기준으로 요동과 요서를 나누면서 요서군을 요양시 서쪽으로 비정하고 있는 것이 틀렸다는 사실을 알 수 있다. 진(晉)나라 때만 해도 요서군에는 지금의 하북성 노룡현 지역도 포함되어 있었다.

「그후 석륵(石勒), 모용□, 부건(苻堅) 등이 이 지역을 이어서 차지했다. 후위(後魏)에서 역시 요서군이라고 했는데, 평주(平州)를 겸해서 설치했고, 또 북평군을 나누어 설치했는데, 고제(高齊) 역시 북평군을 요서군에 병합해서 포함시켰고, 후주(後周)도 이를 따랐는데, 수나라 초에 군을 폐지하고 평주(平州)라고 불렀다. 수 양제는 또 북평군으로 개칭했는데, 당나라 무덕(武德) 2년에 다시 평주를 설치했다가, 천보(天寶) 초에 또한 북평군이라고 했다가 건원(乾元) 초에 다시 예전대로 돌아갔다 … 원나라는 흥평부(興平府)라고 불렀고, 중통(中統) 초에 평란로(平灤路)라고 불렀고, 대덕(大

德) 7년에 영평로(永平路)로 개칭했다. 명나라 홍무(洪武) 초에 평
난부(平灤府)라고 부르고 산동행성(山東行省)에 소속시켰다가 이
듬해 다시 고쳐서 북평(北平)에 소속시켰다가 홍무 4년 부(府)로
개칭하면서 영평부(永平府)라고 불렀다. 영락 18년에 경사(京師)에
소속시켰는데, 주(州) 하나와 현(縣) 다섯을 거느렸다. 지금은 이
때문에 영평부라고 부른다. (『독사방여기요』권 17 영평부)」 [298]

한 도시의 이름이 얼마나 많은 변천을 거치는지 위 기사는 잘 보여준다.
이런 역사 상황에 대해서 종합적으로 검토한 끝에 결론을 내려야 하는 것이
역사지리학이다. 이중 영평부에 속한 현 중에 신창(新昌)현이 지금의 노룡현
이다.

"신창성은 곧 지금 영평부를 다스리는 치소이다. 한나라에서 신창
현을 설치하고 요동군에 소속시켰다. 후한에서도 그를 따랐고, 진
(晉)나라는 요동국(遼東國)에 소속시켰는데, 지금 요동 해주위(海
州衛) 지경이었다. (『독사방여기요』권 17 영평부)" [299]

이 지역이 한, 후한, 진(晉)나라 때는 요동군, 요동국이었다. 그래서 필자
는 이를 현재의 요동과 구별하기 위해 고대 요동이라고 부르는 것이다. 신창
에 대한 설명을 계속 보자.

---

298 "其後, 石勒,慕容□,苻堅相繼有其地.後魏亦曰遼西郡, 兼置平州.又分置北平郡.高齊亦曰北平郡.以遼西郡並
入.後周因之,隋初郡廢, 仍曰平州.煬帝又改爲北平郡.唐武德二年, 復曰平州.天寶初, 亦曰北平郡.乾元初, 復
故 … 元曰興平府.中統初, 曰平灤路.大德七年, 改曰永平路.明洪武初, 曰平灤府, 屬山東行省.明年, 改隸北
平.四年, 又改府曰永平府.永樂十八年, 直隸京師, 領州一,縣五.今仍曰永平府"(『讀史方輿紀要』卷17, 北直
八, 永平府)

299 "新昌城卽今府治.漢置新昌縣, 屬遼東郡.後漢因之.晉屬遼東國, 在今遼東海州衛境"(『讀史方輿紀要』卷17,
北直八, 永平府)

"후위(後魏)에서 잠시 이 지역을 북평군에 소속시켰고, 후제(後齊)에서는 군치(郡治)로 삼았다. 수나라에서 노룡현으로 개칭했다. 또 조선성(朝鮮城)이 영평부 북쪽 40리에 있는데, 한나라 낙랑군의 속현이다.(『독사방여기요』권 17 영평부)" [300]

드디어 한나라 낙랑군 조선현의 위치가 정확히 드러났다. 영평부 북쪽 40리에 한나라 낙랑군 조선현이 있었다는 것이다. 장통이 1천가구를 데려오자 모용외가 설치했다는 낙랑군이 아니라 '한나라 낙랑군' 속현이라고 명기하고 있다. 신창에 대한 설명을 계속 보자.

"북위의 탁발도 연화(延和) 초에 조선 백성을 비여(肥如)로 옮기고 조선현을 설치하고, 북평군의 치소를 겸하게 했다. 고제(高齊) 때 군의 치소를 신창으로 옮기고 조선현을 병합시켰다.(『독사방여기요』권 17 영평부)" [301]

장통에 대한 이야기는 없는 반면 북위 태무제 탁발도의 연호인 연화 연간에 벌어진 일을 서술했다. 연화는 432년부터 435년까지이다. 장통과 모용외 운운하는 기사는 그다지 중요하지 않은 내용이라는 의미를 안고 있다. 비여는『한서』「지리지」에는 요서군에 속한 속현이었다.『한서』「지리지」는 비여에 대해 "현수(玄水)가 동쪽으로 흘러 유수(濡水)로 들어간다. 유수는 남쪽으로 흘러서 해양(海陽)으로 들어간다. 또 노수(盧水)가 있는데, 남쪽으로 흘러

---

300 "後魏僑置於此, 屬北平郡.後齊爲郡治.隋改曰盧龍縣.又朝鮮城, 在府北四十裏, 漢樂浪郡屬縣也, 在今朝鮮境內"(『讀史方輿紀要』卷17, 北直八, 永平府)

301 "後魏主燾延和初, 徙朝鮮民於肥如, 置朝鮮縣, 並置北平郡治此.高齊移郡治新昌, 並朝鮮縣入焉"(『讀史方輿紀要』卷17, 北直八, 永平府)

서 현수로 들어간다. 왕망은 비이(肥而)라고 했다"[302]고 기록하고 있다. 여기에서 말하는 해양(海陽)이 어디일까?『한서』「지리지」에는 역시 요서군에 속한 14개 현 중의 하나로 설명하고 있는데, 해양현에 대해서는 "용선수(龍鮮水)가 동쪽으로 흘러서 봉대수(封大水)로 들어간다. 봉대수와 수허수(綏虛水)는 모두 남쪽으로 흘러서 바다로 들어간다. 염관(鹽官)이 있다"[303]라고 설명하고 있다. 해양현은 전한 때 해양후국(海陽侯國)을 설치하기도 했던 지역인데, 요서군에 속했다가 북제(北齊) 때 비여현으로 통합되었다. 중국에서는 현재 하북성 난현(灤縣) 서남쪽으로 비정하고 있다.

『진서』「지리지」를 보면 진나라 때는 요서군에 양락(陽樂), 비여(肥如), 해양(海陽)의 3개 현이 있는데, 호수는 2천8백명으로 대폭 축소되어 있음을 알 수 있다. 이 비여현에 대해 현재 중국에서는 지금의 하북성 노룡에서 조금 서북쪽 천안(遷安)시 동쪽의 만군산(萬軍山) 일대로 비정한다. 지금의 사하(沙河)인 노수(盧水)와 지금의 청룡하(青龍河)인 현수(玄水)가 교차하는 지역이다. 이곳도 옛날 고죽국 지역이었다.

『독사방여기요』의 영평부 조는 요서군, 요동군, 낙랑군이 지척이었음을 말해준다. 또한『후한서』및『진서』「지리지」도 이 군들이 서로 인접해 있었음을 말해준다.『진서』「지리지」지금의 하북성 노룡현이 옛 신창현으로서 한나라 때는 요동군에 속해 있었고, 이곳에서 40리 떨어진 조선성이 한나라 때는 낙랑군이었다는 설명은 두 군 사이의 최단거리를 설명한 것이라고 봐도 40여 km가 채 안 되기 때문이다. 그러니까 현재의 노룡현, 즉 청나라 때의 영평부는 요동군 소속이었고, 그 북쪽 40리의 조선현은 낙랑군 소속이었다.『독사방여기요』영평부 조는 산하의 영지성(令支城)에 대해서 영평부 동북쪽에 있다

---

302 "肥如: 玄水東入濡水, 濡水南入海陽. 又有盧水, 南入玄, 莽曰肥而"(『漢書』「地理志」遼西郡 肥如縣)

303 "海陽: 龍鮮水東入封大水, 封大水, 綏虛水皆南入海. 有鹽官"(『漢書』「地理志」遼西郡 海陽縣)

면서 "한나라 때는 영지현을 설치하고 요서군에 소속시켰다" [304]고 말하고 있다. 요서군도 이 부군에 붙어 있었다는 뜻이다. 이 부근에 요서성(遼西城)이 있었다는 사실로도 이는 명확해진다.

> "요서성은 영평부 치소 동쪽에 있다. 두우(杜佑:당나라 사람)는 노룡현 동쪽에 요서고성(遼西故城)이 있는데, 한나라 요서군의 치소였다가 후에 폐지되었다. 상고해보니 한나라는 요서군을 설치하고 차려(且慮)에 치소를 두었는데, 후한에서 양락(陽樂)으로 옮겨 다스리게 했고, 진(晉)도 이를 따랐다. 이는 대개 후한 및 진(晉)에서 다스리던 군치였다. (『독사방여기요』권 17 영평부)" [305]

요서성은 낙랑군 지적에 있었다. 한나라 때는 차려현에 치소를 두었다가 후한에서 양락현으로 옮겼고, 진(晉)나라에서도 그대로 따랐다는 뜻이다. 고죽성(孤竹城)에 대한 설명은 연·진(燕秦)장성에 대해서 많은 정보를 준다.

> 「고죽성은 영평부 서쪽 15리에 있다. 『세기(世紀: 제왕세기)』에는 탕왕(湯王) 18년에 묵태씨(墨胎氏)를 고죽국에 봉했다고 한다. 그후 9세 후손인 고죽군(孤竹君)에게 백이, 숙제 두 아들이 있었는데, 나라를 양보하고 도망갔다. 『관자』에 제(齊) 환공(桓公)이 북쪽 고죽국을 정벌하는데 비이(卑耳)계곡에 이르렀다고 했다. 『사기』에 제 환공이 북쪽 산융을 정벌하는 길에 고죽에 이르렀다고 했는데, 이를 말한다. 『한서 지리지』 주석에 영지현에 고죽성이 있다고 했

---

304 "令支城在府東北.春秋時山戎屬國也.《齊語》:桓公北伐山戎, 弗刂令支, 斬孤竹.《史記》:齊桓公曰, 我北伐山戎,離支,孤竹.離支, 卽令支之訛也.漢置令支縣, 屬遼西郡"(『讀史方輿紀要』卷17, 北直八, 永平府)

305 "遼西城在府治東.杜佑曰:盧龍縣東有遼西故城, 漢郡治此, 後廢.按漢置遼西郡, 治且慮.後漢移治陽樂.晉因之.此蓋後漢及晉所置郡也"(『讀史方輿紀要』卷17, 北直八, 永平府)

다. 『괄지지』에 고죽고성(孤竹古城)은 노룡현 남쪽 20리에 있다고 했는데, 지금 옛 자취를 찾아 고증하기는 불가하다. 성에 대해서 혹자는 후대 사람들이 쌓은 것인데, 옛 이름을 덮어씌운 것이라 한다. 장성(長城)이 영평부 북쪽 70리에 있다. 유소(劉昭)는 비여현에 장성이 있는데, 혹자는 연·진(燕秦)에서 쌓았다는 장성이 즉 이 지역이라고 말했다. 곽조경(郭造卿)이 말하기를 옛 장성은 우북평, 요서, 요동의 여러 새외(塞外)에 있는데, 만약 이 부근에 해당하지 않는다면 이 장성은 국초(國初)의 옛 터와 비슷한 것으로, 『일통지』가 진 장성으로 잘못 본 것이다. (『독사방여기요』권 17 영평부)』[306]

『독사방여기요』는 영평부 북쪽 70리에 있는 장성에 대해 두 가지 설을 제시했다. 하나는 이것이 연·진(燕秦)장성이라는 후한서 지리지의 저자 유소(劉昭)의 설이다. 다른 하나는 명나라 초의 옛 터를 연·진장성으로 잘못 본 것이라는 곽조경(郭造卿)의 설이다. 유소는 『후한서』에 주석을 단 인물로 남조 양(梁: 502~557)나라 때 학자이니 6세기 경의 인물이고, 곽조경은 명나라 가정 14년(1535) 진사에 급제해 형부주사(刑部主事)를 역임한 곽만정(郭萬程)의 아들이니 16세기 후의 인물일 것이다. 앞 시대 인물의 지리지식이 반드시 옳다고 볼 수는 없지만 6세기 경에 『후한서』에 주석을 단 인물의 설명이 더 설득력이 있는 것은 사실일 것이다.

---

306 "孤竹城府西十五裏《世紀》:湯十有八祀, 封墨胎氏孤竹國後九葉孤竹君二子:伯夷, 叔齊, 以讓國逃去《管子》:齊桓公北征孤竹, 至卑耳之溪《史記》:齊桓公北伐山戎, 至於孤竹是也,《漢誌》註令支縣有孤竹城《括地誌》:孤竹古城在盧龍城南十二裏, 今故跡已不可考城或後人所築, 而冠以古名雲長城, 在府北七十裏劉昭曰:肥如縣有長城或以爲燕,秦所築之長城, 卽此地也,郭造卿曰:古長城在右北平,遼西,遼東諸塞外, 不應若此之近此長城似國初故址,《一統誌》誤以爲秦長城也"(『讀史方輿紀要』卷17, 北直八, 永平府)

영평부를 중심으로 한나라 낙랑군, 요동군, 요서군의 위치를 모두 설명할 수 있었다. 현재의 노룡현인 명·청 때의 영평부는 옛 신창으로 요동군 소속이고, 그 북쪽 40리에 낙랑군 조선현이 있었고, 노룡현 근처에 요서군의 치소가 있었다.[307]

한나라는 한반도 서북부에 있는 왕험성을 무너뜨린 것이 아니었다. 왕험성은 평양 일대에 있지 않았다. 한나라 사람들에게 위만조선을 무너뜨리기 전이나 후나 한반도 지역에 대한 지리 지식 자체가 없었다. 한나라는 고조선 서쪽에 있던 위만 조선의 도읍지를 무너뜨리고 그 일대에 낙랑·현도·임둔·진번군을 설치했지만 상징적 승리의 표시로 사군을 설치했을 뿐 영토 확장의 의미는 크지 않았다. 임둔·진번군을 곧 철폐한 것으로도 이는 명확해진다. 또한 한나라 요동군, 요서군, 낙랑군은 거의 비슷한 지역에 몰려 있었다. 이제 이 일대에 대한 역사 및 역사지리에 대한 연구가 진척되면 이런 사실들은 더 분명해질 것이다.

요동군 험독현의 위치

그럼 위만조선의 도읍지 왕험성 자리에 세웠다는 요동군 험독현(險瀆縣)의 위치를 찾아보자.『조선반도사』나 국내 일부 학계는 '기자조선=위만조선=낙랑군'이라고 비정하지만 그나마 중국 동북공정에서는『한서』「지리지」에 따라서 낙랑군 조선현과 요동군 험독현을 분리하고 있다. 그래서 먼저 중국 동북공정의 험독현 위치비정을 알아보자. 동북공정인식을 담고 있는 담기양(譚其驤) 주편(主編)의『중국역사지도집(中國歷史地圖集)』제2권의 27~28쪽(서한: 유주자사부)의 지도에는 낙랑군 조선현은 일제 식민사학의 견해에 따라 낙랑

---

307 『독사방여기요』는 현도군은 현재의 심양 서쪽 요양(遼陽)시에 있었던 것으로 설명하고 있다. 현재 식민사학이 비정하는 강원도 북부나 압록강 중류설보다는 전향적이지만 고우조 시대 때는 요하(遼河)의 위치 비정에 대한 세밀한 검토가 이루어지지 못했기 때문으로 생각된다. 현도군도 낙랑군 근처에 있었을 것이다.

군 조선현은 대동강 남쪽으로 표시해놓았다. 그러나 요동군 험독현은 지금의 요하 일대에 표시해 놓았다. 『한서』 「지리지」에서 험독현을 요동군으로 표기했기 때문에 이를 무시할 수는 없었던 것이다. 『중국역사지도집(中國歷史地圖集)』에 대한 문헌 설명서인 『석문회편(釋文滙編) 동북권(東北卷)』의 제1장 「양한위진시기(兩漢魏晋時期)」 요동군 편에는 험독현(險瀆縣)조가 있다. 이 구절은 중국에서 동북공정 차원에서 역사왜곡을 하더라도 어디에선가는 그 모순이 그대로 드러난다는 사실을 말해주고 있다.

> "…험독은 후한 때 요동속국(遼東屬國)에 속하게 되었다. 또한 요동속국에 소속된 각 현은 모두 요하(遼河) 서쪽에 있었는데, 험독한 현만 조선반도에 있는 것은 불가능하다. 험독과 왕험성은 두개 지방에 있었던 것이 분명하다." [308]

이 구절은 중국 동북공정의 논리를 스스로 파탄 낸 것이기 때문에 중요하다. 위만조선의 왕험성 자리에 있었던 험독현이 지금의 요동에 있었다면 낙랑군을 지금의 북한지역에 설치하는 것 자체가 모순에 빠지기 때문이다. 이 책은 요동속국에 속해 있던 험독현의 위치를 지금의 요녕성 태안(台安)현 동남쪽 20리의 손성자(孫城子) 지역으로 꼽고 있다.[309] 지금의 요녕성 안산(鞍山)시 산하의 태안현을 뜻하는데 중국에서도 험독현의 위치를 요녕성 서부로 꼽는다는 사실은 왕험성을 대동강 유역으로 보는 『조선반도사』의 위치비정이 『한서』 「지리지」도 제대로 검토하지 않은 채 내린 결론이란 사실을 말해준다. 이런 점에서 위당 정인보의 분석은 검토할 가치가 있다. 정인보는 위만조선의

---

308 "險瀆 後漢改屬遼東屬國, 而遼東屬國所隷各縣, 都在遼河以西, 不可能單有險瀆一縣朝鮮半島, 險瀆與王險城, 顯然是兩個地方", 譚其驤 主編, 『中國歷史地圖集』, 『釋文滙編 東北卷』, 中央民族學院出版社, 1987년, 11쪽.

309 譚其驤 主編, 『中國歷史地圖集』, 『釋文滙編 東北卷』, 中央民族學院出版社, 1987년, 11쪽.

도읍지인 왕험성의 위치에 대해서 "왕험성이 해성현임을 고(考)하라"[310]라고 지금의 요녕성 안산(鞍山)시 산하의 해성(海城)현으로 파악하고 있는 것이다.

중국의 고대 사료로 분석하면 한나라 때 요동군 험독현은 지금의 요녕성 태안현보다 더 서쪽에서 찾아야 할 것으로 보인다. 그러나 그 정확한 위치는 좀 더 검토해야 하겠지만 낙랑군 조선현을 현재의 하북성 노룡현으로 비정하고 요동군 험독현을 현재의 태안현으로 비정할 경우 낙랑군 패수의 동쪽에 왕험성(=험독현)이 있었다는 험독현이 신찬의 말과 방위는 맞게 된다. 낙랑군은 요동군의 서쪽에 있어야 하기 때문이다.

앞에서 말했듯이 『사기』 「조선열전」의 왕험성(王險城)에 대한 주석에서 응소(應邵)는 "지리지에 요동군 험독현은 조선왕 위만의 수도이다"라고 말했고, 서광(徐廣)은 "창려군에 험독현이 있다"라고 말했고, 신찬(臣瓚)은 "왕험성은 낙랑군 패수의 동쪽에 있다"라고 말했다.[311] 또한 『한서』 「지리지」 요동군 험독현에 대한 주석에서 응소는 "조선왕 위만의 도읍지다. 강이 험한데 의지했으므로 험독이라고 불렀다"라고 말했고, 신찬은 "왕험성은 낙랑군 패수의 동쪽에 있는데, 이것이 험독이다"라고 말했고, 안사고는 "신찬의 설이 맞다"라고 말했다.[312] 이 주석을 주석자에 따라서 시대별로 분류해보면 아래와 같다.

①응소(2세기 후반) : 험독현은 조선왕 위만의 도읍이다.

②신찬(3세기 후반) : 왕험성은 낙랑군 패수의 동쪽에 있는데, 이것이 험독이다

③서광(4세기 후반~5세기 초반): 창려(昌黎)에 험독현이 있다.

---

310 鄭寅普, 『朝鮮史硏究 上』, 『薝園 鄭寅普全集 3』, 연세대학교 출판부, 1983, 177쪽.

311 "『集解』徐廣曰, '昌黎有險瀆縣也'『索隱』韋昭云, '古邑名' 徐廣曰, '昌黎有險瀆縣' 應邵注, '地理志遼東 險瀆縣, 朝鮮王舊都' 臣瓚云, '王險城在樂浪郡浿水之東'也"(『史記』 「朝鮮列傳」 都王險의 주석)

312 "應劭曰, '朝鮮王滿都也. 依水險, 故曰 險瀆' 臣瓚曰, '王險城在樂浪郡浿水之東, 此自是險瀆也' 師古曰, '瓚說是也'"(『漢書』 「地理志」 遼東郡 險瀆縣 주석)

④안사고(7세기 초반) : 신찬의 말이 맞다」

『사기』와 『한서』의 주석은 2세기 후반 후한(後漢)부터 7세기 초반 당(唐)나라 때까지 역사지리 인식을 담고 있는데, 험독현(왕험성)의 위치에 대해 세 가지 기준을 알 수 있다.

①한나라 때 요동군 험독현은 위만조선의 도읍지였던 왕험성이다.
②창려에 험독현이 있다.
③왕험성은 낙랑군 패수의 동쪽에 있다.

요동군 험독현(=왕험성)은 낙랑군보다 동쪽에 있어야 한다. 『후한서』는 험독현을 요동군 소속이 아니라 '요동속국(遼東屬國)' 소속으로 분류하고 있다. 또한 요동속국 소속인 창료(昌遼)현은 창려(昌黎)현과 같은 지명이니 후한대 요동속국에 창려와 험독현이 있었다는 뜻이다. 창려현과 험독현이 지근거리라는 뜻이다.

위·촉·오의 삼국시대를 끝마치고 들어선 진나라의 정사인 『진서(晉書)』「지리지」에서 창려군을 찾아보자. 『진서(晉書)』는 당 태종 정관 년간(年間: 644~646)에 방현령(房玄齡)·이연수(李延壽) 등이 서진(西晉: 265~316)과 동진(東晉: 317~418)의 역사에 대해 기록한 정사다. 『진서』「지리지」 '평주(平州)'조에는 평주에 소속된 다섯 개 군국(郡國)이 있다. '창려군, 요동국, 낙랑군, 현도군, 대방군'이 그것인데, 후한의 요동속국을 요동국(遼東國)으로 분류하고 있다.

그런데 평주지역은 진나라가 291년부터 306년까지 '팔왕(八王)의 난'이라고도 불리는 영가의 난(永嘉之亂)에 빠져들면서 이 지역에 대한 통제력을 상실하고 선비족들이 장악하게 된다. 『진서』「지리지」는 평주가 얼마나 격렬한 민족 충돌의 현장인지를 잘 보여주고 있다.

"평주를 처음 설치했을 때 모용외(慕容廆)가 평주 자사(刺史)가 되었다. 마침내 영가의 난(永嘉之亂) 때 모용외는 군중들에 의해 추대되었다. 그 손자 모용준(慕容儁) 때 계주(薊州)로 천도했고, 그 후에 모용수(慕容垂)의 아들 모용보(慕容寶)가 화룡(和龍)으로 천도했는데, 유주(幽州)에서부터 러부진(廬溥鎭) 남쪽 땅은 위(魏)나라로 들어갔다. 모용희(慕容熙)는 유주자사진(幽州刺史鎭)을 영지(令支)에 두었고, 청주자사진(青州刺史鎭)을 신성(新城)에, 병주자사진(幷州刺史鎭)을 범성(凡城)에, 영주자사진(營州刺史鎭)을 숙군(宿軍)에, 기주자사진(冀州刺史鎭)을 비여(肥如)에 두었다. 고운(高雲)이 유주, 기주의 두 주의 목진(牧鎭)을 비여(肥如)에 두었고, 병주자사진(幷州刺史鎭)을 백랑(白狼)에 두었다. 그 후 풍발(馮跋)이 이 지역을 빼앗은 후 잠호(僭號)를 화룡에 두었는데 이것이 연(燕)이 되었다가 마침내 위(魏)에게 멸망당했다.(『진서』「지리지」 평주)" [313]

이는 평주 지역이 선비족의 여러 갈래와 고구려 출신의 쟁탈지가 되었음을 말해준다. 모용씨는 선비족의 한 갈래고, 고운(高雲: ?~409)은 고구려 출신이다. 고운은 후연(後燕) 장군 풍발(馮跋)과 함께 후연(後燕)의 모용희(慕容熙)를 제거하고 대연(大燕)을 건국했던 인물이다. 북방민족의 흥기로 진나라는

---

313 "平州初置, 以慕容廆爲刺史, 遂屬永嘉之亂, 廆爲衆所推及其孫僑移都于薊,其後慕容垂子寶又遷于和龍, 自幽州至於廬溥鎭以南地入於魏,慕容熙以幽州刺史鎭令支, 青州刺史鎭新城, 幷州刺史鎭凡城, 營州刺史鎭宿軍, 冀州刺史鎭肥如,高雲以幽,冀二州牧鎭肥如, 幷州刺史鎭白狼,後爲馮跋所簒, 跋僭號於和龍, 是爲後燕, 卒滅於魏"(晉書」「地理志」平州)

남쪽으로 쫓겨 내려가 동진(東晉)을 세웠다. 이 빈 공간을 차지하기 위해 북방 민족들이 치열한 경쟁을 벌이다가 선비족 탁발(拓跋)씨가 세운 위(魏: 북위: 386~534)나라까지 가세하지만 승패는 쉽게 결정 나지 않았다. 『북사(北史)』 「위(魏) 본기」의 세조 태무제(世祖太武帝: 탁발도) 연화(延和) 원년(432) 9월 을 묘일조에 이런 구절이 있다.

> "(연화 원년: 432) 9월 을묘에 거가(車駕)가 서쪽으로 귀환했다. 영
> 주(營丘), 성주(成周), 요동(遼東), 낙랑(樂浪), 대방(帶方), 현도(玄
> 菟) 6군(郡) 사람 3만 가(家)를 유주(幽州)로 이주시키고 창고를 열
> 어 진휼하게 했다." [314]

태무제 탁발도는 북연(北燕)의 화룡(和龍)을 공격하다가 이기지 못하자 서쪽으로 귀환하면서 요동(遼東), 낙랑(樂浪), 대방(帶方), 현도(玄菟) 등 여섯 군 백성 3만 가구를 유주(幽州: 북경)로 옮겼다는 것이다.

하북성에서 보다 서쪽 유주로 옮겼다는 뜻이다. 이때는 고구려 장수왕 20년 때의 일이다. 장수왕은 5년 전에 평양으로 천도했다. 고구려 장수왕 24 년(436) 연왕 풍홍(馮弘)이 고구려에 망명하자 위나라는 사신을 보내 풍홍의 인도를 요구하는 등 이 지역은 선비족과 고구려가 복잡하게 얽혀 있었다.

『위서(魏書)』에 「경목 12왕 열전(景穆十二王列傳) 상(上)」이 있는데 북위 경 목제(景穆帝) 탁발황(拓跋晃)의 자식들이다. 탁발황은 태무제(太武帝) 탁발도 의 장자로서 432년 황태자로 책봉되었지만 황위에 오르지 못했다. 탁발황은 451년 환관 종애(宗愛)가 태자궁의 궁속(宮屬)들을 모함해 죽일 때 두려움에 떨다가 죽은 것으로 전해지는데 사후에 경목태자(景穆太子)라는 시호를 받았

---

314 "(延和元年)九月乙卯, 車駕西還徙營丘, 成周, 遼東, 樂浪, 帶方, 玄菟六郡人三萬家于幽州, 開倉以振之",
　　（『北史』「魏本紀」世祖太武帝 ）

다. 이듬해 아들 탁발준(拓跋濬)이 즉위하는데 그가 북위(北魏) 문성제(文成帝)이다. 문성제는 부친을 경목제로 추승하는데 경목제보다는 경목태자로 더 잘 알려져 있다. 『위서』에 「경목 12왕 열전」에는 '양평왕(陽平王), 경조왕(京兆王), 제음왕(濟陰王), 여음왕(汝陰王), 광평왕(廣平王)'과 함께 '낙랑왕(樂浪王)'이 등장한다. 낙랑왕이 탁발만도(拓跋萬壽: ?~463)인데, 『위서』「낙랑왕 탁발만도 열전」에 따르면 "화평(和平) 3년(462) 낙랑왕으로 봉함을 받았는데, 정동대장군(征東大將軍)에 제배되어 화룡(和龍)을 진압했는데, 성격이 탐학해서 소환당하다가 도중에 걱정이 되어 죽었다. 시호는 러왕(厲王)이다" [315]라고 전하고 있다. 그가 죽은 후 아들 탁발락평(拓跋樂平)이 낙랑왕의 직위를 승습했다가 그 아들 탁발장명(拓跋長命)이 승습했다. 그런데 『위서』「경목 12왕 열전」은 '탁발장명이 살인에 연좌되어 사사(賜死)되었기 때문에 나라가 없어졌다' [316]고 전하고 있다. 남제에서 고구려 문자명왕에게 '도독영평이주(都督營平二州)·정동대장군(征東大將軍)·낙랑공(樂浪公)'으로 봉하는 것(494)은 고구려 역시 한때 이 지역을 차지하고 있었기 때문에 형식적으로 내린 벼슬일 것이다.

낙랑군은 요동군처럼 단 한 순간도 한반도 서북부에 있었던 적은 없다. 때로는 강화되고 때로는 축소되고 정치상황에 따라 이동하기도 했지만 한반도 서북부에서 요서로 이동한 것이 아니라 '고대 요동' 지역 내에서 이동한 것이었다.

고조선의 강역을 회복한다는 '다물'이란 국시를 갖고 있던 고구려는 여러 차례 서쪽으로 진출해 낙랑과 요동지역을 공략하고 낙랑태수 처자를 비롯해서 수많은 낙랑인들을 포로로 잡아왔다. 이들을 고대 요동에서 가장 먼 지역인 고구려 남부 평안도 및 황해도 지역으로 이주시켰을 것이다. 이 지역에서

---

315 "樂浪王萬壽, 和平三年封, 拜征東大將軍, 鎮和龍. 性貪暴, 徵還, 道憂薨. 諡曰 厲王. "(『魏書』「景穆十二王列傳 上」)

316 "子長命, 襲. 坐殺人賜死, 國除. "(『魏書』「景穆十二王列傳 上」)

출토되는 '낙랑'이란 글자가 들어가는 유물들의 상당수는 조선총독부에서 조작한 것이지만 일부는 고구려의 전리품이거나 낙랑 포로들이 남긴 유물일 수도 있다.

앞서 험독현은 후한 때 요동속국에 속해 있었다고 말했는데, 『후한서』「지리지」는 요동속국은 "낙양(雒陽) 동북쪽 3,260리", 요서군은 "낙양(雒陽) 동북쪽 3,300리", 요동군은 "낙양(雒陽) 동북쪽 3,600리"라고 설명하고 있다. 이 순서로 보면 '요동속국→요서군→요동군'의 순서지만 이는 일직선 개념이 아니라 면적 개념으로 이해해야 한다. 요동속국은 요서군과 요동군의 일부를 떼어 만들었기 때문에 일직선 개념으로 이해할 수는 없다. 세 군의 최대 거리는 340리인데, 요서군과 요동군의 일부를 떼어서 요동속국을 만들었다는 것은 이 세군이 서로 뒤섞여 있었음을 뜻하는 것이다.

『후한서』「지리지」는 요동속국에 대해서 "옛 한향(邯鄉)인데, 안제(安帝) 때 서부도위(西部都尉)를 속국도위(屬國都尉)로 삼아 따로 6성(城)을 거느리게 했다."[317]라고 설명하고 있다. 그런데 요동속국에 속한 6성 중에 험독현이 있는 것이다. 그리고 이 험독현에 대해서 "『사기』에서 말하기를 '왕험성인데, 위만이 도읍한 곳이다'[318]라는 주석이 붙어 있다. 위만조선의 도읍지 왕험성 자리에 세운 험독현이 요동군 소속에서 후한 때는 요동속국으로 옮겨진 것이다. 요동속국의 치소(治所), 즉 요동속국을 다스리는 관청이 있는 곳을 『후한서』「지리지」는 "창료(昌遼)인데, 옛 천료(天遼)이다"라고 말하면서 그 교정(校訂)에서 창료가 곧 창려라고 자세히 설명하고 있다.

---

317 "故邯鄉, 西部都尉, 安帝時以爲屬國都尉, 別領六城." (『後漢書』「地理志」遼東屬國)

318 "險瀆: 史記曰, 王險, 衛滿所都" (『後漢書』「地理志」遼東屬國)

"응소는 지금의 창려(昌黎)라고 했으니 '창료(昌遼)'는 당연히 '창려
(昌黎)'라고 써야 하며, '천료(天遼)'는 '교려(交黎)'라고 써야 한다"[319]

창료는 창려라고 써야하고, 천료는 교려라고 써야하니 지금의 창려는 곧
한나라 요서군 교려현이라는 것이다. 한나라 때의 요서군 교려현이 후한 때
는 요동속국으로 옮겨졌다가 위나라 때 요동속국의 창려현으로 바뀌었는데,
험독현이 여기 소속되었다는 것이다. 물론 창려나 험독현이 이동한 것이 아니
고 소속 행정기관만 바뀐 것이다.

『후한서』「안제 본기」 원초(元初) 2년(서기 115년)조는 "8월에 요동 선비가
무려현(無慮縣)을 포위했고, 9월에는 부려영(夫犂營)을 공격해서 현령을 살해
했다"[320]는 구절이 있는데, 부려영에 대한 교정에서 "혜동(惠棟)이 상고하니 요
동 속국에 창려현(昌黎縣)이 있는데, 도위(都尉)가 다스리는 지역이다. 창려는
즉 전한의 교려(交黎)현이다"[321]라고 설명하고 있다.

그러니까 서광이 험독현은 창려에 속해있다고 말할 때의 창려는 한나라
때는 요서군에 속했다가 위나라 때 요동속국에 속하게 되었다는 이야기다.
범위로 말하면 창려가 조금 더 크고 험독현이 작다고 볼 수 있다. 그래서 요
서군 교려현 자리에 세운 창려는 요동군에 있었던 험독현을 산하에 둘 수 있
는 것이다. 위나라에서 설치한 요동속국은 험독현이 포함된 요동군 일부와 교
려현이 포함된 요서군 일부를 포괄하고 있다고 볼 수 있다. 현재로서는 험독
현의 정확한 위치를 특정하기 쉽지 않지만 앞서 요서군과 요동군의 위치를 대
략 비정했으니 그중 어느 지역에 있었을 것이다.

---

319 "昌遼故天遼: 集解引惠棟說, 謂案闞駰十三州志云遼東屬國都尉治昌黎道, 又前志遼西郡交黎縣, 應劭云,
今昌黎, 然則「昌遼」當作「昌黎」,「天遼」當作「交黎」,"(『後漢書』「地理志」遼東屬國 昌遼故天遼의 校)

320 八月, 遼東鮮卑圍無慮縣. 九月, 又攻夫犂營, 殺縣令(『後漢書』「安帝 本紀」元初 2年)

321 "棟案遼東屬國有昌黎縣, 都尉所治, 昌黎卽前漢之交黎也"(『後漢書』「安帝 本紀」元初 2年 夫犂營 校)

이 지역의 정확한 위치를 비정하는 것이 어려운 것은 당나라 때 고구려가 멸망한 것이 결정적인 역할을 했다. 앞서 『당서』 「배구 열전」에서 고구려를 옛 고죽국 땅이라고 봤던 당나라 지식인의 지리 인식을 소개했다. 『당서(唐書)』는 후진(后晉) 출제(出帝) 석중귀(石重貴)의 개운(開運) 2년(945)에 유구(劉昫) 등이 편찬하는데, 『당서』 「이밀(李密) 단웅신(單雄信) 열전」에도 "요수(遼水)의 동쪽은 조선 땅인데, 우공(禹貢) 때는 천자의 감화가 미치지 않는 지역이었고, 주왕(周王)이 버려두어 신하가 되지 않았습니다" [322]라고 쓰고 있다. 같은 『당서』의 '고구려=옛 고죽국=요수의 동쪽'은 지금의 하북성 노룡현 지역을 말하고 있다. 그러나 고구려가 멸망하자 당나라는 새로운 행정구역을 만드는 대신 현재의 하북성 일대의 요동군을 고구려 강역까지 확대시켰다. 당나라가 실질적으로 고구려 옛 강역을 지배하지 못했던 현실의 반영이기도 했을 것이다. 그리고 요하(遼河)의 위치를 원래의 위치보다 먼 동쪽으로 비정해서 요양(遼陽)시를 가로지르는 강으로 인식하면서 현재의 요동과 고대 요동은 큰 차이가 난다. 이때부터 중국인들의 고대 요동에 대한 지식이 뒤죽박죽이 되어 지금까지 계속되고 있다.

일례로 공학유(龔學孺)라는 삼국지 전문가가 쓴 『삼국지 역사기행』이란 책이 있다. 서기 207년 봄 위나라 조조는 오환(烏桓)의 본거지인 유성(柳城)을 공격하는데 유성에 대해서 현재 중국 학계는 요녕성(遼寧省) 조양시(朝陽市) 남쪽 근교라고 본다. 그래서 공학유는 고양시를 답사해 조조의 자취를 찾았는데, "당시 북방 원정의 조조군이 지나갔을 길들은 오랜 세월이 지났기 때문에 거의 학인하기가 어려웠다" [323]라고 말하고 있다. 뿐만 아니라 "나(공학유)는 조양에서 지방사료를 조사한다든지, 사람들 사이에서 전해 내려 오는 이야

---

322 "遼水之東, 朝鮮之地, 禹貢以爲荒服, 周王棄而不臣"(『舊唐書』 「李密 單雄信 列傳」)
323 공학유 저, 이주영 옮김, 『삼국지 역사기행』, 이목출판, 1995, 73쪽.

기를 캐묻곤 했는데, 유성에서의 조조의 발자취는 그리 많지가 않았다"[324]라고 쓰고 있다. 한 마디로 조양에서는 조조의 흔적을 찾을 수 없었다는 말이다. 조조가 오환을 공격했던 유성은 현재의 조양이 아니라『수서』「지리지」기주(冀州) 요서군(遼西郡)조에 유성현이 있었던 것처럼 훨씬 서쪽에 있었기 때문이다.

---

324 공학유 저, 이주영 옮김,『삼국지 역사기행』, 이목출판, 1995, 74쪽.

나가는 글

일제는 대한제국을 점령한 후 유구한 한국사의 강역에서 대륙과 해양을 삭제하고 '반도사'의 틀 내에 넣어 한국사를 왜곡했다. 그리고 한사군은 한반도 북부에 있었고, 임나일본부는 한반도 남쪽에 있었다고 주장했다. 반도사의 틀에 가둔 후 그 반도의 북쪽은 고대 중국의 식민지였고, 그 남쪽은 고대 일본의 식민지였다고 주장한 것이다. 이 두 주장은 그때부터 지금까지 한국사 왜곡의 핵심 이론이다.

'한사군=한반도북부설'의 요체는 '기자조선=위만조선=낙랑군=평양'설이다. 그러나 '기자조선=위만조선=낙랑군=평양'설은 『한서』「지리지」 편찬자들의 시각과 전혀 맞지 않는다는 사실이 드러났다. 『한서』「지리지」 편찬자들은 기자조선의 도읍지 자리에 세운 것이 낙랑군 조선현이고, 위만조선의 도읍지 자리에 세운 것이 요동군 험독현이라고 인식했다. 조선총독부에서 편찬한 『조선반도사』는 이런 기초적인 사실조차 구분하지 않은 채 '반도사관'의 틀에 한국사를 가두어 '기자조선=위만조선=낙랑군=평양'이란 등식으로 설명해왔다. 중국의 여러 사료들에 의하면 기자조선은 물론 위만조선도 한반도 내에 있지 않았다. 따라서 위만조선 자리에 세웠다는 한사군도 한반도 내에 있지 않았다. 중국에서도 요동군 험독현을 지금의 요녕성 안산시 태안현 손성자로 비정하고 있다는 점에서도 이런 사실은 명확히 드러난다. 중국은『한서』「지리지」를 비롯해『후한서』「군국지」,『진서』「지리지」등 고대부터 국가 차원에서 지리지를 제작했던 나라였다. 비록 고구려 멸망 이후부터 지금의 하북성 일대 및 만주 지역에 대한 역사지리 지식이 크게 왜곡되지만『괄지지(括地志)』를 비롯해서 이길보(李吉甫)[325]의『원화군현도지(元和郡縣圖志)』등은 연구할 가치가 있다. 또한 원, 명나라와 청나라 때도 많은 지리지가 편찬되었는데,『일통지(一統誌)』,『독사방여기요(讀史方輿紀要)』등도 연구가치가 있다.

　중요한 것은 중국의 사서들과 지리지들의 독해법을 숙지해야 한다는 점이다. 모든 지리지들은 편찬한 시대의 역사 지리지식을 반영한다. 그러나 편찬한 시대의 역사 지리지식만 들어가 있는 것은 아니다. 과거의 옛 지리지들을 참조해서 작성하기 때문에 옛 지리지식도 들어가 있다. 문제는 지리지를 편찬할 당시의 역사 지리지식과 옛 사서의 역사지리 지식이 충돌하는 경우이다. 이때 몇 가지 경우의 수가 발생한다.

　첫째, 과거의 사서(史書)나 지리지의 내용도 그대로 써 주고, 새로 편찬하는 시대의 역사지리지식도 써 주는 경우이다. 이때는 한 지리지에 혼재된 내용이 들어가 있기 때문에 그 자체가 연구자들의 연구대상이다. 한 책에 왜 그런 상반된 기술이 들어가 있는지를 밝히는 과정이 진실을 찾아가는 여정이 된다.

　둘째, 의도적으로 과거의 역사 지리지식을 왜곡하는 경우이다. 일제 식민사학들과 그 후예들, 그리고 현재 중국의 동북공정이 이런 경우이다. 이나바 이와기치 같은 일본인 식민사학자들과 중국의 지리학자 담기양(潭其驤) 등

---

325 이길보(李吉甫:758~814) : 당나라 때의 정치가이자 학자이다. 조군(趙郡: 현재의 하북성 조현(趙縣) 출신으로 당 덕종(德宗) 때 태상박사(太常博士)를 역임했다. 당 헌종(憲宗) 원화(元和) 연간에 중서시랑(中書侍郞) 동평장사(同平章事) 등을 역임했는데, 이 무렵 중국의 역대 사서와 지리지를 수집해『원화군현도지(元和郡縣圖志)』를 편찬했는데 원화 8년(813)까지의 역사 지리지식이 담겨 있다. 그림은 유실되었지만 글은 상당 부분 남아 있다.

이 이런 그릇된 경향을 대표하는 인물들이다. 담기양(潭其驤) 주편(主編), 중국사회과학원 주판(主辦)의 『중국역사지도집(中國歷史地圖集: 중국지도출판사: 전8권)』은 중국 동북부 지역으로 오면 역사지리가 크게 왜곡된다. 사실 그대로에 따라 비정해야 할 역사지리를 정치적 목적에 의해 왜곡한 전형적 사례다. 중국 고대 사서(史書)나 지리지의 내용과도 맞지 않고, 역사 상식에도 반하는 내용을 동북공정에 따라서 왜곡시켜 놓은 것이다. 중국은 현재 지명사전까지도 체계적으로

담기양, 고힐강, 후인지(왼쪽부터) 담기양은 중화사관의 입장에서 고대 역사지리를 크게 왜곡한 지리학자다.

왜곡하고 있는데, 여기에도 담기양이 적극적으로 관여했다. 『중국역사지도집(中國歷史地圖集)』이 지도로써 역사지리를 왜곡한 것이라면 2005년 상해사서출판사(上海辭書出版社)에서 출간한 『중국고금지명대사전(中國古今地名大詞典)』은 글로써 역사지리를 왜곡한 책이다. 『중국고금지명대사전』은 한중 고대사의 역사지리지식을 중화 패권주의 사관에 맞게 삭제하거나 축소한 사전이다.

그러나 이렇게 역사지리를 왜곡하는 학자들의 심정으로 지도를 분석해 보면 그들의 고민이 느껴진다. 그다지 넓지 못했던 한사군의 강역을 한반도 북부까지 연장시켜 놓고 보니 역사지리학적으로 많은 모순이 드러나지 않을 수 없었다. 상급 행정기관인 유주(幽州: 북경)에서 지금의 평양에 있었다는 낙랑군을 비롯한 사군(四郡)에 일상적으로 행정문서를 전달해야 하는 문제가 발생한다. 상급 행정기관인 유주(幽州)에서 수천 리 떨어져 있고, 중간에 죽음

의 늪지대까지 있는 만주 벌판을 지나 한반도 서북부에 있는 하급행정기관까지 매일 사람들이 오갔다면 이 낯선 길과 낯선 고장에 대한 기록을 많이 남겼기 때문일 것이다. 진·한나라는 30리마다 역참(驛站)이 있어서 태위(太尉)가 관할했는데, 이는 후대 왕조에도 거의 그대로 계승되었다. 『대당육전(大唐六典)』은 전국에 1,639개의 역참과 2만여 명의 관장 인원이 있었다고 기록하고 있다. 만약 한사군이 한반도 서북부에 있었고, 이것이 313년까지 유지되었다면 이는 한나라는 물론 이후의 후한이나 위, 진 때도 가장 중요한 역참이었을 것이다. 그러나 이 중요한 역참에 대한 기록은 전무하다. 북경에서 평양까지 수백 개의 역참이 존재해야 하지만 단 한 개의 흔적도 없다. 없었던 곳에 군현이 있었다고 위치 비정을 하려니 혼란스러운 것이다.

이런 모순을 바로잡을 사명은 바로 우리에게 있다고 하지 않을 수 없다. 무조건 우리에게 유리하게 해석하자는 것이 아니라 제3국의 학자들이 보더라도 우리의 시각이 맞다고 할 수 있을 정도로 중국의 여러 사서들과 지리지들을 심층적으로 연구해 과거의 사실을 복원해 내야 하는 것이다. 그리고 이를 세계적으로 인정받아야 하는 것이다. 이를 위해 노력하는 것이 현 시대 우리의 의무라고 하지 않을 수 없다.

부록

이나바 이와기치. 낙랑군 수성현을 황해도 수안이라면서 만리 장성이 수안까지 왔다고 우겼다. 이것이 역사상 최초로 만리장 성을 한반도 내로 끌어들인 것인데, 현재 남한의 강단사학과 중 국 동북공정이 이를 추종하고 있다.

진장성 동단 및 왕험성 고
(秦長城東端及王險城 考)

- 이나바 이와키치(稻葉岩吉)[326]

진(秦) 장성(長城) 동단(東端: 동쪽 끝)을 기록한 것은 『사기(史記)』 「흉노전 (匈奴傳)」에, "연나라도 장성을 축조했는데, 조양(造陽)에서 시작해 양평(襄平) 까지 이르렀다(燕亦築長城, 自造陽至襄平)"고 했으며, 또한 "후에 진(秦)나라가 6국(六國)을 멸망시킨 후 북쪽으로 호(胡: 흉노)을 공격하게 해서 하남(河南) 땅을 모두 거두었다. 하수를 따라서 요새를 만들고 44개 현성(縣城)을 쌓고, 하수에 임해서 죄수와 수자리 병사들을 이주시켜 채웠다. 그리고 직도(直道: 곧게 뻗은 길)를 개통했는데, 구원(九原)에서 운양(雲陽)까지 이르렀다. 변방의 험한 산에 참호를 쌓고 계곡을 따라 보수해서 잘 다스리게 했다. (장성은) 임 조(臨洮)에서 일어나 요동(遼東)까지 만리에 이르렀다(燕亦築長城, 自造陽至

326 이는 조선총독부 산하 조선사 편수회 출신의 이나바 이와기치(稻葉岩吉: 1876-1940)가 일본의 『사학 잡지(史學雜誌)』 제 21편 제2호에 쓴 논문이다. 이나바 이와기치는 나이토 고난에게 사사(師事)하고 1900년 북경으로 유학갔다. 1908년부터 만철(滿鐵) 조사부에서 '만주역사지리' 편수(編修)에 참가하면 서 본격적으로 한국사를 외곡하기 시작했다. 1925년부터 조선총독부 수사관(修史官)으로서 『조선사 (朝鮮史)』 35권을 편수(編修)했다. 1937년 만주건국대(滿洲建國大) 교수를 역임했

襄平", 또한 "後秦滅六國, 北擊胡, 悉收河南地, 因河爲塞, 築四十四縣, 城臨河, 徙適戍以充之, 而通直道, 自九原至雲陽, 因邊山險, 塹谿谷, 可繕者治之, 起臨洮至遼東萬餘里"[327]라는 것이 있다.

해설자(說者)는 곧 진(秦) 장성(長城)은 전연(全燕: 전성기 때의 연나라)의 옛 제도(舊規)에 의(依)한 것이고, 그 '요동(遼東)'에 이른다(至遼東)'고 한 것은 요동군(遼東郡)의 치소(治所)인 양평현(襄平縣)을 가리킨다고 여겼다. 이 해설은 애초부터 착오(錯誤)이다.[328]

진(秦) 장성(長城)의 동부(東部)가 본래부터 전연(全燕: 연나라 전성기)의 규모(規模)에 의(依)한 것은 해설자(說者)의 말 대로이지만 때로 출입(出入)이 있었던 것은 결코 의심의 여지가 없다. 양평(襄平)이 연·진(燕秦) 두 나라에서 다 요동부(遼東部)의 치소(治所: 다스리는 곳)인 것은 논쟁의 여지가 없지만 본문은 다만 장새(鄣塞)가 요동부에 이른 것을 종합적으로 설명(汎說)한 것에 불과하다. 오인(吾人)은 우선 연나라와 진나라의 요동(遼東)의 강역(疆域)을 검색(檢索)하는 것이 아니라면, 장성(長城) 동단(東端)이 과연 어느 지역에서 일어나고 또한 어느 변경(何邊)을 둘러싸고 있는지를 결정할 필요는 없다고 생각한다. 「흉노전」에 '양평(襄平)에 이른다(至襄平)'는 문장에 기초하여, 굳이 그

---

327 이나바 이와기치는 『사기』 「흉노열전」에서 '後秦滅六國'과 '北擊胡' 사이에 있는 '而始皇帝使蒙恬將十萬之衆'을 빼고 인용했다. 『사기』 「흉노열전」의 원문은 다음과 같다. 본문과 주석의 해석은 이 책의 본문에 있다. 燕亦築長城, 自造陽, 至襄平. 置上谷, 漁陽, 右北平, 遼西, 遼東郡以拒胡. 當是之時, 冠帶戰國七, 而三國邊於匈奴. 其後趙將李牧時, 匈奴不敢入趙邊. 後秦滅六國, 而始皇帝使蒙恬將十萬之衆北擊胡, 悉收河南地. 因河爲塞, 築四十四縣城臨河, 徙適戍以充之. 而通直道, 自九原至雲陽, 因邊山險塹谿谷可繕者治之, 起臨洮至遼東萬餘里.

328 앞에서 인용한 "燕亦築長城, 自造陽至襄平"이란 문장의 양평에 대해서 『사기색은』은 '위소(韋昭)가 말하기를, 「지금의 요동을 다스리는 곳이다」라고 했다(韋昭云, 「今遼東所理也」)'는 주석을 싣고 있는데 이를 반박하는 것이다. 식민사학자들은 한결같이 결론을 미리 내려놓고 그와 다르면 모두 틀리다고 말하기 일쑤인데, 이것도 마찬가지다. 연진(燕秦)장성의 동쪽 끝이 한반도 내라는 결론을 내려놓고, 요동 양평이라고 나오니까 처음부터 착오하고 부정하는 것뿐이다.

고지(故址)를 구해서 이것에 장성이 일어나는 지점(起點)을 두려고 하는 것은 구애되는 것이 또한 심하지 않겠는가.

마쓰이(松井) 문학사(文學士)의 「진(秦) 장성(長城) 동부(東部)의 위치에 대하여」(『역사지리(歷史地理)』 13의 3호)라는 일편(一篇)은 지금의 승덕부(承德府)의 경계를 포괄한 것으로 보아서 종래(從來) 사가(史家)의 좁은 견해(陋)를 깨기에 충분한 것이지만, "연(燕) 장성(長城)의 동단(東端)이 양평(襄平)에 이른다고 한다면 진(秦) 장성(長城)의 동단(東端) 또한 같은 곳으로서 요동에 이른다고 한 것은 그 일(其事)을 가리키는 것이 될 것이다. 혹은 양평(襄平)보다도 먼 지점(地點)에 이를 것이라는 설도 있지만 한대(漢代)의 기록에는 그런 증거(證)가 없다. 그렇다면 '양평(襄平)은 어디가 될까'라는 일절(一節)은 오인(吾人)이 끝내 동의하기 어렵다.(참고로 말하자면, 『사기(史記)』·『한서(史漢)』에 혹은 '장성(長城)'이라고 했고, 혹은 '장새(鄣塞)'라고 했는데 둘은 같은 것을 달리 말한 것(二者同一他)이다.[329] 『한서(漢書)』 「지리지(地理志)」 '요서군(遼西郡) 신안평(新安平) 아래에 '신안평현은 이수가 동쪽으로 흘러 새외로 들어간다(夷水東入塞外)'라는 구절이 보이고, 교려(交黎) 아래에 '교려현은 유수가 첫 번째로 새외를 받아 남쪽으로 들어간다(渝水首受塞外南入海)'[330]라는 구절도 보인다. 나아가 대강 볼(概見) 만하다)

한대(漢代)의 기록에 진(秦) 장성(長城)의 동단(東端)을 가지고 양평(襄平) 이외의 지역에서 구할 필요 없다고 본 것은 전연(全燕)의 요동(遼東) 강역(疆

---

329 혹은 원문의 타(他)자를 지(地)자의 오류로 본다면, '둘은 동일한 지역이다(二者同一地)'라고 해석할 수도 있다.

330 이나바는 한나라 때 새외(塞外)가 어디인지를 추정하기 위해 앞의 구절들을 적은 것이다. 『한서』 「지리지」 요서군 교려현에 대한 전체 주석은 '교려현은 유수가 맨 먼저 새외를 받아서 남쪽으로 흘러서 바다로 들어간다, 동부도위의 치소이다. 왕망은 금로라고 했다(交黎, 渝水首受塞外, 南入海, 東部都尉治. 莽曰禽虜)'는 것이다. 그런데 이 구절에 대해서 응소(應劭)는 '지금의 창려이다(應劭曰, 「今昌黎」)'라는 주석을 달았다. 지금의 창려는 하북성 소속으로서 한(漢)과 고조선의 국경 역할을 했던 갈석산이 배후에 있는 현이다.

城)을 고려하지 않은 소견에 다름 아닐 것이다. 만약 과연 이러한 것을 기필 (期必)하려면 『사기』 「조선열전(朝鮮列傳)」에,

조선왕 위만은 원래 연나라 사람이다. 처음 연나라 전성기 때부터 일찍이 진번과 조선을 침략해 복속시키고, 관리를 두어 장새(鄣塞: 요새)를 쌓았다. 진나라가 연나라를 멸망시키고 요동 외요(外徼)에 소속시켰는데, 한나라가 일어난 후 그곳이 멀고 지키기 어렵다고 해서 다시 요동의 옛 요새(故塞)를 수복하고 패수에 이르는 곳을 경계로 삼아서 연(燕)에 소속시켰다.(『사기』, 「조선열전」)

朝鮮王滿者, 故燕人也, 自始全燕時, 嘗略屬眞番朝鮮, 爲置吏築鄣塞, 秦滅燕, 屬遼東外徼, 漢興爲其遠難守, 復修遼東故塞, 至浿水爲界, 屬燕,

라고 되어 있는 명문(明文)을 어떻게 보아서 내용을 알아차려야(看取)할 것인가. 시험 삼아 본문을 해석하면 한(漢)은 진(秦) 장성(長城)이 멀어서 지키기 어려움을 고려해서 다시 요동의 옛 요새(故塞)를 수리했는데, 그 지점(地點)은 패수(浿水)에 이르러 경계로 삼았다는 말이다. 그렇다면 진(秦)의 장새(鄣塞)인 패수 이남(以南)의 지역에 이르는 점은 말할 필요도 없다. '패수'란 지금의 대동강(大同江)을 가리킨다.[331] 만약 해설자(說者)를 따라서 연·진(燕秦)의 장새(鄣塞)가 반드시 동일한 지역(同一地)에서 일어났다(起)고 보면 연·진

---

331 이나바 이와기치는 고조선과 한의 국경이었던 패수를 지금의 대동강이라고 전제하고 있다. 대동강(大同江)이란 용어는 중국 25사 중에서 『명사(明史)』 「조선열전」과 이성량(李成樑)·여송(如松) 등 부자열전에 처음 등장하는데 모두 임진왜란(1592~1597)과 관련된 내용들이다. 서기 전 2세기 이전의 지명비정을 하면서 16세기 말에 처음 등장하는 이름을 기준으로 삼는 것이다. 이나바의 논리는 패수가 대동강이란 전제에서 이뤄지기 때문에 패수가 대동강이 아니라면 나머지 모든 논리는 무너지는 치명적 결함을 갖고 있다.

(燕秦) 장성(長城)이 패수 이남(以南)에 이른다고 여겨야 할 것인가. 양평설(襄平說)은 이에 관해서 모순을 만들어내는 것이다. 그렇다면 연(燕)의 동쪽 경계는 어디에 도달해야만 하는 것인가. 위략(魏略)을 살펴보면,

옛 기자의 후예인 조선후(朝鮮侯)는 주(周)나라가 쇠약해는 것을 보고 연(燕)나라가 스스로 높여서 왕이라고 칭하고, 동쪽 지역을 침략하려 하자 조선후 역시 스스로 왕이라고 칭하고, 군사를 일으켜 역으로 연나라를 공격해서 주나라 왕실을 높이려고 했는데, 그나라 대부 예(禮)가 간쟁해서 그만 두었다. 예를 사신으로 보내서 연나라를 설득하자 연도 그치고 침공하지 않았다. 후에 그 자손이 점점 교만하고 포악해져서 연나라는 장수 진개(秦開)를 보내서 (고조선의) 서방을 공격해서 그 땅 2천여리를 취하고, 만번한(滿潘汗)에 이르러 경계를 삼으니 조선이 점점 쇠약해졌다.

昔箕子之後, 朝鮮侯, 見周衰, 燕自尊爲王, 欲東略地, 朝鮮侯亦自
稱爲王, 欲興兵逆擊燕, 以尊周室, 其大夫禮諫之乃止, 使禮西說燕,
燕止之不攻, 後子孫稍驕虐, 燕乃遣將秦開, 攻其西方, 取地二千餘
里, 至滿潘汗爲界, 朝鮮遂弱,[332]

라고 되어 있다. 만번한(滿潘汗)은 전연(全燕)의 동쪽 경계를 가리킨다. 『한서(漢書)』「지리지(地理志)」를 살펴보면, 요동군(遼東郡)의 현명(縣名)에 '문(文), 번한(番汗)'이 있는데 서안평(西安平) 다음에 놓여 있다. '서안평'은 지금의 압록강(鴨綠江) 입구 구련성(九連城)[333] 부근 지역에 있다는 사실이 『동서(同書: 한서 지리지)』'현도군(玄菟郡), 서개마(西蓋馬)' 조(條)에 "마자수는 서북으

---

332 『三國志』「魏志」, '東夷傳 韓'條에 주석으로 달린 '魏略' 기사이다.

333 구련성(九連城)은 압록강 신의주 대안의 단동(丹東) 동북쪽에 있다. 이나바 이와기치의 이 주장에 따라서 식민사학은 현재까지도 단동을 한나라 때의 서안평이라고 비정하고 있다. 그러나 『한서』「지리지」의 어떤 구절도 서안평이 지금의 압록강 입구 구련성 부근 지역이라고 비정하지 않았다.

로 흘러 염난수에 들어가고, 서남으로 서안평에 이르러 바다로 들어간다(馬訾水, 西北入鹽難水, 西南至西安平入海)"라고 되어 있는 데서 알 수 있다. '문현(文) 및 번한현(番汗)'은 마자수(馬訾水) 동쪽 지역에 있다는 사실과 번한(番汗) 아래, "패수는 새외에서 나와서 서남으로 흘러 바다로 들어간다(沛水出塞外西南入海)"라고 되어 있는 데서 살펴 알(察知) 수 있다.

진풍(陳澧)[334]은 이렇게 일렀다.

"지금 조선국 박천성(博川城) 대정강(大定江)[335]은 서남으로 흘러서 바다로 들어가는데 대개 패수(沛水)이다. 마자수(馬訾水)는 새외(塞外)에서 나오지 않는다. 이 물이 새외에서 나온다면 반드시 마자수 동쪽을 지나가 마자수의 서쪽 서안평(西安平)으로 흘러 바다로 들어갈 것이다. 서안평이 요동에 속해 있다면 지금의 압록강이 바다로 들어가는 곳이 한나라 요동이다. 대정강은 압록강이 바다로 들어가는 곳과 멀지 않은 곳에 떨어져 있으니 또한 당연히 요동의 땅이 될 것이다. 또 그 강은 서남으로 흘러서 바다로 들어가니 패수(沛水)가 됨을 알 수 있다.[336]

---

334 진풍(陳澧:1810~1882)은 청나라 번우(番禺) 사람으로서 『한유통의(漢儒通義)』『동숙독서기(東塾讀書記)』『설문성통(說問聲統)』『성률통고(聲律通考)』『동숙총서(東塾叢書)』 등을 썼다. 주로 중국 운학(韻學) 연구에 정통했다고 평가된다.

335 평안북도 박천군(옛 가산)에 있는 강 이름. 진풍의 글은 대정강이 패수라는 희한한 주장이다. 아무런 1차 사료적 논거나 합리적 추론이 없는 것은 말할 것도 없다.

336 양수경이나 진풍같은 청나라 학자들이 한사군을 한반도 내로 끌어들이다 보니 한사군이 있었다는 요동(遼東)이란 지역을 설명해야 할 필요성을 느꼈다. 그래서 압록강도 요동이고, 박천 대정강도 요동이라는 억지를 부린 것이다. 『후한서』 「군국지(郡國志)」는 서안평을 유주(幽州:현 북경 부근) 요동군 속현으로 적고 있고, 같은 책 「고구려 열전」 주석에는 "「군국지」에는 서안평과 대방현은 모두 요동군에 속해 있다(郡國志, 西安平 帶方縣, 並屬遼東郡)"고 설명하고 있으니 서안평과 대방현을 한반도 내로 비정하려면 두 지역이 한반도 내에 있어야 한다는 결론을 내려놓고 꿰맞추기를 한 것이다. 서안평에 대해서 신(新)나라를 건국한 왕망(王莽)은 북안평(北安平)이라고 개명했다. 서안평을 압록강 대안 단동이라고 하기 전에 언제부터 중국에서 동(東)이란 용어를 북(北)으로 바꾸었는지부터 설명해야 할 것이다. 『요사(遼史)』 「지리지」 '상경도(上京道) 상경임황부(上京臨潢府)'조는 요나라 수도였던 상경 지역에 대해

今朝鮮國博川城大定江, 西南流入海, 蓋沛水也, 馬訾水不出塞外,

此水出塞外, 必更在馬訾水之東, 馬訾水之西安平入海, 西安平屬遼

東, 今鴨綠江入海處爲漢遼東也, 大定江距鴨綠江入海處不遠, 亦當

爲遼東地, 又其水西南入海故知爲沛水也"

진풍의 이 설명은 오인(吾人)의 뜻을 얻었다.

정약용이 이르기를, "생각해보니 지금 북경은 우리나라 의주에서 2천1백

리 떨어져있다(按今北京距我義州二千一百里)"라고 했는데, 연(燕)이 북경(北

京)의 동쪽, 지금의 계(薊)에 도읍했다면, 현장(賢將) 진개(秦開)가 2천여리를

개척했다(拓地二千餘里)는 곳은 멀리 압록강을 넘어, 박천의 대정강(大定江:

지금의 청천강[淸川江]을 말한다)[337] 즉 만번한(滿潘汗)에 이른다고 단정해도

대차(大差: 큰 차이)가 없으니, 기자(箕子) 후의, 조선후(朝鮮侯)의 강역(疆域)

은 이 지점에서 경계 지워진다. 이는 실로 전연(全燕) 전성기 때의 동쪽 강역

(東疆)에 관계된다[338].

"상경도 상경임황부는 본래 한나라 요동군 서안평 땅이었다. 신나라 왕망은 북안평이라고 했다(上京道
上京臨潢府, 本漢遼東郡西安平之地,新莽曰北安平)"고 적고 있다. 상경임황부는 현재 내몽골 파림좌기
(巴林左旗)지역으로서 이 지역이 서안평이라면 왕망이 북안평이라고 부른 방위 개념과도 고구려가 태
조왕을 비롯해서 여러 차례 한나라 세력을 몰아내기 위해서 공략했던 이유와도 맞아 떨어진다.

337 대정강은 박천강을 뜻하는 것으로서 청천강과는 다르다. 『신증동국여지승람』 평안도 박천군(博川郡)
조는, "박천강(博川江); 옛 이름은 대령강(大寧江)인데 『대명일통지(大明一統志)』에는 대정강(大定江)이
라고도 써 있다."라고 설명하고 있는데, 아마도 『대명일통지』를 보고 혼동한 듯 하다.

338 정약용은 『여유당전서』의 「지리집(6집) 강역고」 '조선고(朝鮮考)'에서 이렇게 말했다. "내(정약용)가 생
각하기에(鏞案) 지금의 북경은 우리나라 의주에서 2천1백리 떨어져 있다. 만약 『위략(魏略)』의 말과 같
다면 압록강 서쪽 땅을 잃었을 뿐이다. 어찌 다시 만번한을 수복해서 경계로 삼았겠는가? 그 설이 망
령되다. 그러나 기씨(箕氏)가 개척한 땅이 멀리 요수(遼水)를 지났다면 이를 검증할 수 있다 … 『명일
통지(明一統志)』에서 말하기를 "조선성은 영평부 경내에 있는데, 기자(箕子)가 봉함을 받은 지역이라
고 서로 전하고 있다. 후위(後魏)에서 현을 설치해서 북평군(北平郡)에 소속시켰다가 북제(北齊)에서
현을 없애고 신창현(新昌縣)에 편입시켰다. 내(정약용)가 생각하기에 지금의 영평부는 옛 북평군이다.
또한 『위략』에 근거한다면 만번한 서쪽 2천여리는 옛날 기씨의 소유였다. 지금 요동으로부터 서쪽으
로 2천여리를 가면 영평부 경내이니 『일통지』가 말한 것이 진실로 근거가 있다.(鏞案今北京, 距我義州
二千一百里. 若如魏略之說, 遂失鴨江以西矣. 寧復得以滿潘汗爲界哉, 其說妄矣. 然箕氏拓地, 遠過遼水,

해설자(說者)가 혹은 의심하기를 '연(燕)은 본래 미약(微弱)해져서 이미 중국 땅(中土)의 제후와 서로 지지 않고 대항(抗衡)할 수 없는데, 어찌 능히 진번 조선(眞番朝鮮)을 침략(略)할 수 있겠는가, 만번한(滿潘汗)의 땅은 마땅히 저절로 요하(遼河) 유역에 있어야 할 것'이라 여긴다. 응하여 말하면 그렇지 않은 것이 아니다. 연(燕)이 중국 땅과 서로지지 않고 대항할 수 없었기에 곧 능히 땅을 조선에 개척한 소이(所以)다. 연(燕)은 서쪽에 삼진(三晋)이 있고 남쪽에 제초(齊楚)가 있으며 현장(賢將) 진개(秦開)가 동호(東胡)를 습파(襲破: 습격해서 깨뜨림)하여 동북(東北)으로 능히 천여 리에 이르는 멀리까지 틈을 냈지만, 그럼에도 재화(貨財)를 채취하여 이익을 취할 바가 없었다. 이 재화가 있는 것은(これあるは) 다만 동방(東方)의 한예(韓濊)의 지역이었을 것이다. 『사기』「화식전(貨殖傳)」에 연(燕)에 대한 것을 기록해서 이르기를 "동쪽 예맥 조선 진번과의 교역에서 이익을 모두 차지했다(東綰濊貊朝鮮眞番之利)"[339]라고 했다. 오인(吾人)은 이러한 정세를 살펴서 연(燕)의 동방경략(東方經略)이 압록수(鴨綠水)를 지났다고 즉시 단정하는데 어떠한 주저함이 있음도 인정할 수 없다.

진(秦)의 장새(鄣塞) 동단(東端)은 어느 지역에서 기(起: 시작)했을까, 『사기』「조선열전」에 이렇게 일렀다.

斯可驗也 … 明一統志云, 朝鮮城, 在永平府境內, 相傳箕子受封之地, 後魏置縣, 屬北平郡, 北齊省入新昌縣. 鏞案今之永平府, 古之北平郡也. 且據魏略, 潘가以西二千餘里, 在古爲箕氏之有, 今自遼東而西, 行二千餘里, 正得永平府境一統志所言眞有據也)"정약용은 『위략』의 말이 맞다면 고조선이 연나라에 빼앗긴 땅은 압록강 서쪽이지 한반도 내가 아니라고 말하고 있다. 또한 『일통지』에 근거해 영평부, 즉 지금의 하북성 노룡(盧龍)현이 옛 기자가 봉한 고조선 지역임이 틀림없다고 말하고 있다. 이나바 이와기치는 정약용의 이런 논리는 모두 배제하고 마치 정약용이 '의주에서 북경까지 2천1백리'라고 말한 대목만 뜬금없이 떼어내서, 박천의 대정강을 만번한이라고 한 이나바의 문장과 함께 연결시킴으로써 마치 정약용이 대정강이 만번한이라고 말한 것처럼 호도하고 있는 것이다. 식민사학자들의 부도덕한 태도의 일면을 잘 보여준다.

339 이는 『사기』 129권 「화식열전(貨殖列傳)」의 내용이다. 이 대목은 '무릇 연은 발해와 갈석산사이에 있는 큰 고을이다(夫燕亦勃,碣之閒一都會也)'로 시작한다. 이 구절에 대해 『사기 정의(正義)』는 '발해와 갈석산의 서북쪽에 있다(勃海,碣石在西北)'라고 말했다. 즉 연나라는 지금의 하북성 창려현에 있는 갈석산 서쪽에 있는 국가라는 뜻으로써 한반도 내로 들어올 수 없다. 이나바 이와기치도 이 내용을 봤겠지만 자신이 미리 내려놓은 결론과 다르기 때문에 무시해 버린 것이다.

"연왕 노관이 (한나라를) 배반하고 흉노로 들어가자 위만도 망명했다. 무리 1천여 명을 모아서 북상투에 만이(蠻夷) 복장을 입고 동쪽으로 달아나서 요새(塞)를 나와서 패수를 건너 진(秦)의 옛 빈땅인 상하장(上下鄣)에 살았다. 점차 진번, 조선의 만이(蠻夷) 및 옛 연(燕)·제(齊)나라의 망명자들을 복속시켜 왕이 되었는데, 왕험에 도읍했다.

燕王盧綰反, 入匈奴, 滿亡命, 聚黨千餘人, 魋結蠻夷服, 而東走出

塞, 渡浿水, 居秦故空地上下鄣, 稍役屬眞番朝鮮蠻夷及故燕齊亡命

者, 王之, 都王險."

이렇게 패수(浿水) 서쪽에 요새(塞)가 있는데, 그것을 한(漢)의 장새(鄣塞)라 보았다. 위만이 망명했을 때 한(漢)의 장새(鄣塞)를 나와서 패수를 건너서, 그리하여 진의 '옛 빈 땅 상하장(故空地上下鄣)'에 있었다고 한다면 진(秦) 장성(長城)의 기점(起點)은 패수 이남의 지역에 있다.

전문(前文)에, "한나라가 일어나서 그곳이 멀어서 지키기 어려우므로 다시 요동의 옛 요새를 수리하고는 패수에 이르는 곳을 경계로 삼았다(漢興爲其遠難守, 復修遼東故塞, 至浿水爲界)"라고 있는 것을, 어떻게 해석한다 해도, 진 장성이 패수 이남에서 일어나는(起) 것을 가릴(掩) 수는 없다. 그래서 오인(吾人)은 이 기점을 가지고, 낙랑군 수성(遂成)현이라고 본다.

진(晉) 태강(太康) 3년 지기(地記)에, "(낙랑군) 수성현에는 갈석산이 있고, 장성이 일어나는 곳이다(遂城縣, 有碣石山, 長城所起)"라고 했고, 『진서(晉書)』·「지리지(地理志)」에 이르기를 "낙랑군 수성현은 진나라에서 쌓은 장성이 일어나는 곳이다(樂浪郡遂城縣, 秦築長城之所起)"라고 했다. 이 기록은 장성의 동단(東端: 동쪽 끝)의 위치를 결정할만한 철로 만든 단안(鐵案)이다. 수성(遂

城)의 수성(遂成: 비로소 완성됨)됨은 의심의 여지가 없지만, 그 지위(位地: 위치)의 비정(比定)에 이르러서는, 이설(異說)이 없지 않다.

정약용은 『통전(通典)』의 설에 따르면 수성(遂城)은 지금의 의주(義州) 창성(昌城) 지역인가, 압수(鴨水: 압록강)의 경계인가, 그렇지 않다면 압수의 서쪽으로, 지금의 (樹柵: 목책)의 동두(東頭: 동쪽 끝) 지역일 것인데[340], 정약용이 패수의 해설에 의심이 있다면 이렇게 이의(異議)를 제기하는 것을 면할 수 없겠지만 패수가 고래(古來)로 유일(唯一)하게 대동강(大同江)을 가리킨다는 사실이 논쟁의 여지가 없는 이상 수성(遂成)을 이러한 지방에서 구하기 어렵다고 여겼다[341].

---

340 이나바 이와기치는 정약용의 글을 편린만 인용해서 비판하고 있다. 정약용의 이 주장은 뒤에서도 다시 나오는데, 그때 자세히 제시할 것이다. 『여유당전서(與猶堂全書)』 『지리집(6집)』 『강역고(疆域考)』의 「낙랑고(樂浪考)」에서 정약용은 "『사기』 「태강지리지」에서, '낙랑 수성현에는 갈석산이 있고, (만리)장성이 시작된다'라고 말했다"고 인용하고는 『통전』에서는 '갈석산은 한 낙랑군 수성현에 있다. (만리)장성이 이 산에서 시작된다'라는 문장을 인용했다. 그리고는 "내(정약용)가 생각하기에 통전의 설과 같다면 수성은 곧 지금의 의주, 창성의 땅으로서 압록강의 경계이다. 만약 그렇지 않다면 혹 압록강 서쪽이니 지금 수책(樹柵:목책)의 동두(東頭:동쪽 끝)의 땅이다(鏞案若如通典之說, 則遂城, 當在今義州昌城之地, 鴨水之界. 不然, 或在鴨水之西, 今樹柵東頭之地也)"라고 말했다. 정약용은 낙랑군 수성현을 의주·창성의 압록강 경계든지, 압록강 건너 서쪽 만주의 목책의 동쪽 끝으로 보았다. 그런데 이나바 이와기치는 정약용의 논리를 제대로 설명도 하지 않고, '고래로 패수는 대동강'이니 다른 모든 견해를 틀렸다고 어거지를 부리는 것이다.

341 낙랑군 수성현의 위치를 찾는데 중요한 기준은 갈석산이다. 『통전』에서는 갈석산의 위치에 대해서 자세히 설명하고 있다. 「평주(平州)는 지금의 노룡현(盧龍縣)인데, 은나라 때 고죽국(孤竹國)이었고, 춘추 때는 산융·비자(山戎肥子) 두 나라의 땅이었다. 지금 노룡현에는 옛 고죽성이 있는데, 백이 숙제의 나라였다. 전국시대 때는 연(燕)에 속해 있었고, 진(秦)나라 때는 우북평 및 요서 두 군의 경계였다. 전한과 후한이 이로 인해서 진(晉)나라 때도 요서군(遼西郡)에 속해 있었다. 후위(後魏) 때도 요서군이라고 했는데, 수나라 초에 평주(平州)를 설치했다가 양제 초에 주를 폐지했다가 다시 북평군(北平郡)을 설치했다. 대당(大唐)에서는 이로 인해 북평군을 설치했는데, 소속된 현이 셋이었다. 노룡현은 한나라 때 비여현(肥如縣)인데, 갈석산(碣石山)이 있다. 갈(碣)은 바닷가에 비석을 세워서 그런 이름이 붙었다. 진 태강 지리지에 말하기를, "진나라에서 장성을 축조할 때 갈석에서 시작했는데 지금은 고려의 옛 경계인데, 이 갈석은 아니다"라고 했다. 한나라 요서군의 옛 성이 지금 군의 동쪽에 있는데, 또 한나라 때 영지현성(令支縣城)이 있다. 임려관(臨閭關)의 지금 이름은 임유관(臨楡關)인데, 현성(縣城) 동쪽 180리에 있다. 노룡새(盧龍塞)는 성의 서북쪽 2백리에 있는데, 석성이 한나라의 옛 현이다.(『통전(通典)』권(卷)178, 「주군전(州郡典)」) 平州今理盧龍縣, 殷時孤竹國, 春秋山戎,肥子二國地也. 今盧龍縣. 有古孤竹城,伯夷,叔齊之國也. 戰國時屬燕, 秦爲右北平及遼西二郡之境, 二漢因之, 晉屬遼西郡, 後魏

조지연(趙志淵)[342]도 정약용의 원고(原考)를 의심해서 이렇게 말했다.

"고구려사에 따르면 태무신왕 21년에 낙랑을 습격해서 멸망시켰는데, 그 후 7년 후에 한 광무제가 낙랑을 정벌해서 그 지역을 취하고 살수 이남을 한나라에 속하게 만들었다. 동천왕 21년에 고구려가 평양성을 축조했다는 말은 즉 살수 이북의 지역과 평양성이 고구려의 소유라는 말이다. 이미 한(漢)나라와 위(魏)나라 사이에 의주 창성 등은 밀우에 의해서 고구려의 국도가 되었는데, 수성 일현(一縣)이 어찌 낙랑군의 통현(統縣)이 될 수 있겠는가? 이에 근거하면 즉 수성(遂城)이 수안(遂安)이 되었다는 설이 아마도 그럴듯하다.

> 據句麗史, 太武王二十年, 襲樂浪滅之, 後七年漢光武伐樂浪, 取其
> 地, 薩水以南屬漢, 東川王二十一年, 句麗築平壤城云, 則薩水以北
> 之地, 及平壤之城, 句麗所有者, 已在漢魏之際, 而義州昌城等, 地尤
> 爲密邇句麗國都, 遂城一縣, 惡得爲樂浪郡統縣也, 據此則遂城爲遂
> 安之說恐然"

이 설은 참으로 吾人의 뜻을 얻었다.

『한서』「지리지」의 수성(遂成)은 증지(增地)의 이웃현(隣縣)이 아닐까 생각되는데, 패수와 떨어진 거리가 그리 멀지 않다. 「지리지」 낙랑군 아래 '수성(遂

亦曰遼西郡, 隋初置平州, 煬帝初州廢, 復置北平郡, 大唐因之,領縣三: 盧龍漢肥如縣, 有碣石山,碣然而立在海旁,故名之晉太康地志云:「秦築長城,所起自碣石,在今高麗舊界,非此碣石也」,漢遼西郡故城在今郡東,又有漢令支縣城臨閭關今名臨楡關, 在縣城東一百八十里,盧龍塞在城西北二百里,石城漢舊縣(『通典』卷178, 「州郡典」) 현 중국 경내에 갈석산은 여러 곳이 있다. 하북성 창려현 북쪽의 갈석산과 산동성 빈주(濱州)시 대산진(大山鎭)에도 갈석산이 있다. 2005년 빈주시는 대산진을 갈석산진으로 개명했다. 또 대갈석산과 소갈석산도 있었고, 바닷물에 잠긴 해변 갈석산도 있었다. 중요한 것은 고대 한나라와 고조선의 국경 역할을 했던 갈석산이 어디인가 하는 점인데, 이중 가장 동쪽에 있는 갈석산이 현재의 창려현 갈석산이다.

342 조지연은 누군지 알 수 없다. 비교적 무명인 인물의 글을 제시하려면 최소한 어느 책에서 보았는지 정도는 제시해주어야 하는데 그렇게 하지 않는다.

成), 증지(增地)라고 되어 있다. 패수현 아래에 "물이 서쪽으로 증지에 다다라서 바다에 들어간다(水西至增地入海)"라고 보인다. '수(水)'는 패수를 가리킨다.[343]

'패수'는 지금의 대동강이고, '증지'는 지금의 진남포(鎭南浦) 서쪽이고, 강서(江西)쪽은 용강(龍岡: 평안남도 용강군)을 가리킨다. '증산(甑山)'은 어쩌면 이것의 남은 명칭(遺稱)이 아닐까. 오인(吾人)은 지금 수성(遂成)을 증지의 이웃현(隣縣)이라고 생각하는데, 그래서 그것을 비정(比定)하려고, 패수를 건너서 남쪽으로 가지 않으면 진(秦)의 상하장에 이르지 않게 될 것이니 '수성(遂成)'은, 패수 이남 지역에서 구하는 것이 지당하다.[344] 『색은(索隱)』에 이르기를

---

343 『한서』「지리지」의 낙랑군(樂浪郡)조는 다음과 같다. 일본과 국내의 식민사학자들이 이를 가지고 낙랑군을 한반도 내로 끌어들이는 전거로 삼았기 때문에 과연 그런지 조금 길지만 원문과 주석까지 모두 소개하겠다. 반절(反切)로 발음을 소개하는 주석은 생략했다. 「낙랑군-무제 원봉 3년(서기전 108) 설치되었다. 왕망은 낙선군(樂鮮郡)이라고 말했는데, 유주(幽州)에 속해 있다(응소는, 옛 조선국이라고 말했다) 호수는 6만2천812호이고, 인구는 40만6천748명이다.(운장(雲鄣)이 있었다) 25개 현이 있다. 조선현(응소는 '주 무왕이 기자를 조선에 봉했다'고 말했다) 남감(言+邯)현, 패수현-물이 서쪽으로 증지에 닿아서 바다로 들어간다. 왕망은 낙선정(樂鮮亭)이라고 불렀다. 함자(含資)현-대수(帶水)가 서쪽으로 흘러 대방(帶方)에 이르러 바다로 들어간다. 점제(黏蟬)현, 수성(遂成)현, 증지(增地)현-왕망은 중토(增土)라고 불렀다. 대방(帶方)현, 사망(駟望)현, 해명(海冥)현-왕망은 해환(海桓)이라고 불렀다. 열구(列口)현, 장금(長岑)현, 둔유(屯有)현, 소명(昭明)현-남부도위(南部都尉)의 치소이다. 누방(鏤方)현, 제해(提奚)현, 혼이(渾彌)현, 탄열(呑列)현-분려산(分黎山)에서 열수(列水)가 나오는데, 서쪽 점제(黏蟬)에 이르러 바다로 들어가며, 거리는 820리이다. 동이(東暆)현, 불이(不而)현-동부도위의 치소이다. 잠태(蠶台)현, 화려(華麗)현, 사두매(邪頭昧)현, 전막(前莫)현, 부조(夫租)현(『한서』「지리지」'낙랑군') 樂浪郡. 武帝元封三年開, 莽曰樂鮮, 屬幽州(應劭曰:「故朝鮮國也」) 戶六萬二千八百一十二,口四十萬六千七百四十八 (有雲鄣) 縣二十五:朝鮮(應劭曰:「武王封箕子於朝鮮」) 言+邯邯, 浿水,水西至增地 入海, 莽曰樂鮮亭, 含資, 帶水西至帶方入海. 黏蟬, 遂成, 增地莽曰增土. 帶方,駟望海冥,莽曰海桓. 列口,長岑,屯有昭明,南部都尉治. 鏤方,提奚,渾彌,呑列,分黎山,列水所出,西至黏蟬入海,行八百二十里. 東暆, 不而, 東部都尉治. 蠶台,華麗,邪頭昧,前莫,夫租(『漢書』「地理志」'樂浪郡') 이것이 『한서』「지리지」의 낙랑군(樂浪郡)조의 전부 조항인데, 이를 가지고 워낙 외곡을 심하게 하기 때문에 전문을 소개했다. 이 원전을 염두에 두고 이나바 이와기치의 주장을 검증해 보면 외곡 여부를 쉽게 판명할 수 있으리라 생각된다.

344 이나바 이와기치는 '패수가 왜 대동강인지, 증지가 왜 진남포인지, 강서가 왜 용강군인지' 아무런 1차 사료적 근거도 제시하지 않고, 무작정 그렇다고 단정하고 있다. 결론을 내려놓고 위치비정을 하는 식민사학자들의 속내를 들여다보면 좀 가련하다는 생각까지 든다. 이나바 이와기치도 필자나 정약용과 마찬가지로 『사기』·『한서』·『통전』 등의 사료를 봤을 것이다. 그러나 이런 사료들은 이구동성으로 낙랑군의 위치는 현재의 하북성 지역이나 그 북쪽 내몽골 지역 등지라고 나온다. 이런 사료들을 굳이 못

『『한서』 지리지를 살펴보니 낙랑군에 운장이 있다(案地理志, 樂浪有雲鄣)"고 했는데, '운장'은 곧 상하장(上下鄣)을 가리킨다[345]. 위만(衛滿)이 망명(亡命)했을 때 패수를 건너서 소위 '운장'에 들어간다[346].

『위략(魏略)』 [347]에 이렇게 일렀다.

"이때에 이르러 한나라에서 노관(盧綰)을 연왕(燕王)으로 삼으니 조선과 연은 패수를 경계로 삼게 되었다. 노관이 (한나라를) 배반하고 흉노로 들어가자 연나라 사람 위만은 망명하는데, 호복(胡服)을 입고 동쪽으로 패수를 건너 준왕(準王)에게 항복했다. 준왕을 설득해 서쪽 경계에 거주하기를 구해서 중

본 척하고 한반도로 끌어들여야 하는데 아무런 1차사료적 근거를 제시할 수 없다 보니 강한 어조로 단정 짓는 어거지를 반복할 수밖에 없는 것이다. 근거가 없을수록 어조는 강해지는 악순환이 반복되는 것이다. 식민사학자들이 단정적으로 위치비정할 경우 '근거가 없구나'라고 생각하면 대부분 맞아들어간다는 사실을 알 수 있을 것이다. 한마디로 학문이 아니고 학자가 아니다.

345 『사기』 「조선열전」의 상하장(上下鄣)에는 『'색은(索隱)』: 조사해보니, 『한서』 지리지에는 낙랑군에 운장이 있다(『索隱』案 : 地理志樂浪有雲鄣)"는 문장이 있다. 여기에 이나바 이와기치는 '운장은 곧 상하장(上下鄣)을 가리킨다'는 자신의 문장을 삽입해 마치 『사기』 「조선열전」에서 운장을 곧 상하장을 가리키는 것으로 뒤섞어 놓은 것이다. 낙랑군에 있는 운장이 상하장일 수도 있고, 아닐 수도 있는데 원문과 자신의 문장을 구별하지 않고 한 문장으로 뒤섞어 놓아서 자신의 문장이 『사기』에 나오는 것처럼 사기치는 수법이다.

346 『사기』 「조선열전」에는 위만이 '패수를 건너 진나라의 옛 빈땅인 상하장에 거주했다(渡浿水, 居秦故空地上下鄣)'고 나오는데, 이 대목에 『사기 색은』에서 "조사해보니, 『한서』 「지리지」에 낙랑군에는 운장이 있다(『索隱』案 : 地理志樂浪有雲鄣)'고 주석을 달았다. 운장의 정확한 위치는 알 수 없지만 위만이 도읍한 왕험성에 대해서는 여러 사기 주석가들이 위치를 비정해 놓았다. 『'사기집해』, 서광이 말하기를 '창려에 험독현이 있다'고 했다. 『사기색은』, 위소가 말하기를 '옛 읍의 이름이다'라고 했다. 서광은 '창려에 험독현이 있다고 했다', 응소가 주석하기를, '지리지에는 「요동의 험독현이 조선왕 위만의 도읍이다」라고 했다. 신찬은 말하기를 '왕험성은 낙랑군 패수의 동쪽에 있다'고 했다.(『사기』 「조선열전」, 험독현 주석) (『集解』徐廣曰 : 昌黎有險瀆縣也』『索隱』韋昭云「古邑名」 徐廣曰「昌黎有險瀆縣」 應劭注「地理志遼東險瀆縣, 朝鮮王舊都」 臣瓚云「王險城在樂浪郡浿水之東」也(『史記』「朝鮮列傳」 險瀆縣 註釋) 이나바 이와기치는 하북성 창려에 있다는 험독현을 대동강 남안의 토성동으로 비정하기 위해서 이 논문을 쓴 것이니 딱하지 않을 수 없다. 이 모든 주석들을 못본 체 하고 대동강 남안으로 비정해야 하니 말이다. 그런데 놀랍게도 이나바 이와기치의 이런 창작이 현재까지도 한국 주류 식민사학계의 정설로 행세하고 있다.

347 『삼국지』 「위지」 '동이전 한(韓)'조에 삽입된 『위략(魏略)』을 뜻하는데, 현재 위략 자체는 전해지지 않는다.

국의 망명자들로써 조선의 번병(藩屛: 울타리)가 되겠다고 했다. 준왕이 이를 믿고 총애해서 박사를 제수하고 홀(圭)을 하사하면서 백리의 봉토를 주어 서쪽 변경을 지키도록 명했다(『삼국지』「위지」'동이전 한(韓)조')

> 及漢以盧綰爲燕王, 朝鮮與燕界於浿水, 及綰反入匈奴, 燕人衛滿亡命, 爲胡服, 東度浿水, 詣準降, 說準求居西界, 故中國亡命爲朝鮮藩屛, 準信寵之, 拜爲博士, 賜以圭, 封之百里, 令守西邊(『三國志』「魏志」'東夷傳 韓')

　　본문에 따르면, '운장'은 '기준(箕準: 기자조선 임금 기준)의 서쪽 경계(西界)'로서 한(漢)과 조선(朝鮮)의 변강(邊疆)에 걸리고, 패수 연변(沿邊)에 있음을 알 수 있다. 그리고 "백리의 봉토를 주어서 서쪽 변경을 지키도록 했다(封之百里, 令守西邊)"라고 되어 있는 것은, 대략 상하장(上下鄣)의 전체 강역(全境)을 가리키는 것으로, 진(秦) 장성(長城)의 동단도 이것이라고 상상할 수 있다.

　　'수성(遂成)'이 곧 지금의 수안(遂安: 황해도)이라는 것은 『고려사』 지리지에, "수안은 본래 고구려 장새현이다. 일운 고소어라고 한다(遂安本高句麗鄣塞縣〔一云古所於〕)"라고 보인다.[348]

---

348 이나바 이와기치는 낙랑군 수성현(遂城縣)을 황해도 수안현(遂安縣)이라고 주장하는 것이다. 그 근거는 수(遂)자가 같다는 것인데, 아마도 고구려 때 장새현(鄣塞縣)으로서 새(塞)자가 들어가는 것도 감안했을지 모른다. 해당 조항의 고려사 해석문과 원문은 다음과 같다. 「수안현은 본래 고구려 장새현이다(일설에는 고소어라고도 한다), 신라 때는 서암군이 관할하는 영현(領縣)이었는데 고려초에 수안으로 개명하고, 곡주(谷州) 관할로 소속시켰다가 후에 현령을 두었다. 충선왕 2년에 원나라의 사랑을 받는 환관 이대순(李大順)의 요청으로 수주(遂州)로 승격시켰다(일설에는 이 군사람 이연송(李連松)이 나라에 공로가 있다고 군으로 승격시켰다고 한다)(『고려사』, 58권, 지리지 3, 서해도) 「本高句麗鄣塞縣(一云古所於), 新羅時, 爲栖巖郡領縣. 高麗初, 改今名, 屬谷州任內, 後置縣令. 忠宣王二年, 以元雙宦李大順之請, 陞爲遂州(一云, 以郡人李連松, 有勞於國, 陞爲郡)(『高麗史』卷五十八, 「地理志」三, 西海道) 『고려사』 지리지를 통해서 수안이라는 이름 자체가 낙랑군이 설치된 지 1천여년이 지난 고려 때 생긴 것임을 알 수 있다. 그나마 이나바가 기댔던 수(遂)자 한 자도 아무런 근거가 없음이 밝혀진 것이다.

서남(西南)에 자비령(慈悲嶺)이 있고, 동북(東北)에 요동산(遼東山)이 있는 데, 그중에서도 특히 자비령은 험(險)해서 경성 의주 간의 가장 험준한 길(最難阪路)이라고 일컬어지고, 대동강 유역과 한수(漢水)의 하우(河盂: 물이란 뜻인 듯)은 수안(遂安) 부근의 산맥에서 남북을 가르는 것이라 되어 있다. 자비령은 곧 '절령(嵒嶺)'으로, 고려 원종(元宗) 때 몽고와의 국경 경계(國界)에 관계된다.

『신증 동국여지승람』 황해도 서흥도호부(瑞興都護府)의 산천(山川)조에, "자비령(慈悲嶺)은 부(府)의 서쪽 60리에 있는데, 일명 절령(嵒嶺)이라고 한다. 평양에서 서울로 통하는 옛길이다. 세조 때에 호랑이의 피해가 많았고, 또 중국 사신이 대개 극성로(棘城路)로 통행했으므로, 그 길은 드디어 폐지되었다 (『興地勝覽』黃海道, 瑞興都護府, 山川 條에 이것을 기록하여 이르기를, "慈悲嶺, 在府西六十里, 一名嵒嶺, 自平壤通京都舊路也, 世祖朝以多虎害, 且中朝使臣, 皆由棘城路以行, 其路遂廢)" [349]라고 했으니 이로써 이길을 오가는 것의 어려움을 알 만하다. 직접 다녀본 사람(親歷者)의 설에 따르면, 가장 경사가 급한(最急) 곳은 높이가 약 80간(間)이고 경사가 3분의 1 가량이고 수목이 울창(樹木鬱蒼)하며 절벽(斷崖)이 깎아지른 듯하다. 고개길(阪路)은 돌이 겹겹이 쌓였는데(石層重疊) 가운데를 가는 것(中央轟)처럼 약방의 벼루같은 형상(藥研之狀)을 이루고 이리저리 굽어서(迂餘曲折) 보행조차 또한 어렵다고 할 만하다.[350]

진(秦) 장성(長城)의 동단(東端)은 지금의 조선 황해도 수안(遂安)의 강역(境)에서 기(起)하여 대동강 상원(上源)으로 나와서 청천강(淸川江)을 끊고(截), 서북으로 달려, 압록강 및 동가강(佟家江)의 상원(上源)을 돌아서 개원

---

349 『신증 동국여지승람』 권41, 황해도, 서흥도호부(瑞興都護府) 산천(山川) 조
350 이런 문장을 일러서 연문(衍文)이라고 한다. 아무 내용 없는 군더더기일 뿐이라는 뜻이다. 낙랑군 수성현을 황해도 수안이라고 주장하면서 자비령이 험한 것을 잔뜩 나열한 것이 무슨 상관이 있다는 말인가?

동북 지역으로 나온다는 사실은『한서』「지리지(漢志)」에 의해서 의심할 바 없다[351](참고로 말하자면, 낙랑군 패수(浿水) 조(條)에 패수(浿水)의 새외(塞外)에서 온다(來)고 말하지 않았고, 요동군 번한(番汗) 조(條)에 패수(沛水)는 새외에서 나온다고 되어 있고, 그리고 현도군(玄菟郡) 고구려 조(條)에, "남소수는 서북으로 새외를 지난다(南蘇水西北經塞外)[352]"라고 있는 것이 장성(長城)의 위치임을 개견(槪見)할 만하다) 종래(從來) 이렇게 명백한 사실을 애매모호함 속에 묻어두었다는 사실이 오히려 이상하게 여길 만하다.

지금 그 원인을 깊이 생각(覃思)하니, '평양 즉 왕험성' 설은, 근본적인 의혹을 발생하게 하는 것(釀生)인데, 이 설(說)은『괄지지(括地志)』에서 비롯되었다.『괄지지』에는 이르기를,

---

351 이나바 이와기치는 진 장성의 동쪽 끝이 황해도 수안이라고 주장하면서『한서』「지리지」에 의해 의심할 것이 없다'고 썼다. 필자는 이미『한서』「지리지」 낙랑군 조를 앞에서 전재했다. 이나바가 주장한 어떤 내용이『한서』「지리지」에 나오는가? 단 한 자도 비슷한 글자가 없다. '~한서』「지리지」에는 전혀 근거가 없다'라고 쓰면 맞는 말이다. 이런 주장이 현재까지 한국 주류 식민사학계의 정설이니 부끄러울 따름이고 선조들 얼굴 볼 면목이 없을 따름이다.

352 식민사학의 근거를 파혜치려면 이들이 근거라고 제시한 1차 사료를 직접 검토해야 한다.『한서』「지리지」'현도군'조를 보자. 「현도군, 무제 원봉 4년(서기전 107)에 설치되었다.고구려를 왕망은 하구려(下句驪)라고 불렀는데, 유주(幽州)에 속해 있다(응소가 말하기를 옛 진번인데, 조선 호국(胡國:이민족 국가)라고 했다) 호수는 4만5천6호이고, 인구는 22만1천845명이다. 현은 셋이 있다. 고구려현-요산(遼山)에서 요수(遼水)가 나와서 서남(西南)쪽으로 요대(遼隊)에 이르러 대요수(大遼水)로 들어간다. 또 남소수(南蘇水)가 있는데 서북쪽으로 새외(塞外)를 지난다(응소는 옛 구려호(句驪胡:구려 이민족)이라고 했다) 상은태(上殷台)현-왕망은 하은(下殷)이라고 했다. 서개마(西蓋馬)현-마자수(馬訾水)가 서북쪽으로 염난수(鹽難水)로 들어가서 서남쪽으로 서안평(西安平)에 이르렀다가 바다로 들어가는데, 2개 군을 지나면서 2천1백리를 간다. 왕망은 현도정(玄菟亭)이라고 했다 (『한서』「지리지」'현도군'조) 「玄菟郡,武帝元封四年開, 高句驪,莽曰下句驪, 屬幽州(應劭曰:故眞番,朝鮮胡國」) 戶四萬五千六,口二十二萬一千八百四十五. 縣三.高句驪,遼山,遼水所出,西南至遼隊入大遼水. 又有南蘇水,西北經塞外(應劭曰:故句驪胡」) 上殷台,莽曰下殷. 西蓋馬, 馬訾水西北入鹽難水,西南至西安平入海,過郡二,行二千一百里.莽曰玄菟亭(『漢書』「地理志」'玄菟郡') 이나바 이와기치는 고구려 조에서 "요산에서 요수(遼水)가 나와서 서남쪽으로 요대에 이르러 대요수(大遼水)로 들어간다"는 앞 구절은 못본 체했다. 요수는 만주에 있는 것이 확실하기 때문이다. 그리고는 어딘지 알 수 없는 남소수(南蘇水)를 끌어들여 장성의 동쪽 끝이 수안임을 말해주는 문장인 것처럼 호도한 것이다. 이쯤되면 사기라고 말할 수밖에 없다.

"고구려의 도읍 평양성은 본래 한나라 낙랑군 왕험성이다. 옛날에는 조선 땅이었다고 일렀다(高麗都平襄(一作壤)城, 本漢樂浪郡王險城, 古云朝鮮地也)"

라고 했는데, 이 설이 나오고부터, 『통전(通典)』은, "그 왕이 거주한 평양성은 즉 한나라 낙랑군 왕험성인데 또한 장안성이라고 말했다(其王所居平壤城卽漢樂浪郡王險城亦曰長安城)"라고 했고, 『후한서(後漢書)』 「동이전(東夷傳)」 주석(註釋)에는 "평양 즉 왕험성이다(平壤卽王險城也)"라고 했고, 『당서(唐書)』 [353] 「동이전」에 이르러서는,

"고려는 본래 부여의 별종이다. 그 땅은 동쪽으로는 바다를 건너서 신라에 이르고, 남쪽으로는 바다를 지나서 백제에 이른다. 서북으로는 요수(遼水)를 건너 영주(營州)와 접하고, 북은 말갈과 접한다. 그 임금은 평양성에 거주하는데, 역시 장안성이라고 이르고, 한나라 때 낙랑군이다. 거리는 경사(京師: 서안)에서 5천리 밖에 있다. 산의 굴곡를 따라서 외성을 쌓았는데, 남쪽은 패수와 접해있다(이하 생략)

　"高麗, 本扶餘別種也, 地東跨海距新羅, 南亦跨海距百濟, 西北度遼
　　水與營州接, 北靺鞨, 其君居平壤城, 亦謂長安城, 漢樂浪郡也, 去京
　　師五千里而贏, 隨山屈繚爲郭, 南涯浿水, (下略)"

라고 명기(明記)해서 지금의 평양성이 곧 한나라 때의 낙랑군이라고 확언했다. 왕험성의 위치는 이렇게 오해되어왔다. 생각건대, 낙랑군은 한무제 원봉(元封) 3년에 개치(開置)되었다는 사실이 『한서』 지리지에 실려있다. 그 다스리는 치(治)를 조선현(朝鮮縣)이라고 했다. 『사기』 조선열전에는 이렇게 되어있다.

---

353 이는 『신당서(新唐書)』 「고구려 열전」의 내용이다. 『구당서』는 이와 조금 다르다 보통 『당서』라고 하면 『구당서』를 뜻한다.

이때는 효혜(孝惠: 서기전 195~188) 고후(高后: 188~180)의 시대로서 천하가 처음으로 안정되었다. 요동태수는 곧 위만(衛滿)을 외신(外臣)으로 삼겠다고 약속해서, 새외(塞外)의 만이(蠻夷)들이 변경을 노략질하지 못하게 하면서, 여러 만이의 군장들이 입조해서 천자를 뵈려하는 것을 금지하지 못하게 했다.[354] 천자도 이를 듣고 허락했다. 이로써 위만은 병사의 위세와 재물을 얻게 되어 그 주변의 소읍(小邑)들을 침략하여 항복시키니, 진번(眞番)과 임둔(臨屯)도 모두 와서 복속해서 사방 수천 리가 되었다.

아들을 거쳐 손자 우거(右渠) 때에 이르러서 한나라의 망명자들을 유인한 것이 자못 많았고, 또 입조해서 천자를 뵙지 않았고, 진번(眞番) 주변의 중국(衆國: 여러 나라)들이 글을 올려 천자를 뵙고자 해도 모두 막고 통하지 못하게 했다.

원봉 2년(서기전 109) 한나라 사신 섭하가 우거를 설득했지만 마침내 천자의 조서를 받으려고 하지 않았다. 섭하는 돌아가면서 국경인 패수에 이르러서 마부를 시켜서 전송하러 나온 고조선의 비왕(裨王) 장(長)을 찔러죽이고 즉시 패수를 건너서 요새로 달려들어갔다. 마침내 천자에게 '조선의 장수를 죽였다'고 보고했는데, 상(上: 한 무제)이 그 이름을 아름답게 여겨서 꾸짖지 않고 섭하를 요동동부도위(遼東東部都尉)로 삼았다.(『사기』「조선열전」)

> 會孝惠高后時, 天下初定, 遼東太守, 即約滿爲外臣, 保塞外蠻夷, 無
> 使盜邊, 諸蠻夷君長, 欲入見天子, 勿得禁止, 以聞, 上許之, 以故滿
> 得兵威財物, 侵降其旁小邑, 眞番臨屯皆來服屬, 方數千里, 傳子, 至
> 孫右渠, 所誘漢亡人滋多, 又未嘗入見, 眞番旁衆國, 欲上書見天子,

---

354 식민사학의 주장대로 고조선이 평안남도에 있었다면 만주의 여러 나라들이 장안으로 가는 것을 어떻게 막았겠는가? 첫 단추부터 잘못 꿰어진 것이다.

又擁閼不通, 元封二年, 漢使涉何誘諭右渠, 終不肯奉詔, 何去至界
上, 臨浿水, 使御刺殺送何者朝鮮裨王長, 卽渡, 馳入塞, 遂歸報天
子曰, 殺朝鮮將, 上爲其名美, 卽不詰, 拜何爲遼東東部都尉(『史記』「
朝鮮列傳」)

'한(漢)과 조선'은『위략(魏略)』의 설과 마찬가지로, 패수(浿水)를 경계로
여기고, 원봉(元封) 2년(서기전 109), 한나라 사신 섭하(涉何)가 조선을 떠날
때, 전송해서 경계상(境界上)의 패수에 임(臨)했다고 되어 있다. 섭하가 이미
조선의 비왕(裨王)을 찔러 죽였다. 즉 '도(渡: 건너다)했다'고 되어 있는 것은 패
수를 가리킨다. 도(渡)한 뒤에 요새(塞)에 들어갔다. 그렇다면 한(漢)의 요새(鄣
塞)는, 지금의 대동강의 북안(北岸), 평양 방면에 좇아서(沿) 축조되기 시작(起
築)했다는 것으로서, '왕험 즉 평양성'이라는 이치의 근거(理據)는 하나도 발견
할 수 없을 것이다. 조선 강역(疆域)이, 춘추시대에 있어서는 서쪽으로 요동
(遼東)을 겸병(倂)했던 것은 분명하지만, 연(燕)이 발전함에 따라, 점점 그 변수
(邊陲: 변경)를 상실하고, 진(秦)나라가 땅을 개척(開拓)하는 날에는, 만번한(滿
潘汗)을 가지고 경계로 삼은 사실은 이전의 설(前說)대로인데, 조선후(朝鮮侯)
는 이때 이미 패수 이남 지역으로 물러나고, 물이 험한 것(水險)을 이용해서
서수(西陲: 서쪽 변경)를 지켰다고 생각된다. 진이 망하고 한(漢)이 일어났다.
한은 진나라 변경 요새(秦塞)가 멀어서 지키기 어렵기 때문에, 또한 물러나 대
동강 북안(北岸)에 이르렀다.

진(秦)나라의 옛 빈 땅인 상하장(上下鄣)은 그래서 일단 조선이 회복하게
되었지만 위만(衛滿)이 망명했을 때 조선은 다시 이것을 공탈(攻奪)당했다.『사
기』「조선열전」에 이르기를, "위만이 망명할 때 그 무리 1천여 명을 모아서 북

상투를 틀고 만이(蠻夷) 복장을 입고, 동쪽으로 달아나서 요새를 나와서 패수를 건너 진나라의 옛 빈땅인 상하장에 살았다. 점차 진번, 조선의 만이(蠻夷) 및 옛 연(燕)·제(齊)나라의 망명자들을 복속시켜 왕이 되었는데, 왕험에 도읍했다(滿亡命聚黨千餘人, 魋結蠻夷服, 而東走出塞, 渡浿水居秦故空地上下鄣, 稍役屬眞番朝鮮蠻夷, 及故燕齊亡命者, 王之, 都王險)"고 했으니, 왕험성이 대동강 남쪽 지역에 있었다는 사실은 조금도 착오(差謬)가 없다.

왕험성이 조선의 치소(治所)였다는 것에 사한(史漢: 『사기』『한서』)이 모두 동일하다면 의심을 품을 만하지 않은데, 나(吾人)는 한 무제가 처음 설치한 낙랑군이 조선현(朝鮮縣)에 치소를 두었음을 안다. 그래서 조선현의, (위만이 왕험성에 치소를 두었음을 앎으로써), 낙랑군의 치소(治所)가 왕험성이라는 것 또한 차오(差謬: 착오, 오류)가 없다. 신찬(臣瓚)이 이르기를, "왕험성은 낙랑군에 있는데, 패수의 동쪽이다(險城在樂浪郡, 浿水之東也)"라고 했으니, 왕험성을 패수의 동쪽(浿水之東)으로 여겼다는 것으로서 신찬의 설(說)이 옳다. 다만 『후한서』·「요동속국(遼東屬國)」의 아래 험독(險瀆)의 주석(注)에, "응소가 말하기를 조선왕 위만의 도읍이다. 물이 험한 데에 의지했으므로 험독이라고 했다(應劭曰, 朝鮮王滿所都也, 依水險故曰險瀆)"라고 되어 있는 설(說)에 서로 끌어다 합쳐서(牽合)하여, 험독(險瀆)에 비겨서(擬) 왕험성을 가지고 그렇게 한 차오는 마침내 후세 『괄지지(括地志)』의 차오(差謬)를 불어온 원인으로 꼽지 않을 수 없다. 『괄지지(括地志)』에서 평양이 왕험성이라는 설을 냄에 따라서 『통전』『후한서』의 주석과 또 『당서』 등에 저런 착오를 낳은 것인데, 패수의 비정(比定)은 그래서 심한 분규(紛糾)를 초래했다.

정약용(丁鏞)의 「패수변(浿水辨(『한강역(韓疆域 卷八)』)」[355]은 『괄지지(括地志)』 때문에 어긋난 총설(叢說)이고, 정밀하고도 박학한 것으로 알려진 고

---

[355] 이는 정약용의 『여유당전서(與猶堂全書)』 제6집 『지리집』 권3 『강역고(疆域考)』의 「패수변(浿水辯)」을 뜻하는 것이다. 정약용의 저서에 『한강역(韓疆域)』이란 편명은 없다.

(故) 나카 박사(那珂博士)[356]라 하더라도, 이것과 동일한 경로(徑路)를 이탈하지 못했다. 그 설은 대개 네 가지이다. 첫 번째는 『사기』의 패수, 즉 압록강을 가리키는 것으로, 사마천의 차오(差謬)에 다름 아니라는 생각이다.

설(說)[357]에 이르기를 "연나라와 (고)조선은 패수를 경계로 획정했으니, 만약 대동강이라면 이는 대동강이 패수에 해당하는데 어찌 다시 조선에서 회복할 수가 있었겠는가? 왕험성은 평양이다. 위만이 이미 대동강을 건너서 저절로 평양을 다시 도읍으로 삼았다면, 패수는 압록강이 된다. 이미 명백하지 아니한가?(燕與朝鮮劃浿爲界, 若以大同江, 當此浿水, 豈復有朝鮮乎, 王險者平壤也, 滿旣渡大同, 自不得復都平壤, 浿水之爲鴨綠, 不旣明乎)"라고 말했다.[358] 또한 이르기를 "우거의 궁성은 패수의 서쪽에 있는데, 곧바로 패수에 임했다면 섭하가 어찌 패수의 경계에 임해서 갈 수 있었겠는가? 또 패수를 건너서 요새로 달릴 수 있었겠는가? 패수는 압록이다(右渠宮城在浿水之西, 直臨浿水, 涉何安得去至界而臨浿水, 又安得渡浿水而馳入塞乎, 浿水者鴨綠也)"라고 했다. 원봉(元封) 2년(서기전 109년) 가을, 좌장군(左將軍) 순체(荀彘) 등이, 조선을 친 것을 해석해서, "좌장군 순체가 요동에서 나와서 또한 압록강 서쪽에 있었지만 양복은 평양에서 패전해서 산중으로 도망갔다. 다시 바닷가로 나와서 가도(椵島) 앞의 바다를 따라서 서쪽으로 굴륭산(窟窿山: 봉성[鳳城] 남쪽 2백

---

356 메이지 시대의 역사학자 나카 미치요(那珂通世:1851-1908)를 가리킨다. 나카 미치요는 메이지시대의 역사학자로 일본에서는 동양사(東洋史)라는 개념을 처음 만든 인물이라고 평하고 있다. 대표작은 중국통사인 『지나통사(支那通史:1888~1890)』인데 미완이었다.

357 여기에서 말하는 설은 정약용의 『강역고(疆域考)』의 「패수변(浿水辯)」을 뜻하는 것이다.

358 정약용은 패수를 압록강이라고 주장하는 것이다. 이는 그 다음 문장에서 "지금 사람이 혹 이 문장을 가지고 류하(대요수)를 들어서 패수로 삼았는데, 그 오류가 크다. 한나라가 일어나서 요동의 옛 요새를 회복했으니 이는 곧 이미 요하를 건넜다는 뜻이다. 이미 요녕(遼寧)을 건넜는데, 다시 요수로써 경계를 삼았겠는가? 요하와 압록강 사이에는 큰 강이 없다. 패주는 압록강이다(又按今人,或執此文,又以巨流河(大遼水),爲浿水,尤大謬也,漢興,復修遼東故塞,則旣度遼矣,旣度遼寧復得 以遼水爲界乎,遼河鴨水之間更無大水,浿水者鴨淥也)라고 주장한데서 명확해진다. 정약용은 성호 이익을 사숙(私淑)했다지만 지리 지식은 이익의 탁견에 크게 못미친다. 이익은 기간의 통설을 뛰어넘는 통찰이 있는 반면 정약용은 기존 학설에 충실한 편이다.

리에 있다) 아래 도착해서 좌장군과 함께 서로 회담했으니, 만약 패수가 대동
강이라면 어찌 이를 해석할 수 있겠는가?(又按左將軍出遼東, 尚在鴨淥江西,
而楊僕敗於平壤,逃自山中, 還出海口, 從椵島前洋, 西至窟窿山下(在鳳城南二百
里)下陸, 與左將軍相會也, 若云浿水是大同, 何以解矣)"라고 말해서, 위만(衛滿)
의 군사는 압록강 서북으로 나왔는데, 한나라 군사는 그것을 격파해서 평양
서북을 포위했다고 해석했다.

정약용의 이 설의 착오는, '왕험성은 평양이다(王險者平壤也)'라고 오신(誤
信)한 데 바탕을 둔다. 이미 평양을 '낙랑군의 치소(治)'라 여기고, 위만의 거주
하던 성(居城)도 이것에 다름 아니라 여긴 이상, 한(漢)과 조선의 경계는, 평양
이서의 지역에서 구하지 않을 수 없는 것이다. 따라서, 한나라 사신 섭하(涉
何)가 건넌 것도, 가리켜 압록수(鴨綠水)라 여기고, 누선장군(樓船將軍)이 패
한 것도, 평양에 있었다고 추측하기에 이르렀다.

가령 정약용(丁鏞)의 설을 따라서 '평양 즉 왕험성'이라 여기고, 그리고 그
것을 진(秦)의 강역에서 구하면 위만이 거주한 곳은 진(秦)의 상하장(上下鄣)
이고, 대동강 서안(西岸)은 장성(長城)이 일어난(起) 곳이 되는 것이 아닐까.
"의주(義州) 창성(昌城)의 지(地), 압수(鴨水)의 경계일까? 그렇지 않다면 압수
의 서(西), 지금의 수책(樹柵) 동두(東頭)의 땅에서 일어났다"라는 정약용의 설
은 오히려 모순의 경향이 없지 않다.[359]

---

359 이나바 이와기치의 이 구절은 정약용의 『여유당전서(與猶堂全書)』 제6집 『지리집』 권3 『강역고(疆域
考)』의 「낙랑고(樂浪考)」를 뜻하는 것이다. 해석문과 원문은 다음과 같다. 『사기』의 「태강지리지」에서,
'낙랑 수성현에는 갈석산이 있고, (만리)장성이 시작된다'라고 말했다. 『통전』에서는 '갈석산은 한 낙랑
군 수성현에 있다. (만리)장성이 이 산에서 시작된다. 지금 험한 장성은 동쪽으로 요수에서 끊겨 고구
려로 들어가는데, 그 남은 자리가 아직도 있다.(상서에서 말한 것을 생각해보면, 오른쪽으로 갈석을 끼
고 하(河)의 오른쪽으로 들어간다고 했으니, 갈석은 즉 하(河)에 다다른 바닷가인데, 지금 북평군 남쪽
20여리인즉, 고구려 중의 왼쪽이 갈석이다. 내(정약용)가 생각하기에 통전의 설과 같다면 수성은 곧 지
금의 의주, 창성의 땅으로서 압록강의 경계이다. 만약 그렇지 않다면 혹 압록강 서쪽이니 지금 수책(樹
柵:목책)의 동두(東頭:동쪽 끝)의 땅이다. 낙랑군을 설치한 처음에는 대개 중국에서 관리를 보냈지만
그 후에는 혹 추장이 우두머리가 되었다. "太康地理志云, 樂浪遂城縣, 有碣石山, 長城所起, 通典云, 碣

두 번째는 지금의 대동강은 패수(浿水)라는 것이 『한서(漢書)』「지리지(漢志)」에 이르러 바로잡혔다.[360] 반고(班固)는 『한서』「조선전(朝鮮傳)」을 편찬했을 때 순전히 『사기』의 문장에 의거했지만 「지리지」를 찬할 때는 『사기』의 오류를 바로잡았으니 정약용의 설(說) 또한 궁색(窮)하다고 이를 만하다. 반고가 태사공의 오류를 알았다면 어찌 유독 지리지를 찬함에 그치고, 「조선전(朝鮮傳)」에 미치지 않았을 이치가 있겠는가.[361]

세 번째 네 번째는, 요동(遼東) 개주(蓋州)의 니하(泥河)와 조선 평산(平山)의 저탄수(猪灘水)에 패(浿)라는 이름이 있다는 설이 있지만 지금 수록하기

石山在漢樂浪郡遂城縣, 長城起於此山, 今驗長城, 東截遼水而入高麗, 遺址猶存. (按尚書云, 夾右碣石入於河右, 碣石卽河赴海處. 在今北平郡南二十餘里, 則高麗中爲左碣石. 鏞案若如通典之說, 則遂城, 當在今義州昌城之地, 鴨水之界. 不然, 或在鴨水之西, 今樹柵東頭之地也. 樂浪置郡之初, 皆自中國遣戍, 其後或以土酋爲長" 정약용은 이글에서 낙랑군 수성현을 의주, 창성의 압록강 경계든지, 아니면 압록강 건너 서쪽 만주의 목책의 동쪽 끝으로 보았다. 즉 정약용도 낙랑군 수성현을 만주 서쪽에 있을 수도 있다고 보았던 것이다. 정약용은 낙랑군 수성현을 의주 창성인든지 아니면 압록강 건너 만주 서쪽이라고 본 것인데, 이나바 이와기치는 아무런 반증 자료의 제시 없이 그냥 모순이라고 비판한 것이다.」

360 이나바는 『한서』「지리지」에 의해 패수(浿水)를 대동강으로 바로 잡았다고 했지만 『한서』「지리지」'낙랑군' 패수현(浿水縣)에 대한 설명에서 "강이 서쪽 증지에 이르러 바다로 들어간다. 왕망은 낙선정이라고 불렀다(水西至增地入海, 莽曰樂鮮亭)"라고 말했을 뿐이다. 班《志》, 浿水出遼東塞外, 西南至樂浪縣西入海(사기 정의, 자치통감 권21)이것이 어떻게 패수가 대동강이라고 단정 짓는 근거가 되는 지 알 수 없다. 식민사학자들은 근거가 없을수록 단정 지어 말하는 공통 특징을 갖고 있다. 『한서』「지리지」'요동군' 험독현(險瀆縣)의 주석에서 '응소(應劭)'가, '조선왕 위만의 도읍이다. 물이 험한 데 의지했으므로 험독이라고 불렀다(應劭曰,「朝鮮王滿都也, 依水險, 故曰險瀆」라는 말이 나오고, 신찬(臣瓚)이 '왕험성은 낙랑군에 있었는데, 패수 동쪽에 있다, 이로부터 험독이라고 했다(臣瓚曰,「王險城在樂浪郡浿水之東, 此自是險瀆也」)'는 말과 안사고(顏師古)가 '신찬의 설이 옳다(師古曰,「瓚說是也」)'라는 말이 있을 뿐이다. 험독현이 요동군에 속해 있었다는 사실 자체가 한반도와는 상관이 없다는 뜻이라는 점은 의도적으로 외면한 것이다.

361 이나바는 『한서』「조선전」에 반고가 『사기』의 오류를 바로 잡은 것처럼 묘사했다. 『한서』「조선전」에는 한과 고조선이 패수를 경계로 삼았다는 말이 나올 뿐이다. 다만 안사고가 '패수는 낙랑현에 있다(師古曰,「浿水 在樂浪縣」고 주석했을 뿐이다. 또한 한나라 사신 섭하가 패수에 임해서 마부를 시켜 조선의 비왕 장을 찔러 죽였다는 말이 나올 뿐이다. 그 주석에 안사고가 말하기를, '장은 비왕의 이름이다. 섭하를 전송하러 패수에 갔다가 섭하에 의해서 찔려 죽었다(師古曰,「長者, 裨王名也. 送何至 浿水, 何因刺殺之」)'고 주석했을 뿐이다. 식민사학자들의 글을 보면 이처럼 정치적 목적을 위해서 결론을 내려놓고 억지로 꿰어 맞추는 것이 습성일 뿐이니 학자로서 가련하다는 생각이 든다.

에는 부족하다.[362] 근시(近時) 양성오(楊星吾: 수경[守敬])[363]의 『수경주소요산(水經注疏要刪)』[364]은 패수조(浿水條)에서, 역도원 주석(酈注)의 차오(差謬)를 지적하고, 『사기』·『한서(史漢)』 모두 패수(浿水)는 지금의 대동강을 말함을 상세히 설명(詳說)하고 아울러 왕험성의 위치를 논급한 것이 있어, 제출하여 아직 못 본 인사들(未見之士)에게 보이려 한다. 그 문(文)에 이렇게 일렀다.

「력도원은 『수경주』에서, "만약 패수가 동쪽으로 흐른다면, 건넜을 이유가 없었을 것이다. 그 땅은 지금 고구려가 다스리는 지역인데, 내가 번사(蕃使: 고구려 사신)을 방문하니 성은 패수의 북쪽에 있다고 말했다(注若浿水東流, 無渡浿之理, 其地今高句麗之國治, 余訪蕃使,言城在浿水之陽)

---

362 아무 내용이 없거나 전혀 반대의 내용을 이름만 엉뚱하게 적어 놓고 마치 자신의 주장을 입증하는 내용인 것처럼 바람 잡는 것도 식민사학자들의 수법 중 하나이다. 『요사(遼史)』 「지리지」 '동경요양부(東京遼陽府)'조에 '패수가 있는데 또한 니하라고도 한다. 또 한우락이라고도 하는데, 물에 한우(葕芋:토란)이 많기 때문이다(浿水, 亦曰泥河, 又曰葕芋濼, 水多葕芋之草)'라는 말이 있다. 동경요양부 역시 만주 서쪽이다.

363 양수경(楊守敬:1839~1915)은 청나라 말기의 역사 지리학자이자 금석문자학자로 자는 성오(惺吾)이고 호는 린소(鄰蘇)인데, 호북(湖北) 선도(宜都)사람이다. 이나바 이와기치가 양수경을 높이 평가한 후로 이병도를 비롯한 한국인 제자들도 높이 평가하고 있다. 그는 1904년 제자 웅회정(熊會貞)과 함께 『수경주(水經注)』에 주석을 단 『수경주소(水經注疏)』를 편찬했다. 그는 '패수가 동쪽으로 흘러 바다로 들어간다'는 『수경(水經)』의 내용을 잘못이라고 주장했는데, 이런 내용들이 이나바와 이병도 등의 생각과 부합하기 때문에 높이 평가한 것이다.

364 『수경(水經)』의 패수에 대한 경문(經文:원문)은, '패수는 낙랑 루방현에서 나와서, 동남으로 임패현을 지나서, 동쪽으로 바다로 들어간다(浿水出樂浪鏤方縣, 東南過臨浿縣, 東入于海)'는 것이다. 여기에 북위(北魏)의 지리학자인 력도원(酈道元:466 혹 472~527)이 주석을 단 것이다. 력도원은 패수가 '동쪽으로 바다로 들어간다'는 구절에 의문을 품고 주석을 단 것이 두고두고 문제가 되었다. 注수경주소요산(水經注浿水出樂浪鏤方縣, 東南過臨浿縣, 東入于海許愼云:浿水出鏤方, 東入海.一曰出浿水縣《十三州志》曰:浿水縣在樂浪東北, 鏤方縣在郡東.蓋出其縣南徑鏤方也.昔燕人衛滿自浿水西至朝鮮,朝鮮, 故箕子國也.箕子教民以義, 田織信厚, 約以八法, 而下知禁, 遂成禮俗戰國時, 滿乃王之, 都王險城, 地方數千里, 至其孫右渠漢武帝元封二年, 遣樓船將軍楊樸,左將軍荀彘討右渠, 破燕于浿水, 遂滅之.若浿水東流, 無渡浿之理, 其地今高句麗之國治, 余訪蕃使, 言城在浿水之陽.其水西流徑故樂浪朝鮮縣, 卽樂浪郡治漢武帝置而西北流,故《地理志》曰:浿水西至增地縣入海.又漢興, 以朝鮮爲遠, 循遼東故塞至浿水爲界.考之今古, 于事差謬, 蓋《經》誤證也.

조씨는 응소의 설을 인용해서 험독이 조선왕의 도읍이라고 말했는데, 내가 생각하기에 험독이 요동에 있었다면 어찌 이 땅을 얻을 수 있었겠는가? 응소가 진실로 틀린 것이다. 신찬은 패수가 낙랑에 있음을 알면서도 험독을 억지로 끌어들였으니 이 역시 그른 것이다.[365]

趙氏引應劭說, 以險瀆爲朝鮮王都, 按險瀆屬遼東, 安得在此, 應劭

固非, 臣鑽知浿水在樂浪, 而又牽合險瀆亦非也.

『괄지지』는 평양성이 왕험성인즉 고조선이라고 했고, 『후한서』 주석에 왕험성이 곧 평양이라고 한 이래 전거(典據)를 가지고 말하는 자가 없었다. 대저 모두 이 주석과 고구려 사신이 성이 패수의 북쪽에 있다고 말한 설을 따랐을 뿐이다. 내가 『한서』 「조선전」을 읽어보니, 왕험성은 패수의 남쪽에 있었음을 알 수 있었으니, 평양성은 왕험성이 아닌 것이다.

括地志, 平壤城卽王險城, 古朝鮮也, 後漢書注, 王險城卽平壤, 以

後則無不以爲典據者, 大抵皆本此注蕃使言城在浿水之陽爲說, 余

讀史漢朝鮮傳, 而知王險在浿水之南, 平壤城非王險城也.

그 증거는 넷이 있다. 패수는 지금의 대동강으로서 평양성은 대동강의 북쪽에 있다. 그런데 『사기』·『한서』는 위만이 패수를 건너서 왕험성을 도읍으로 삼았다고 했으니 그 증거가 하나이다.[366]

其證有四. 浿水今大同江也, 平壤城在大同江之北, 而史漢並言滿渡

浿水都王險, 證一也.

---

365 양수경(楊守敬)은 고조선이 한반도 내에 있다는 확고한 전제 아래에서 하위 논리를 전개하고 있음을 알 수 있다. 고조선의 수도가 한반도 내라는 전제 아래서 험독이 요동에 있으면 어떻게 조선왕이 이 땅을 차지할 수 있겠느냐고 묻고 있는 것이다.

366 이천여년 전의 위치 비정을 하면서 지금의 대동강을 기준으로 삼고 있으니 양수경(楊守敬)의 고증 방법은 역사지리 비정의 기본에서 어긋난다. 양수경은 지금의 평양성은 대동강 북쪽에 있는데 위만은 패수를 건너서 왕험성을 도읍으로 삼았다고 했으니 왕험성은 패수의 남쪽에 있는 것으로서, 왕험성은 평양성이 아니라는 것이다.

누선장군 양복을 보내서 제나라 바다를 따라 떠서 열구(소림은 바다를 건너면 먼저 닿는 현이기에 열구현이란 이름을 얻었다고 말했다)에 닿았고, 좌장군 순체는 요동으로부터 왔다. 이는 한나라가 누선장군은 해로로 그 남쪽을 공격하게 하고, 좌장군은 육로로 그 북쪽을 공격하게 한 것이다. 누선장군이 먼저 왕험성에 도착했다가 군사가 패해서 산중으로 숨었는데 나아가고 물러남이 모두 패수를 건너지 않았다. 좌장군은 조선의 패수 서군을 공격했는데, 이는 순체가 조선군과 싸운 것인데, 오히려 패수의 서쪽이라고 했으니 왕험성에 닿지 못했던 것이다. 이것이 증거의 둘이다.[367]

> 遣樓船將軍楊僕 從齊浮海至列口(蘇林曰縣度海先得名之)左將軍荀
>
> 彘由遼東, 是漢以樓船, 由水道攻其南, 左將軍由陸路攻其北, 樓船
>
> 先至王險, 軍敗遁山中, 進退皆不言渡浿水, 左將軍擊朝鮮浿水西軍,
>
> 是荀彘與朝鮮戰, 尚在浿水之西, 未能至王險城證二也.

우거가 항복하기를 원해서 태자를 보내서 사죄하려고 했는데, 막 패수를 건너려 하다가 패자는 좌장군이 자신을 속여서 죽이려는 것으로 의심해서 패수를 건너지 않고 다시 돌아서 복귀했다. 이것이 증거의 셋이다.[368]

> 右渠願降遣太子入謝, 方渡浿水, 太子疑左將軍詐殺之, 遂不渡浿水,
>
> 復引歸, 證三也.

무제가 조선을 멸망시키고 사군을 설정했는데, 낙랑군의 치소의 이름을 조선이라고 했으니, 왕험 고성에서 유래했음을 알 수 있다. 조선 멸망 이후부

---

367 양수경의 논리는 이렇다. 누선장군 양복은 바다를 건너 먼저 열구에 닿아서 왕험성을 공격했는데 나갈 때나 퇴각할 때 패수를 건너지 않았다는 것이다. 왕험성이 평양성이라면 열구(서해 입구)에서 그 북쪽의 평양성을 공격하려면 패수(대동강)를 건너야 하는데, 그렇지 않았다는 것이다. 좌장군 순체는 육로로 왕험성 북쪽을 공격했는데 패수 서군과 싸웠을 뿐이고 왕험성에 닿지 못했다는 것이다. 왕험성이 평양성이라면 직접 왕험성을 공격했어야 하는데, 패수 서군과 싸웠으니 왕험성은 패수 남쪽에 있어야 한다는 논리다. 결론을 내려놓고 하위논리를 꿰어 맞춘 것이다.

368 왕험성이 지금의 평양성이라면 패수는 평양성 남쪽에 있어야 한다. 태자가 패수를 건너려다 건너지 않고 복귀했으니 패수는 평양성의 북쪽에 있어야 한다는 논리다.

터 고려가 일어나기 시작해서 환도성(환도성은 압록강 동북에 있다)을 도읍으로 삼았는데, 삼국 때 위나라 관구검에게 무너져서 고구려 동천왕이 남옥저로 달아났다. 위나라 군사가 퇴각한 후 평양(『조선사략(朝鮮史略)』을 보라)으로 도읍을 옮겼는데, 그때 낙랑·대방은 모두 위나라에 속해 있던 군(郡)이었다. 고구려가 패해서 빼앗긴 것을 용납할 수 없어서 그 낙랑군의 군치를 빼앗았다. 이것이 증거의 넷이다.[369]

> 武帝滅朝鮮, 定爲四郡, 以樂浪郡治仍名朝鮮, 其因王險古城可知,
> 自朝鮮滅後, 高麗始興, 都丸都城(丸都在鴨綠江東北)至三國時, 魏
> 毌邱儉所破, 王奔南沃沮, 魏兵退時移都平壤(見朝鮮史略)其時樂浪
> 帶方皆爲魏屬郡, 不容高麗以喪敗之餘, 奪其樂浪郡治, 證四也.

이는 평양성이 왕험성이 아님을 살펴본 것이다. 고서의 연원은 심오하고, 성의 강은 흘러서 이동한다. 비록 고구려 사신의 본토의 상황을 말한 것이라도 또한 그 상세한 것을 얻을 수는 없다(『요산(要删)』14권을 보라)[370]

> 是平壤城非王險城審矣. 古書淵奧, 城池流移, 雖蕃使自言本土, 亦
> 不得其詳也(要删卷十四)」

---

369 이는 고구려의 평양성이 대동강 북쪽의 평양뿐만 아니라 여러 곳에 존재했다는 것 자체를 모르고 기술한 것일뿐이다. 양수경이 왕험성이 지금의 평양성이 아니라고 든 증거의 넷은 모두 근거가 없다. 다만 이나바 이와기치나 양수경이나 모두 패수가 지금의 대동강이라는 전제 아래에서 왕험성이 대동강의 북쪽에 있었는지, 남쪽에 있었는지를 따지는 중이라는 점이다. 패수는 지금의 대동강이 아니고 따라서 왕험성은 현 대동강의 북쪽에도, 남쪽에도 있지 않았다. 이들은 비유하자면 서라벌의 위치를 논하면서 금강의 북쪽이었는지, 남쪽이었는지를 따지는 셈이다. 이런 논리가 아직도 주류 식민사학계의 주류 이론이라는 사실이 부끄러울 뿐이다.

370 북위의 력도원은 '패수가 동쪽으로 흘러 바다로 들어간다'는 『수경』의 내용에 의문을 품고 고구려 사신을 만나 물었더니 고구려 사신이 평양성은 대동강의 북쪽에 있다고 답했다. 그래서 이를 『수경주』에 실어서 패수는 서쪽으로 흐른다고 말한 것인데, 이들은 패수가 서쪽으로 흐르는 것은 맞지만 대동강 북쪽에 있는 평양성이 옛 왕험성이라고 본 것은 틀렸다는 것이다. 대동강 남쪽에 있어야 한다는 것이다.

양성오(楊星吾: 양수경)의 해석은 『괄지지(括地志)』 이래 천여 년에 이르는 차오(差謬)를 바로잡아 왕험성이 평양성이 아님을 깨뜨려 말한(道破) 것 그 공은 탁월하고 위대(卓偉)하다 할 만하다. 패수(浿水)는 그래서 지금의 대동강이라는 것, 『사기』·『한서(史漢)』 모두 설(說)을 하나로 한다는 사실이 명확하고, 압록수(鴨綠水)가 마자수(馬訾水)라는 것도, 또한 예부터 깨달은(諭)[371]한 바가 없었다. 진(秦) 장성(長城)의 동단(東端: 동쪽 끝) 및 동부(東部)의 위치도 크게 천명(闡明)되기에 이를 만했다. 오인(吾人)은 여기에 있어서 마쓰이(松井) 문학사(文學士)의 "한대(漢代)에 있어서는 진 장성의 동단은 요동이라 여겼었는데 진대(晉代)부터, 이것을 지금의 조선 서북부 변경까지 도달한 것이라고 여겼다"는 해설은 『사기』·『한서(史漢)』의 「조선열전」을 고려하지 않은 것이고, 전연(全燕: 연나라 전성기)의 영역 및 진(秦)의 요동군의 변경 경계(邊界)를 거꾸로 잃어버린(遺却) 경향이 있음을 재언(再言)하고자 한다.

왕험(王險)은 이미 평양이 아니다. 그것을 대동강 남쪽에서 구하려 하는 것이야말로 지당(至當)하지만, 오인(吾人)은 지금, 이것을 가지고, 수안(遂安) 서북쪽, 대동강 동남쪽 지역에 비정(比定)하는 것을 얻은 외에, 조선현 즉 낙랑군의 치성(治城) 왕험(王險)은 명백히 그것이라 비정하기 어렵다. 다만 지난 섣달(昨臘) 중 세키노(關野貞)[372] 공학박사 등이 발견한 대동강면(大同江面: 대동강 남쪽〔大同江南〕)의 유분(遺墳)에서는 수개(數個)의 한나라 거울(漢鏡), 칼(刀), 창(矛), 한나라 동전(漢錢) 등이 출토되었는데, 유분(遺墳)의 고전(古磚: 옛 벽돌)의 문양 등이 전혀 한나라와 위나라 사이(漢魏之際)를 벗어나지 않는

---

371 원문은 '愉'지만 즐겁다, 구차하다는 의미의 '愉'로는 문맥이 맞지 않기 때문에 '諭'로 바꾸었다.

372 세키노 타다시(關野貞:1868~1935)는 도쿄대 공학부 건축학과(造家學科)를 졸업하고, 도쿄대 교수를 역임했다. 건축사가(建築史家)인데, 1910년 조선총독부의 위촉을 받아 한반도 내 중국계 유물·유적들을 조사해서 한사군이 한반도 내에 있었다고 주장했다. 다만 그는 보고서에서 이 모든 유물들을 모두 '우연히' 발견했다고 서술해서 의문을 남겼다.

다면 어쩐지 오인(吾人)으로 하여금 낙랑 치소(治所)의 유허(遺墟)에 닿을 때가 멀지 않았다고 생각하게 하는 것이 없지 않다.

「조선열전」은 생각해보면, '좌장군이 패수상군을 격파하고 먼저 성 아래에 도달해서 그 서북을 포위했다(在將軍破浿水上軍, 及前至城下, 圍其西北)고 해서 순체(荀彘)의 군사는 아직 (황해도) 봉산(鳳山), 서흥(瑞興), 및 수안(遂安)에 이르지 못했는데 즉시 왕험성을 포위하였다. 이 일사(一事)는 더욱 오인(吾人)이 유의할 가치가 있다.

동박사(同博士: 세키노)의 설(說)에 따르면 이러한 종류의 고분들이 대동강 남쪽에 걸쳐 무수히 존재한다고 파악되었다. 과연 이 사이를 잘 편력하면 왕험의 옛 터가 반드시 발견될 것이라고 보장하기 어렵겠는가. 우리는 더욱 동박사의 보고를 고대하여 세론해야만 한다.

────────────

『사기』「조선열전」은 위만에 대한 설명으로 시작해서 패수에 대해 이렇게 설명한다. 원문을 비교하기 위해 원문부터 싣는다.

"漢興爲其遠難守復修遼東故塞至浿水爲界屬燕. 燕王盧綰反入匈奴滿亡命聚黨千餘人魋結蠻夷服而東走出塞渡浿水居秦故空地上下鄣稍役屬眞番朝鮮蠻夷及故燕齊亡命者王之都王險(『史記』「朝鮮列傳」)

"한나라가 일어난 후 그곳이 멀고 지키기 어렵다고 해서 다시 요동의 옛 요새(故塞)를 수복하고 패수에 이르는 곳을 경계로 삼아서 연(燕)에 소속시켰다. 연왕 노관이 (한나라를) 배반하고 흉노로 들어가자 위만도 망명했다. 무리 1천여 명을 모아서 북상투에 만이(蠻夷) 복장을 입고 동쪽으로 달아나서 요새(塞)를 나와서 패수를 건너 진(秦)의 옛 빈땅인 상하장(上下鄣)에 살았다.

점차 진번, 조선의 만이(蠻夷) 및 옛 연(燕)·제(齊)나라의 망명자들을 복속시켜 왕이 되었는데, 왕험에 도읍했다. (『사기』「조선열전」)

그럼 『한서』「조선열전」을 윗글과 비교해보자.

"漢興, 爲遠難守, 復修遼東故塞, 至浿水爲界, 屬燕, 燕王盧綰反, 入
匈奴, 滿亡命, 聚黨千餘人, 椎結蠻夷服而東走出塞, 度浿水, 居秦
故空地上下障, 稍役屬眞番, 朝鮮蠻夷及故燕,齊亡在者王之 都王險
(『한서』「조선열전」)"

"한나라가 일어난 후 멀고 지키기 어렵다고 해서 다시 요동의 옛 요새를 수복하고 패수에 이르는 곳을 경계로 삼아서 연(燕)에 소속시켰다. 연왕 노관이 (한나라를) 배반하고 흉노로 들어가자 위만도 망명했다. 무리 1천여 명을 모아서 북상투에 만이(蠻夷) 복장을 입고 동쪽으로 달아나서 요새(塞)를 나와서 패수를 건너 진(秦)의 옛 빈땅인 상하장(上下鄣)에 살았다. 점차 진번, 조선의 만이(蠻夷) 및 옛 연(燕)·제(齊)나라의 망명자들을 복속시켜 왕이 되었는데, 왕험에 도읍했다. (『한서』「조선열전」)

『한서』「조선열전」을 『사기』「조선열전」과 비교하면 '그곳이 멀고 지키기 어렵다(爲其遠難守)'라는 문장이 '멀고 지키기 어렵다(爲遠難守)'로 기(其)자 한 자가 빠졌고, 상투란 뜻의 추결(魋結)을 같은 상투란 뜻의 추결(椎結)로 바꾸었고, '건너다'란 뜻의 도(渡)자가 같은 뜻의 도(度)자로 바뀌었을 뿐이다. 『사기』「조선열전」은 패수에 관한 기술에서 『한서』「조선열전」과 완전히 같다.

『사기』「조선열전」과 『한서』「조선열전」에서 한나라 사신 섭하(涉何)가 조선의 비왕 장을 찔러 죽이고 패수를 건너 도주하는 장면을 비교해 보자.

"漢使涉何譙諭右渠, 終不肯奉詔.何去至界上, 臨浿水, 使御刺殺送

　何者 朝鮮裨王長, 即渡, 馳入塞(『사기』「조선열전」)

　한나라에서 사신 섭하를 보내서 우거를 꾸짖고 타일렀으나 끝내 조서를
즐거이 받아들이지 않았다. 섭하가 돌아가면서 국경인 패수에 이르러 마부를
시켜 전송 나온 조선의 비왕 장을 찔러 죽이고 패수를 건너서 요새로 달려 들
어갔다."

　『한서』「조선열전」은 이 대목에 대해서 무엇이라고 묘사했을까?

　漢使涉何譙諭右渠, 終不肯奉詔.何去至界, 臨浿水, 使馭刺殺送何

　者, 朝鮮裨王長, 即渡水, 馳入塞(『한서』「조선열전」)

　한나라에서 사신 섭하를 보내서 우거를 꾸짖고 타일렀으나 끝내 조서를
즐거이 받아들이지 않았다. 섭하가 돌아가면서 국경인 패수에 이르러 마부를
시켜 전송 나온 조선의 비왕 장을 찔러 죽이고 패수를 건너 요새로 달려 들어
갔다."

　『사기』의 '마부 어(御)'자를 『한서』는 같은 뜻의 '마부 어(馭)'자로 바꾸었을
뿐이다. 나머지 『사기』와 『한서』「조선열전」에 '패수(浿水)'가 나오는 부분을 모
두 찾아보자. 먼저 『사기』「조선열전」이다.

　左將軍擊朝鮮浿水西軍…人衆萬餘持兵, 方渡浿水…遂不渡浿水…

　左將軍破浿水上軍, 乃前, 至城下(『사기』「조선열전」)

"좌장군은 출격하여 조선의 패수 서군을 쳤다…무리 1만 명이 무기를 지니고 막 패수를 건너려 했다…끝내 패수를 건너지 않고…좌장군이 패수 위의 군대를 격파하고, 전진하여 왕험성 아래 이르렀다."

『한서』「조선열전」에서 해당 부분을 살펴보면, "左將軍擊朝鮮浿水西軍…人衆萬餘持兵,方度浿水…遂不度浿水…左將軍破浿水上軍"이라고 써서『사기』「조선열전」과 한 글자도 다르지 않다. 따라서 이나바 이와기치가 "반고가 태사공의 오류를 알았다면 어찌 유독 지리지를 찬함에 그치고, 「조선전(朝鮮傳)」에 미치지 않았을 이치가 있겠는가"라고 쓴 것은 자신 이외에는 누가『사기』나『한서』를 보겠느냐는 생각에서 마음대로 사술(詐術)을 부린 것이다.